Wandern und Einkehren in Südtirol

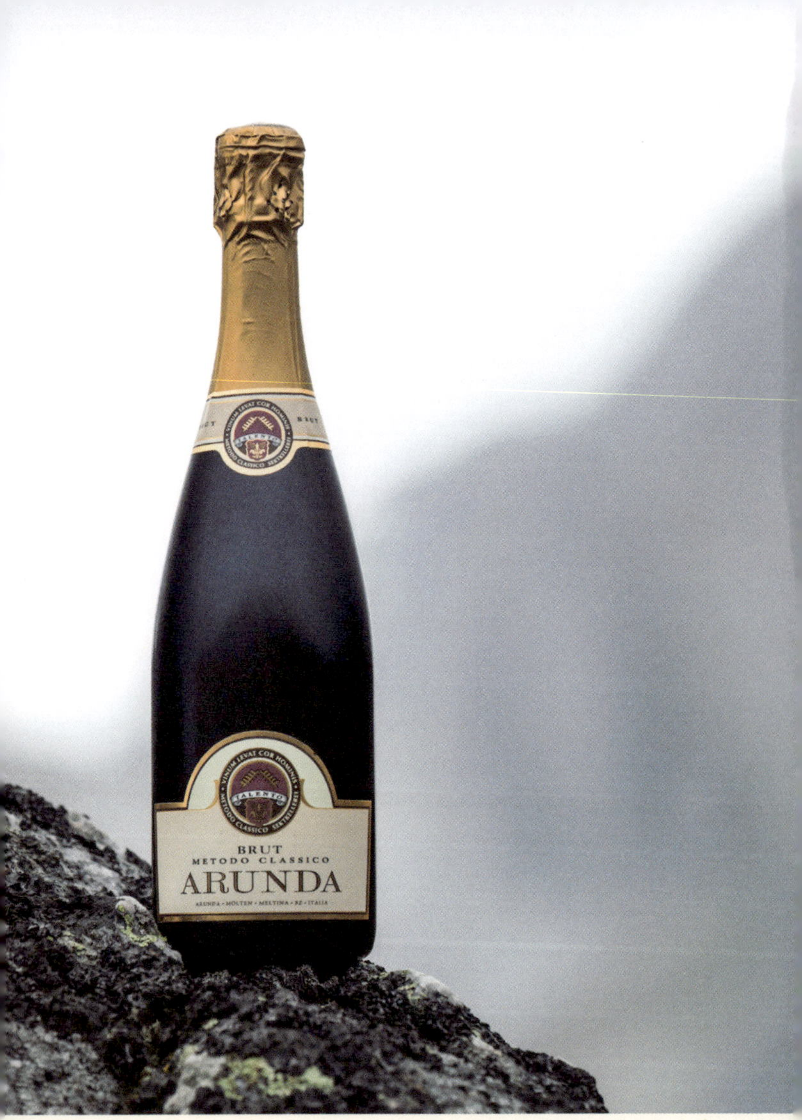

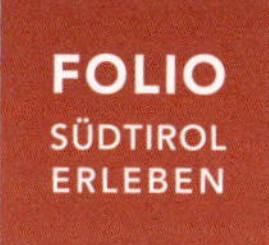

Oswald Stimpfl

Wandern und Einkehren in Südtirol

Kurze Wege, gemütliche Gaststätten, gutes Essen

Folio Verlag Wien – Bozen

HINWEIS

Alle Angaben erfolgen nach bestem Wissen und Gewissen. Sämtliche Informationen wurden gewissenhaft recherchiert, doch Ruhetage oder Öffnungszeiten können sich kurzfristig ändern. Daher empfehlen wir Ihnen, sich vorher zusätzlich telefonisch zu informieren. Die beschriebenen Spaziergänge und Wanderungen werden auf eigenes Risiko unternommen; Autor und Verlag übernehmen keinerlei Haftung.

Herausgegeben mit freundlicher Unterstützung der Abteilung Deutsche Kultur der Autonomen Provinz Bozen – Südtirol

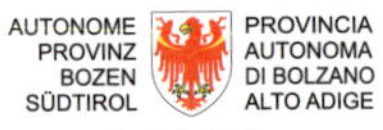

SYMBOLE

- Wanderung
- Einkehrtipp
- Wanderung
- Gehzeit
- Höhenleistung
- Länge der Wanderung
- Start
- Anfahrt, Parkplatz
- Öffentliche Verkehrsmittel
- Zusatzinfos

BILDNACHWEIS

Umschlagbild: Kreuzhof, St. Helena, Deutschnofen; Foto: Frieder Blickle
Almdorf Haidenberg (Gerda Obergolser): S. 127
Amt für Natur (Ivan Plasinger): S. 64
Hikalife (Roman Stelzl): S. 107
Waldealm: S. 141, 142 o.
Alle übrigen Fotos stammen von Oswald Stimpfl.

Lektorat: Petra Tappeiner
Grafikkonzept: no.parking, Vicenza
Satz und Druckvorstufe: Typoplus, Frangart
Kartografie: Casa editrice Tabacco Srl, Tavagnacco
Printed in Italy
ISBN 978-3-85256-859-1
www.folioverlag.com

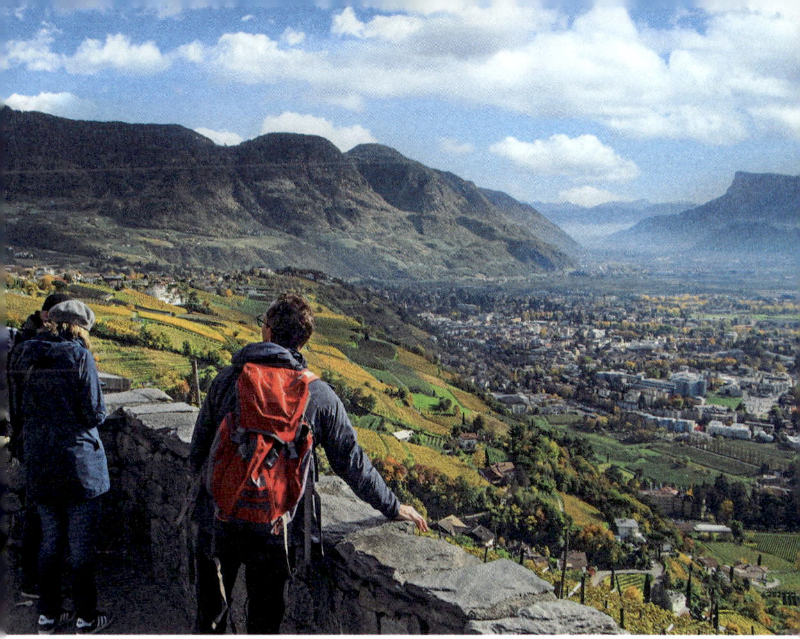

Inhaltsverzeichnis

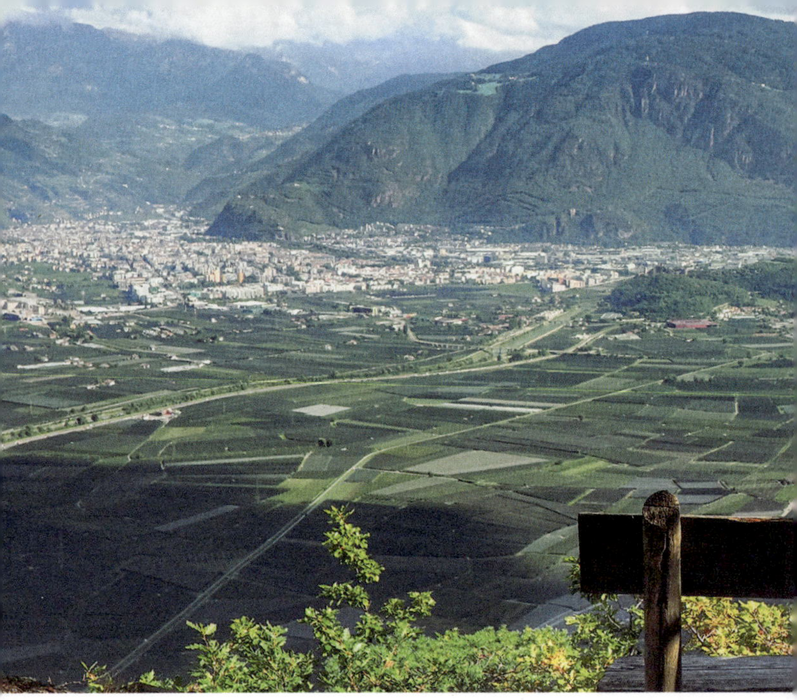

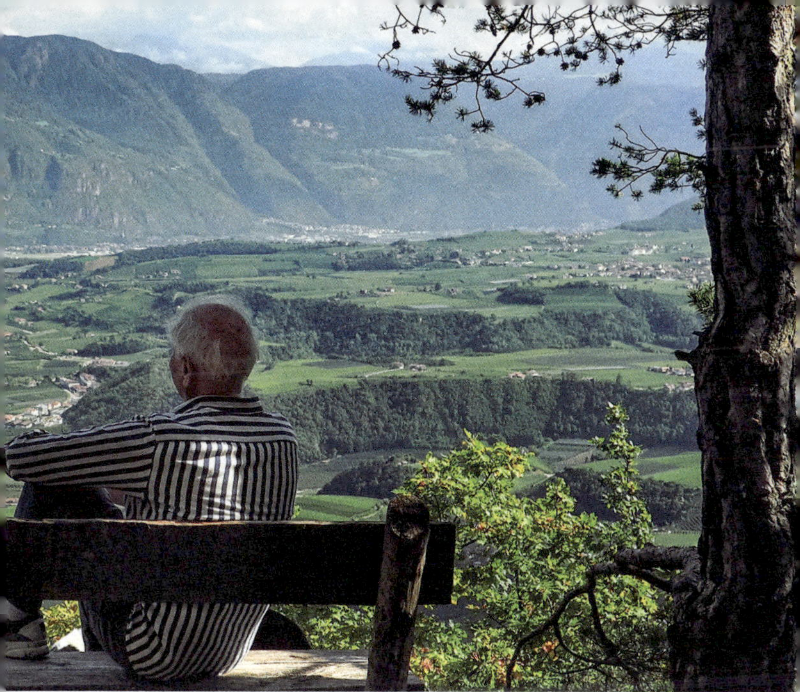

Vorwort

Oft werde ich (so oder ähnlich) gefragt: „Ich möchte mit meinen Eltern (Freunden, Verwandten, Kindern) einen Ausflug unternehmen, irgendwohin zum Essen und davor oder danach eine kleine Wanderung machen. Es sollte nicht zu weit und nicht zu steil sein, natürlich durch schöne Landschaft, an einen netten Platz gehen, wenn möglich mit Aussicht. Wir möchten gut essen, am besten typische Südtiroler Küche, und die Kinder möchten im Freien Spaß haben. Hast du einen Tipp?"

In diesem Buch bekommen Sie Antworten auf diese Fragen. Sie finden hier die kulinarischen Portraits von 44 Restaurants, Landgasthäusern und Almwirtschaften, die Beschreibung einer Wanderung und Hinweise auf Sehenswürdigkeiten am Weg oder in der Nähe. Alle beschriebenen Häuser habe ich persönlich besucht. Der Wander- und Einkehrführer richtet sich an alle, die einen gemütlichen Tag in Südtirols schöner Landschaft verbringen und auf eine gute Einkehr nicht verzichten wollen. Die beschriebenen Wanderungen sind einfach und meist kurz, die wenigsten dauern länger als zwei Stunden.

Die Auswahlkriterien für dieses Buch? Wichtig war mir neben der charakteristischen Küche und der schönen Lage vor allem, dass die

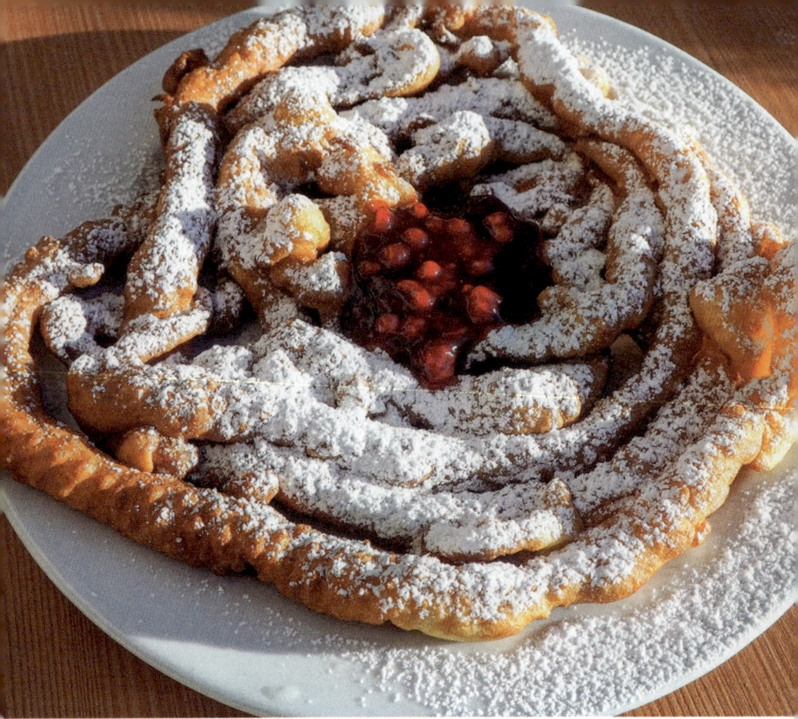

Betriebe nicht allzu entlegen sind. Mit wenigen Ausnahmen erreichen Sie alle beschriebenen Einkehrstationen mit dem Auto oder auf kurzem Fußweg. Sehr viele Ziele sind auch mit öffentlichen Verkehrsmitteln erreichbar, der Link zu Bus- und Bahnfahrplänen ist angegeben. Damit Sie bei den Spaziergängen sicher an Ihr Ziel kommen, wurden Wanderkarten eingefügt, für einen schnellen Überblick finden Sie Angaben zu Gehzeiten, Höhenmetern und Weglängen.
Sollten Sie einige Restaurants oder Gasthöfe in meiner Auswahl vermissen, bitte ich um Nachsicht, bei der Dichte an Betrieben ist Vollständigkeit unmöglich, die Auswahl ist also subjektiv. Dafür entdecken Sie vielleicht so manch neue Einkehrmöglichkeit. In diesem Sinne lade ich Sie zu einer Entdeckungsreise quer durch Südtirol ein, durch den kontrastreichen Vinschgau, auf die Sonnenhänge um Meran und Bozen, durch die üppigen Wein- und Obstgärten im Süden Südtirols, die Kastanienwälder im Eisacktal oder auf die Almen im Pustertal. Viel Spaß und guten Appetit!

Oswald Stimpfl

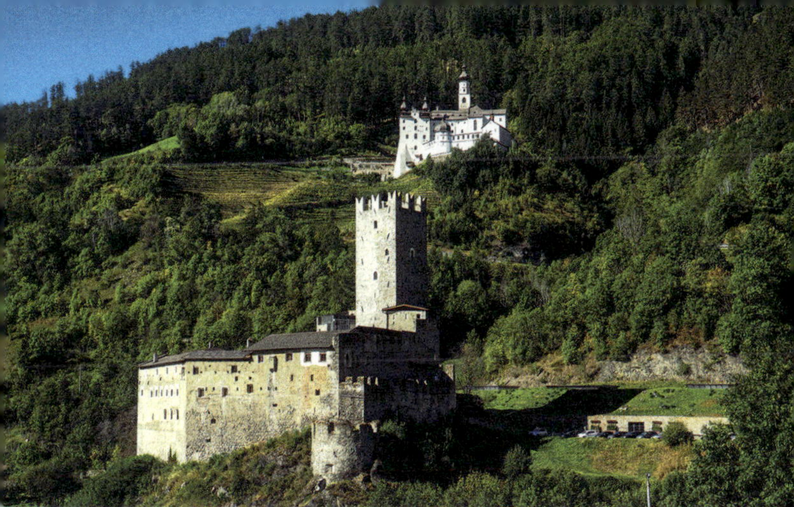

1 Zum Klosterhof Planöf in Schlinig

Wir sind im äußersten Nordwesten von Südtirol unterwegs, Ziel ist der Klosterhof in der Nähe des Stifts Marienberg. Die höchstgelegene Benediktinerabtei Europas ist ein Konzentrat aus Kunst und Kultur und ein Besucherziel sondergleichen. Wir peilen jedoch nicht den Klosterkomplex an, sondern den nahen, einstigen Wirtschaftshof und nunmehrigen Hofschank Planöf. Bei einer einfachen Rundwanderung liegen sowohl der Hofschank als auch das Kloster am Weg.

Wir starten in Burgeis, gehen auf den Dorfplatz mit dem Michaelsbrunnen zu und weiter Richtung Norden, schöne alte Häuser säumen die Dorfgasse. Nach 15 Minuten biegen wir an der Kreuzung mit der Sportzone links ab und wandern bergauf (Markierung „Marienberg", „Sonnensteig"). Es geht durch schütteren Lärchenwald

KLOSTER MARIENBERG

Seit dem 12. Jh. leben in der höchstgelegenen Benediktinerabtei Europas auf 1.350 m Mönche. Das Kloster war das kulturelle und geistige Zentrum des Obervinschgaus. Sehenswert sind die Stiftskirche, das Klostermuseum und die prachtvollen romanischen Fresken. Das Kloster gibt sich weltoffen, mit modernem Café und Übernachtungsmöglichkeit im Gästehaus.
Kloster Marienberg, Schlinig 1, Mals, Tel. 0473 831306, www.marienberg.it

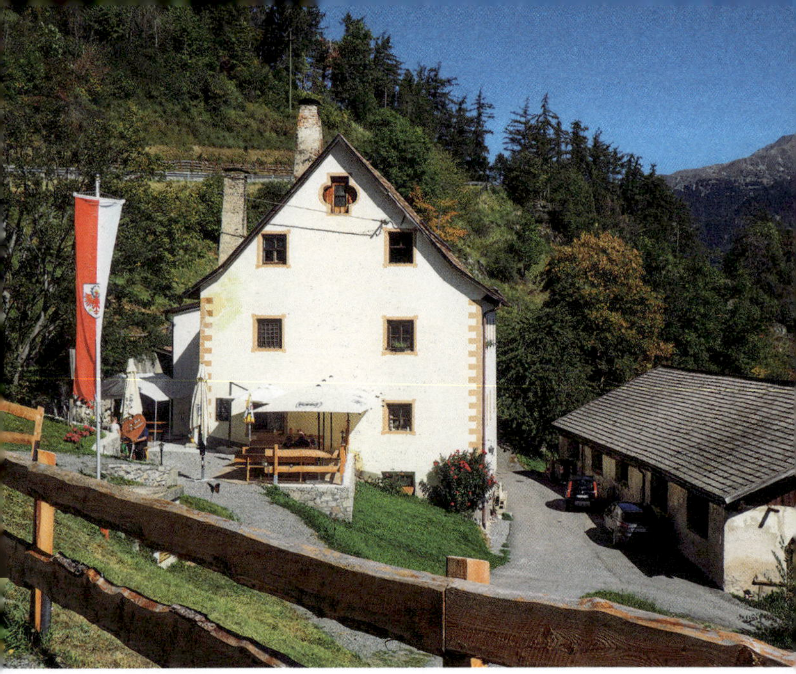

und über Lichtungen und Weiden in einer Hangquerung auf Marienberg zu. Unter uns liegen die Dächer von Burgeis und im Hintergrund zeigen sich die schneebedeckten Gipfel des Ortlers, bald kommen wir zu den Klostermauern von Marienberg, über ein Tor an der Rückseite betreten wir den Innenhof. Das moderne Klostercafé Invito lockt, aber wir sparen uns den Hunger für die nahe Einkehrstation, den Hofschank Planöf, auf. Wir wandern zum Südtor des Klosters hinaus und fädeln unmittelbar danach den Feldweg (Hinweisschild Planöf) ein, der in wenigen Minuten zum Planöfhof führt. Für den Rückweg gehen wir auf einem ebenen Wiesenweg zur nahen Straße nach Schlinig, überqueren diese und nehmen den Feldweg, der bergab zum romanischen St.-Stephan-Kirchlein führt. Die Markierung Nr. 1 bringt uns auf dem Klostersteig zur mächtigen Fürstenburg und nach Burgeis zurück.

Hofschank Planöf

Vor rund 500 Jahren bauten die Mönche von Marienberg den großen Wirtschaftshof mit Stall und Scheune, er diente zur Versorgung des Klosters mit Fleisch, Gemüse und Getreide. Während die Knechte im Erdgeschoss untergebracht waren, wurde für den Abt im Obergeschoss eine Wohnung mit getäfelter Stube und eigener Küche eingerichtet, ein Rückzugsort, der im Sommer genutzt wurde. 2020 haben die neuen Pächter, Helmut und Ulrike Moriggl, das zum Schluss ungenutzte Anwesen umgebaut und einen Hofschank eingerichtet. Helmut, ein Quereinsteiger, der vorher beruflich am Bau tätig war, bringt einfache und gute Gerichte auf den Tisch, an Feiertagen bereichert ein Braten das Menü. Das Fleisch von Schaf, Ziege und Schwein kommt aus eigener Haltung. Die Weinkarte ist schlank, aber ausgewogen, natürlich gehört ein Lagrein vom Kloster Muri-Gries dazu – das Nachbarkloster aus Bozen lässt grüßen!

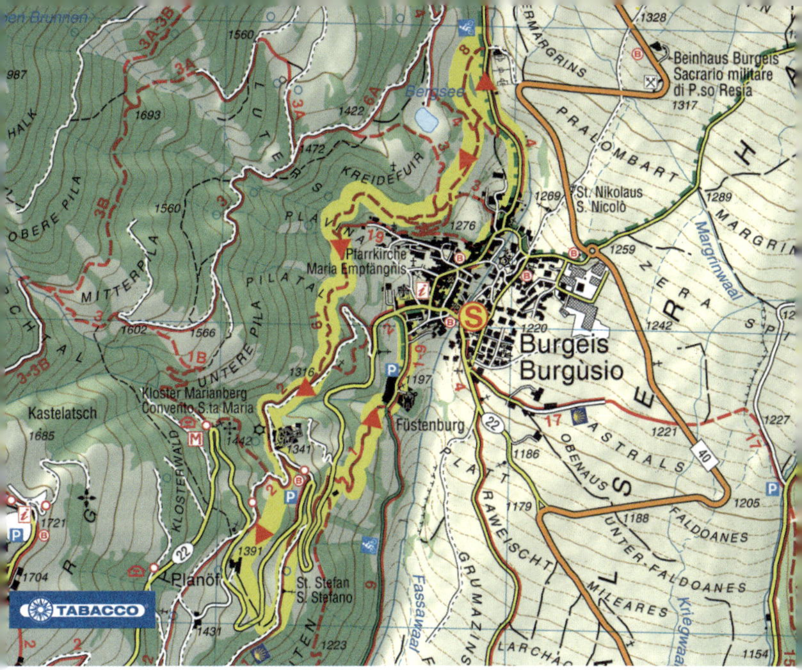

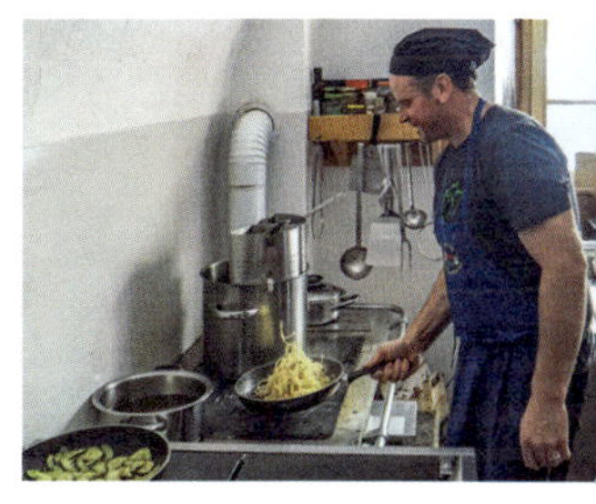

☞ Hofschank Planöf, Schlinig 2, Mals, Tel. 349 6181121, Ostern–Ende Nov., Do.–So. 10–20 Uhr geöffnet, durchgehend warme Küche.

INFOS IN KÜRZE

- 2 h
- 200 Hm
- 5,6 km
- Burgeis, bei der Dorfeinfahrt an der Etschbrücke, 1.206 m
- Von der Reschenpassstraße, der SS40, nach Burgeis abfahren. Parkplatz am südwestlichen Dorfrand, bei der Grundschule, an der Landstraße nach Schlinig.
- Auch mit Linienbus erreichbar, Fahrplan: www.suedtirolmobil.info

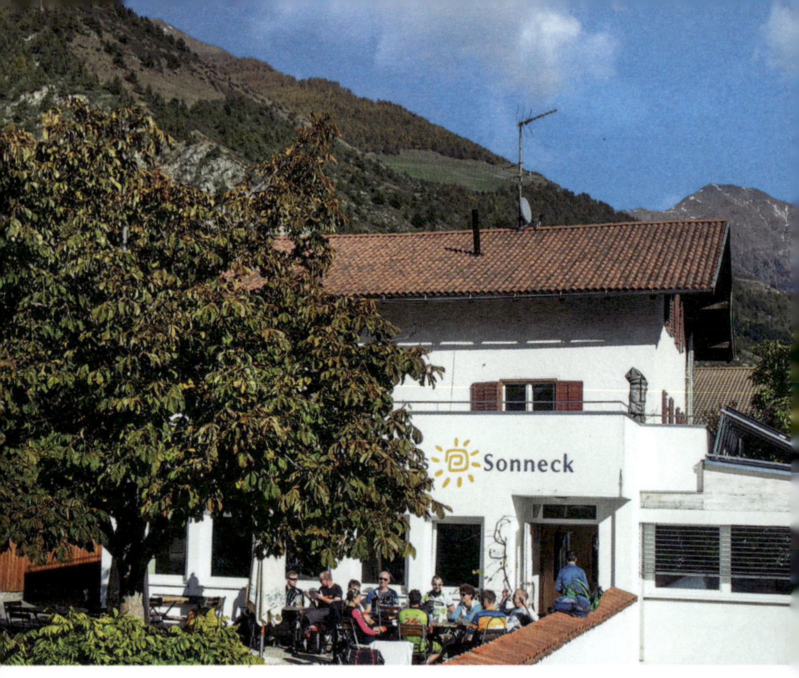

2 Zum Gasthaus Sonneck in Allitz

Östlich von Laas duckt sich das Dörfchen Allitz an den Bergfuß der nach Süden gewandten Flanke des Sonnenbergs, eingebettet in Wiesen und Apfelanlagen. Hier, weitab von größeren Siedlungen und verkehrsreichen Straßen, liegt auf 1.120 m das kleine, aber feine Gasthaus Sonneck.

Vom Marmordorf Laas im Vinschgau brechen wir zur einfachen Wanderung zum Gasthaus Sonneck auf, Ausgangspunkt ist der Hauptplatz. Der weiße Marmor, der in den nahen Steinbrüchen abgebaut wird, beherrscht das Dorfbild: Pflasterungen, Gehsteige, Tür- und Fenstereinfassungen, der Dorfbrunnen, alles ist aus Marmor. Wir gehen durch die Dr.-Franz-Tappeiner-Gasse bergauf durchs Dorf, unterqueren die Staatsstraße und wandern zum großen Loretzhof, dem Geburtshaus des bekannten Kurarztes Dr. Franz Tappeiner. Er wirkte in Meran, nach ihm sind der Tappeinerweg, eine beliebte Promenade, und das Krankenhaus von Meran benannt. Durch Apfelwiesen geht es auf den Berg zu und dann nach rechts, entlang eines mit Büschen und Pappeln gesäumten ehemaligen Wasserwaals. Wir wandern stetig leicht bergauf und erreichen auf Weg Nr. 19, nach Überquerung der Autostraße und eines Baches, das Gasthaus. Rückweg wie Hinweg.

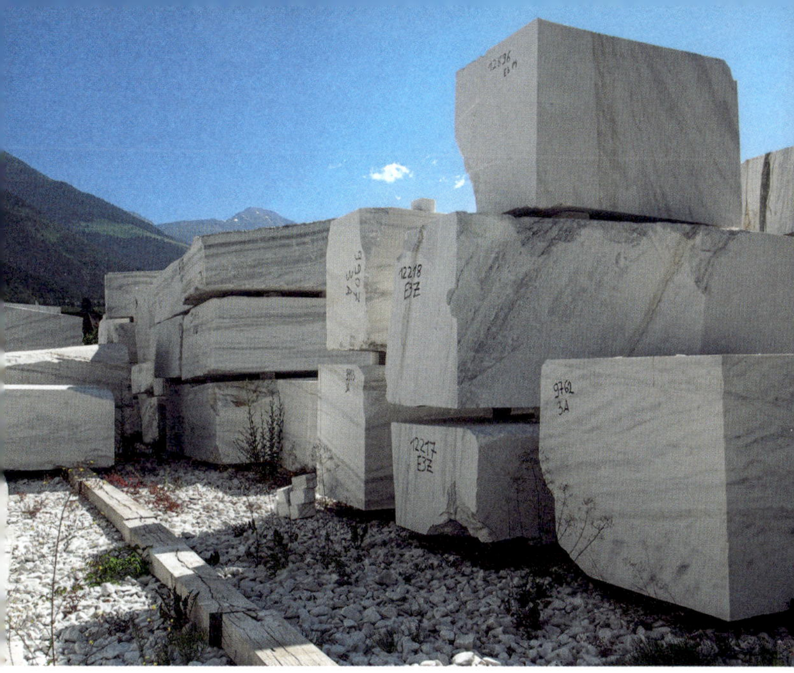

Gasthaus Sonneck

Das Gasthaus, mit großer Sonnenterrasse und Wintergarten, steht mitten im Grünen. Herbert Thanei ist hier mit Leib und Seele Koch, ihm zur Seite steht seine Mutter Maria, sie ist als Kuchenbäckerin und im Service tätig. Auf der Speisekarte, die wohltuend knappgehalten ist, finden sich vor allem italienische und verfeinerte Tiroler Gerichte: Im Frühjahr werden Bio-Spargeln aus Kastelbell gereicht, im Herbst locken die Krautwochen, auch gibt es einfache Speisen wie die Vinschger Brotsuppe. Die Nudeln sind immer hausgemacht,

DER MARMORNE KAISER

In Laas wird hochwertiger, weißer Marmor gebrochen und in alle Welt verkauft. Seit 1988 steht auf dem Dorfplatz, gegenüber der Kirche, ein Denkmal mit einer wechselvollen Geschichte: Vor dem Ersten Weltkrieg hatte man bei der Laaser „k.k. Fachschule für Steinbearbeitung" eine Büste des Kaisers Franz Josef I. in Auftrag gegeben, aber nach dem verlorenen Krieg holte niemand das marmorne Blaublut ab. Rund 70 Jahre lagerte die Büste wenig standesgemäß in einem Schuppen der alten Marmorwerkstatt, bis man sich vor einigen Jahren ihrer erbarmte und sie, ein wenig beschämt, in einer Ecke des Platzes aufstellte.

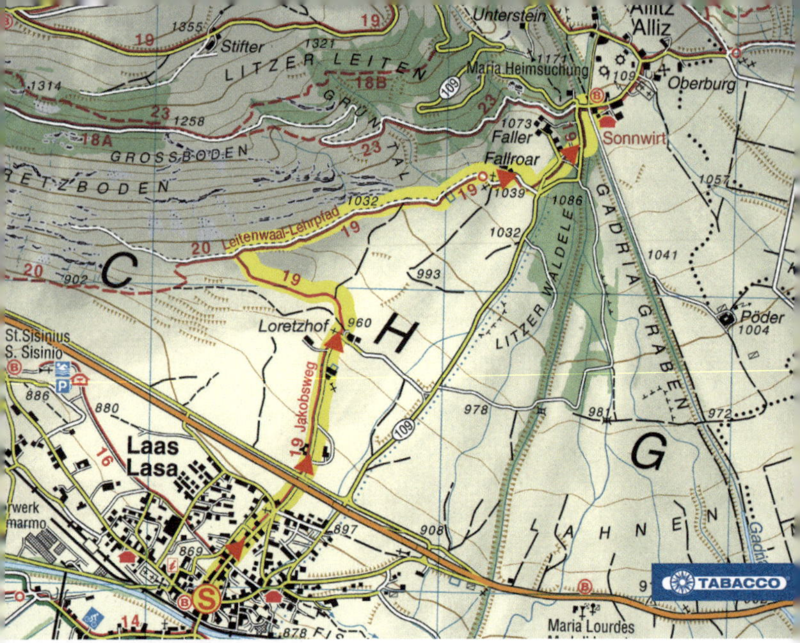

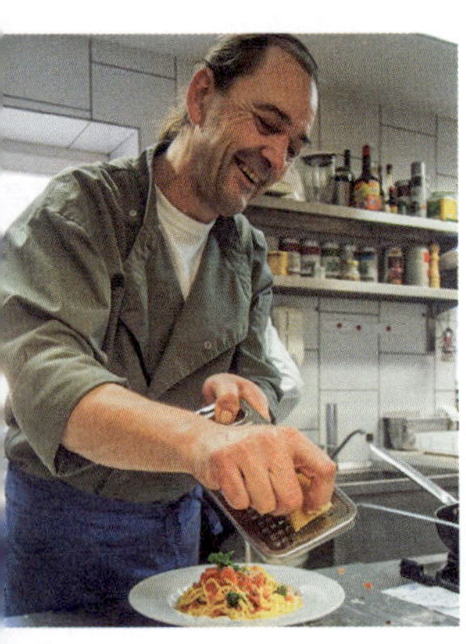

mein Tipp: Pappardelle mit Hirschragout! Zum Schluss werden die Gäste mit süßen Topfenknödeln und Pflaumenmus, mit Zwetschken- oder Marillenknödeln, Linzertorte oder Mohnroulade mit Preiselbeeren verwöhnt.

Auf der Weinkarte haben die Tropfen aus dem Vinschgau eine Sonderstellung, etwa der Riesling vom Weingut Falkenstein oder der Blauburgunder vom Weingut Castel Juval Unterortl.

☞ Gasthaus Sonneck, Allitz 11, Laas, Tel. 0473 626589, www.gasthaus-sonneck.it, Jan.–Ende März geschlossen, Di. Ruhetag.

INFOS IN KÜRZE

1 h (Hinweg)
230 Hm
3,2 km (Hinweg)
Laas, Kirche

Von der Vinschgauer Staatsstraße SS38 bei Laas ins Dorf abbiegen, an der Straße oder am Marktplatz parken.

Bahn oder Bus, Fahrplan: www.suedtirolmobil.info

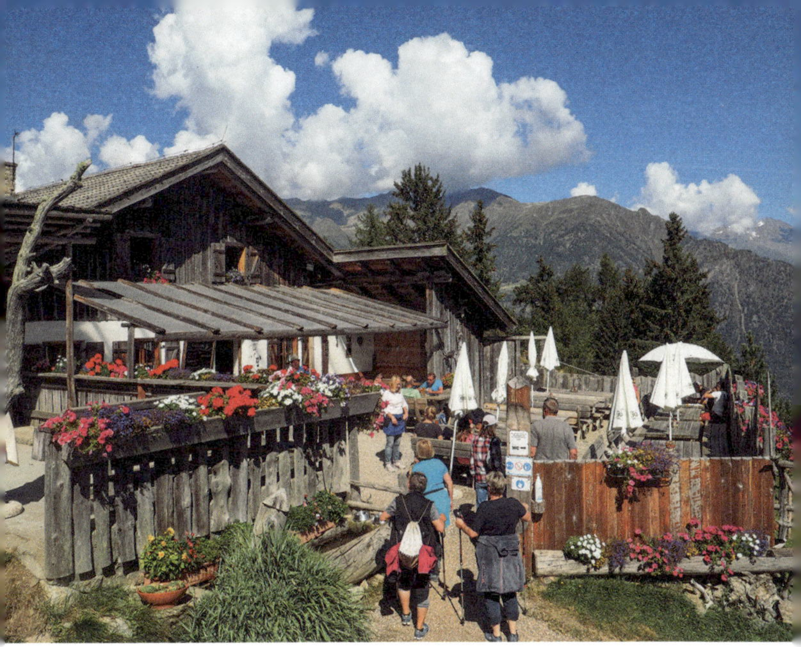

3 Zur Marzoner Alm bei Kastelbell

Hoch über Kastelbell, auf der bewaldeten Seite des Vinschger Nörderbergs, liegt auf einer kleinen Geländeschulter das Berggasthaus Marzoner Alm. Wegen der prächtigen Aussicht über den Vinschgau und zur gegenüberliegenden Texelgruppe, der kurzen Zustiegswege und der professionellen Führung durch die flotten Wirtsleute ist die Alm ein viel besuchtes Ausflugsziel.

Die Wanderung zur Alm ist denkbar einfach und auch mit einem geländetauglichen Kinderwagen gut zu schaffen. Vom Parkplatz an der alten, einst vom Bachwassser betriebenen Säge oberhalb von Kastelbell-Freiberg führt ein breiter Forstweg (Nr. 7) eben und im letzten Stück mit sanfter Steigung zur Alm, die einzige Kurve auf dem letzten Wegabschnitt vor der Alm kann über einen Wald- und Wiesensteig abgekürzt werden. Verirren oder vom Weg abkommen ist unmöglich!

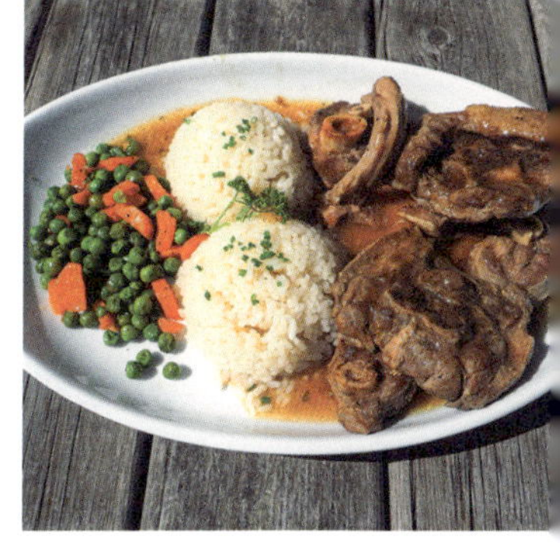

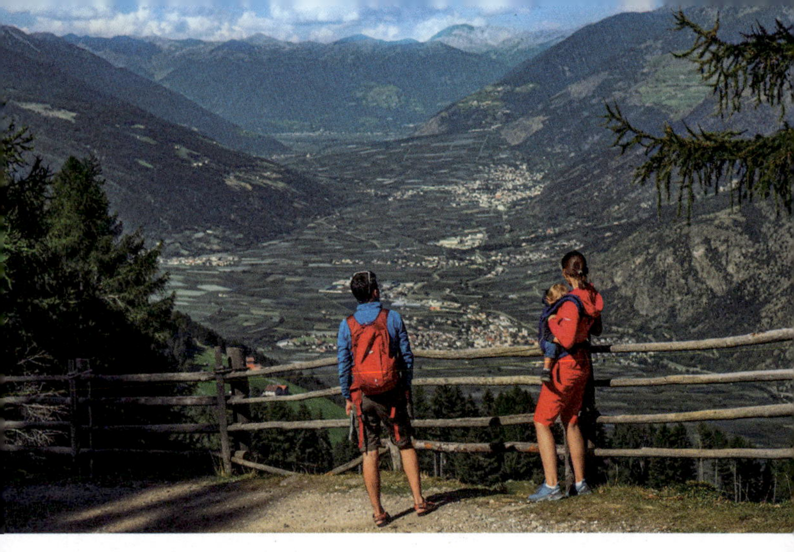

Marzoner Alm

Die mächtigen, schützenden Berge im Rücken sind die Ausläufer des auf 3.257 m aufsteigenden Hasenöhrls, sie trennen den Vinschgau vom Ultental. Die Alm auf 1.590 m ist im Besitz einer Interessentschaft von Vinschger Bauern, die hier ihr Vieh weiden lassen. Seit etlichen Jahren sind Gudrun und Josef Gerstgrasser die Pächter. Rund um die verschiedenen Gebäude fühlen sich allerlei Tiere wohl, darunter Hühner, Schafe, Ziegen, Pferde und natürlich Rinder. In der Küche bereitet Sepp, unterstützt von einem eingespielten Team, eine gute Auswahl an deftigen Gerichten zu, die viele fleißige Helfer auf den Terrassen rund ums Haus servieren. Bekannt sind das Schöpserne (Hammelbraten), das Rindsgulasch, das Hirschgulasch oder die Bandnudeln mit Wildragout. Für den Nachschub an Wild-

NÖRDERBERG UND SONNENBERG

Der untere Vinschgau ist auf seiner Südseite, dem Nörderberg, von einem Waldgürtel bedeckt. Wo der steile Wald in die Almregion übergeht, reiht sich eine bewirtschaftete Almhütte an die nächste, Forstwege und Steige verbinden die beliebten Ausflugsziele miteinander. Von der Talsohle führen schmale, asphaltierte Zufahrtswege zu den Streusiedlungen und Höfen auf den Rodungsinseln. Auf der gegenüberliegenden Talseite liegt der karge Sonnenberg, dort gibt es merklich weniger Einkehrmöglichkeiten, aber aufgrund der südexponierten Lage und des wenigen Niederschlags eine für Südtirol einzigartige Flora, Buschwälder, typische Trockenhänge und Steppenvegetation.

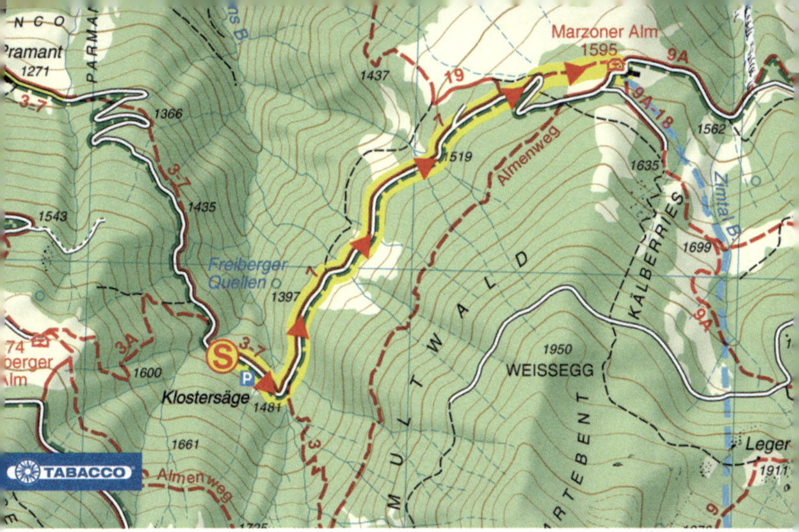

bret sorgen die Jäger in der Familie, die Portionen auf den Tellern sind üppig. Speck liefern die Schweine vom Heimathof Josefs. Kräuter und Salate kommen aus dem großen Garten unterhalb des Hauses, das Fassbier von der Brauerei Forst, die guten Weine – viele werden auch glasweise ausgeschenkt – von Vinschger Weinbetrieben wie dem Himmelreichhof oder dem Rebhof in Kastelbell.

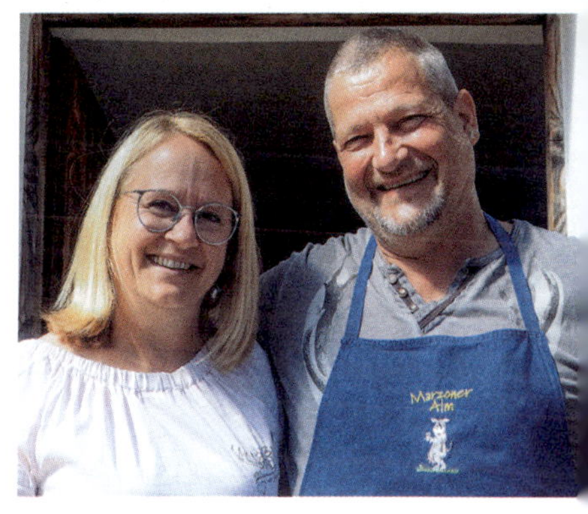

☞ Marzoner Alm, Freiberg, Kastelbell-Tschars, Tel. 335 5605862, www.marzoneralm.it, geöffnet 1. Mai–Ende Okt., kein Ruhetag.

INFOS IN KÜRZE

35 min (Hinweg)
130 Hm
1,8 km (Hinweg)
Parkplatz „Alte Säge" oberhalb von Kastelbell-Freiberg

Von der Vinschgauer Straße in Kastelbell bei der ampelgeregelten Engstelle im Dorf über die Etschbrücke und den Bahnübergang den Schildern „Latschinig" und „Freiberg" folgen. Die schmale, asphaltierte Straße klettert den Berghang hinauf, das letzte Wegstück durch den Wald bis zum Parkplatz „Alte Säge" ist gekiest.

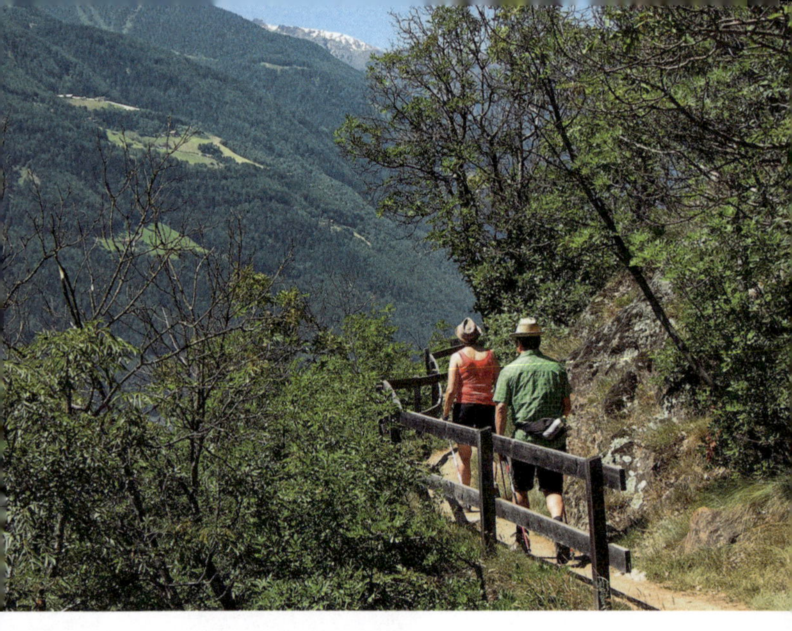

4 Zum Gasthof Falkenstein in Naturns

Auf dieser Rundwanderung bei Naturns kombinieren wir einen Ausflug über einen Waalweg auf der Flanke des südexponierten Sonnenbergs mit der Einkehr beim Gasthaus Falkenstein. Die Wegtrasse trägt immer noch den Namen Naturnser Waalweg, auch wenn das Wasser auf dem größten Streckenabschnitt heute unterirdisch verläuft. Sie durchzieht ein besonders schönes Stück Landschaft am Sonnenberg.

Wir gehen im Ortszentrum von Naturns los, durch den Schlossweg, an der Burg Hochnaturns vorbei und folgen dabei den Schildern „Meraner Waalrunde“ und „Wallburgboden“ (Nr. 10). Bei einer Kreuzung könnten wir bereits zum Gasthof Falkenstein abbiegen, wir bleiben aber am Weg und kommen zum „Schwalbennest“, einer Jausenstation, die mit schönster Aussicht an der Geländekante klebt. Weiter geht es bergauf bis zum Waalweg, der den Hang quert. Wir folgen dieser Trasse nach links bis ans Ende des Steigs: Hier, am Rand der steil ins Schnalstal und zum Vinschgau abfallenden Felsen, liegt der Wallburgboden, ein Aussichtspunkt mit Tisch und Bank. Wenn nicht der Vinschger Wind pfeift, ist es ein herrlicher Platz für eine kurze Rast. Für den Rückweg steigen wir nicht zum Schwalbennest ab, sondern bleiben auf der Waaltrasse. Der Wanderweg führt

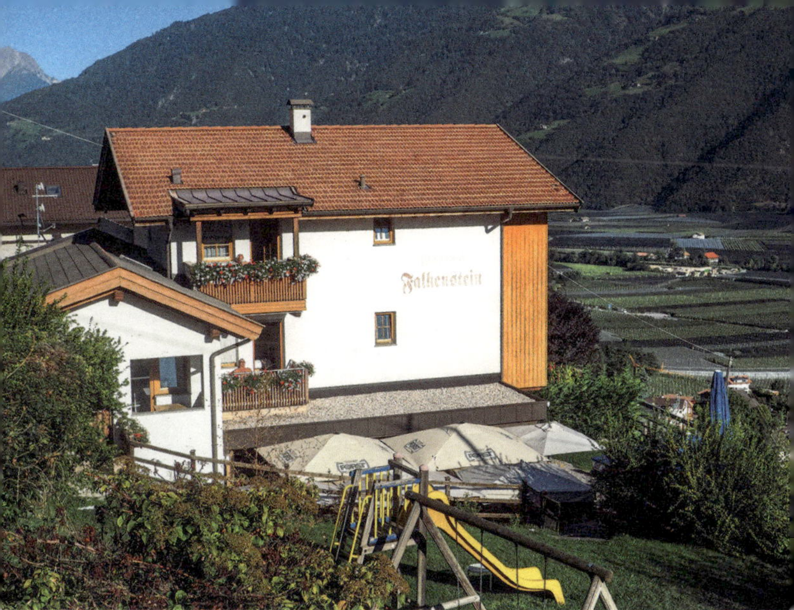

fast eben am steilen Hang des Sonnenbergs entlang. Wir gehen westwärts und queren eine Druckleitung des Naturnser E-Werks. Wir dürfen nicht die Abzweigung verpassen, die uns rechts durch Buschwald und Weinreben zum Gasthof Falkenstein und nach der Einkehr zum Parkplatz zurückbringt.

Gasthof Falkenstein

Der Gasthof Falkenstein besticht durch seine ruhige Lage, die schöne Aussicht und die gute Hausmannskost. Das Gasthaus ist aus einem alten Bauernhof entstanden, bereits um 1420 wird der Name „Valchenstainer" erwähnt, 1995 übernahm Peter Pratzner von seiner Mutter das Zepter bzw. den Kochlöffel. Das Gasthaus ist für seine traditionellen Südtiroler Gerichte bekannt, wie etwa die zarte Kalbshaxe aus dem Rohr, mit Reis, Spätzle, Knödel, Gemüse und

SÜDTIROLER RIESLING

Auf den sonnenexponierten Hängen des Sonnenbergs findet die Riesling-Rebe beste Bedingungen und liefert Weine von beachtenswerter Qualität. Renommierte Weinführer haben die Rieslinge des Weinguts Falkenstein, das der Bruder von Peter Pratzner bewirtschaftet, mit den höchstmöglichen Auszeichnungen bewertet.
☞ Weingut Falkenstein, Schlossweg 19, Naturns, Tel. 0473 666054, www.falkenstein.bz

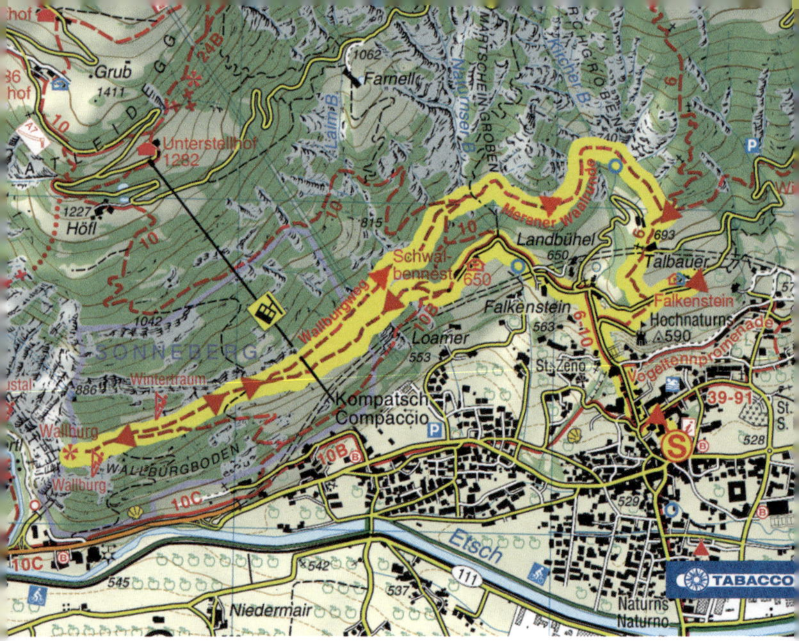

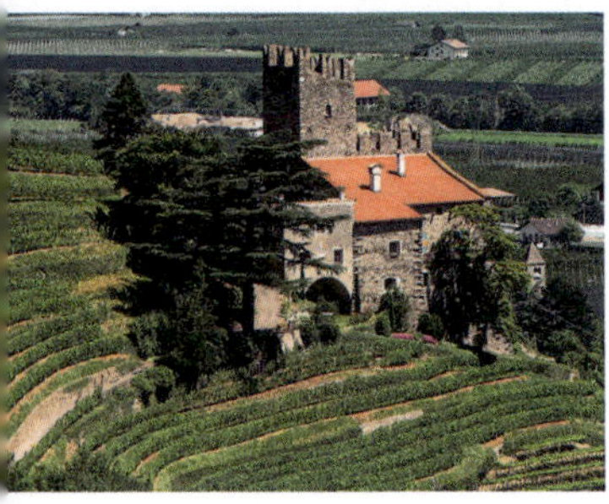

Preiselbeeren – ein Festessen für vier! Sehr schmackhaft sind auch der Hirschbraten, der Kalbskopf und das gekochte Rindfleisch. Ein Klassiker ist die Milzschnittensuppe, ehemals fixer Bestandteil des Tiroler Hochzeitsschmauses. Einst gab es sogar den Spruch: „Die Braut kann fehlen, die Milzschnittensuppe aber nicht!" Als Nachtisch werden flaumige Marillenknödel gereicht.

☞ Gasthof Falkenstein, Schlossweg 15, Naturns, Tel. 0473 667321, www.gasthof-falkenstein.com, warme Küche Di.–So. 12–14 Uhr, Do.–Sa. zusätzlich 18–21 Uhr, Mo. Ruhetag.

INFOS IN KÜRZE

2 h 15 min
260 Hm
6,6 km
Naturns, Zentrum

Auf der Vinschgauer Staatsstraße nach Naturns, freie Parkplätze im Ortszentrum, in der Nähe des Friedhofs, Ecke Hauptstraße–St.-Prokulus-Straße.

Bus und Bahn, Fahrplan: www.suedtirolmobil.info

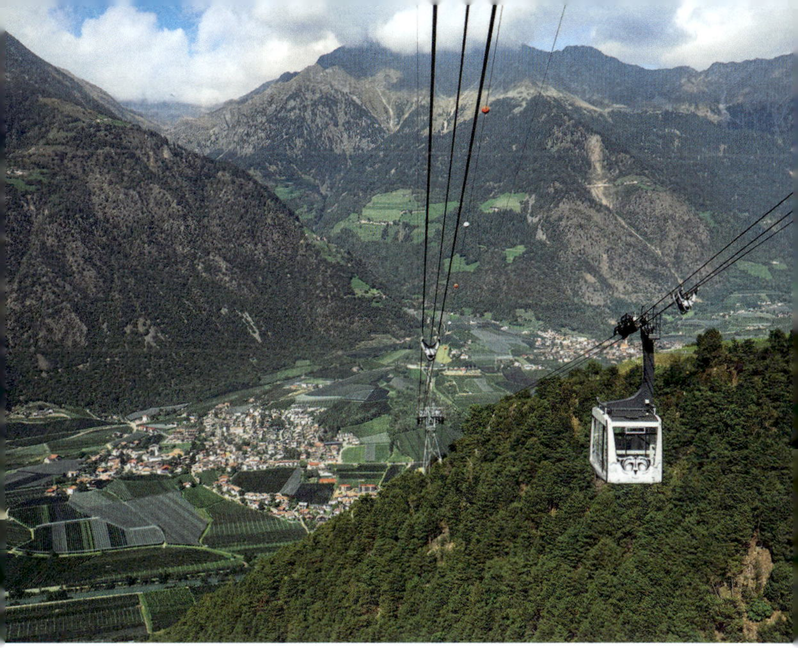

5 Zum Aschbacher Hof in Algund

Am Eingang zum Vinschgau liegt die dunkle, bewaldete Kuppe des Vigiljochberges. Auf dessen Nordseite thront das kleine verträumte Dörfchen Aschbach auf einer Geländeterrasse und schaut zur gegenüberliegenden Texelgruppe und in den Vinschgau hinein. Eine moderne Seilbahn verbindet Rabland im Tal (525 m) mit Aschbach (1.342 m). Nahe der Bergstation der Seilbahn liegt das Gasthaus Aschbacher Hof, durch Wald und Wiesen führt der Walderlebnisweg, ein einfacher Rundkurs, der auch bei Familien mit Kindern sehr beliebt ist.

Der Walderlebnisweg beginnt nahe der Bergstation der Seilbahn. Wir gehen nicht nach Aschbach, das Dörfchen und das Gasthaus liegen am Ende des Rundweges, sondern auf dem Asphaltsträßchen in südöstliche Richtung und folgen den Wegweisern „Walderlebnisweg". Nach wenigen Minuten biegen wir rechts auf einen Feldweg ab. Informationstafeln, Installationen, große Holzschnitzereien und Behälter mit Objekten aus Holz geben Einblicke in das Ökosystem

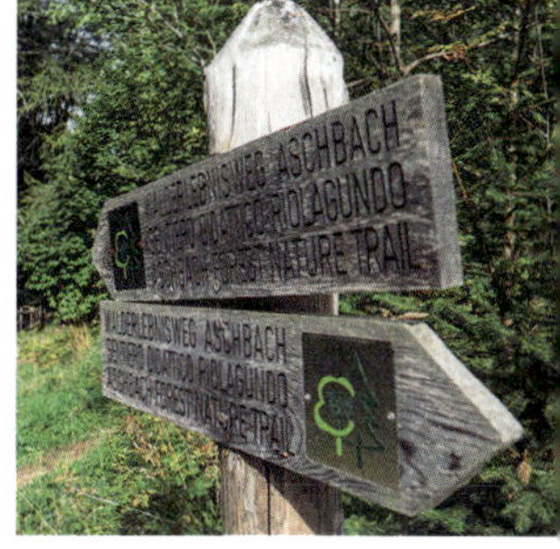

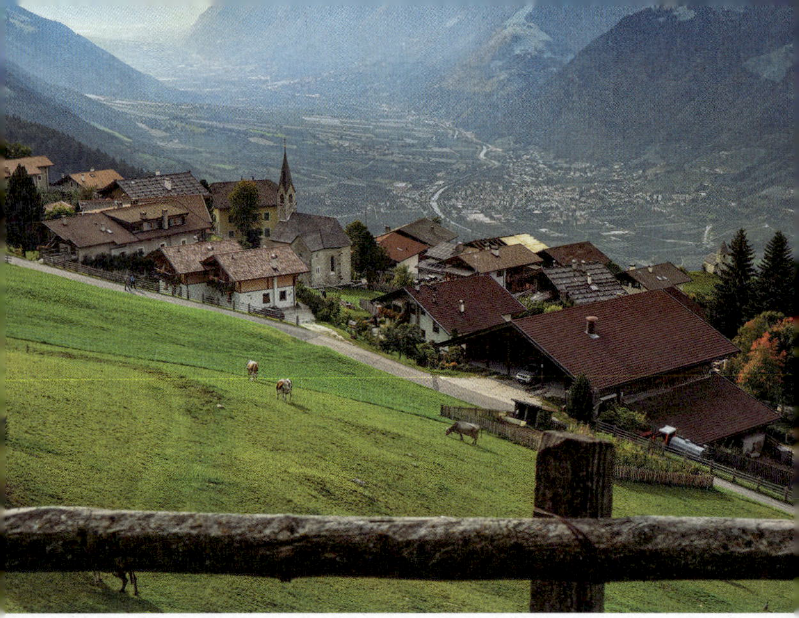

Wald. Auch über die vielfältige Tier- und Pflanzenwelt des Waldes erfährt der Wanderer viel Interessantes und Unterhaltendes. Kindern wird nie langweilig: An etlichen Stationen darf gespielt und ausprobiert/experimentiert werden. Bänke laden zur Rast ein, immer wieder eröffnen sich traumhafte Ausblicke auf die Bergwelt des Naturparks Texelgruppe und auf den Vinschgau.

Gasthaus Aschbacher Hof

Ein Höhepunkt der Wanderung ist sicher die Einkehr im Ausflugsgasthaus Aschbacher Hof. Er wird von einem Trio, bestehend aus den Brüdern Max und Benny und ihrer sympathischen Mutter Evi, geführt. Die Riesenportionen, die zur Freude der Wanderer und Radfahrer (das Gasthaus liegt an einer beliebten Mountainbikestrecke) aufgetischt werden, sind legendär, seien es nun die Wiener Schnitzel, die Salat- und Knödelvariationen, die pikanten Nudeln (man sollte Knoblauch mögen!) oder die großen Tortenschnitten.

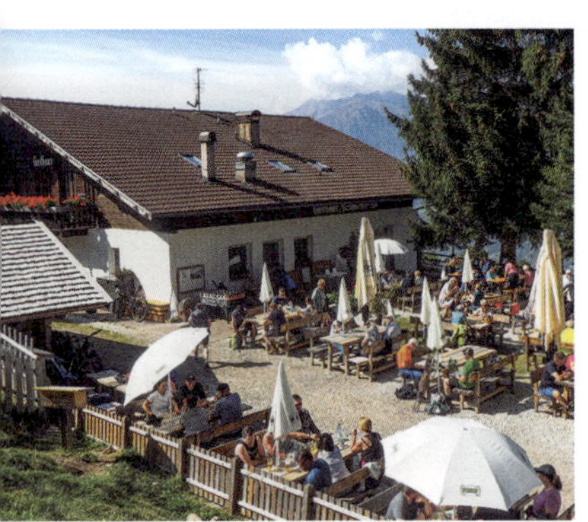

☞ Gasthaus Aschbacher Hof, Aschbach, Algund, Tel. 0473 967419 oder 338 4740728, www.aschbacherhof.it, Ostern–Nov. täglich geöffnet.

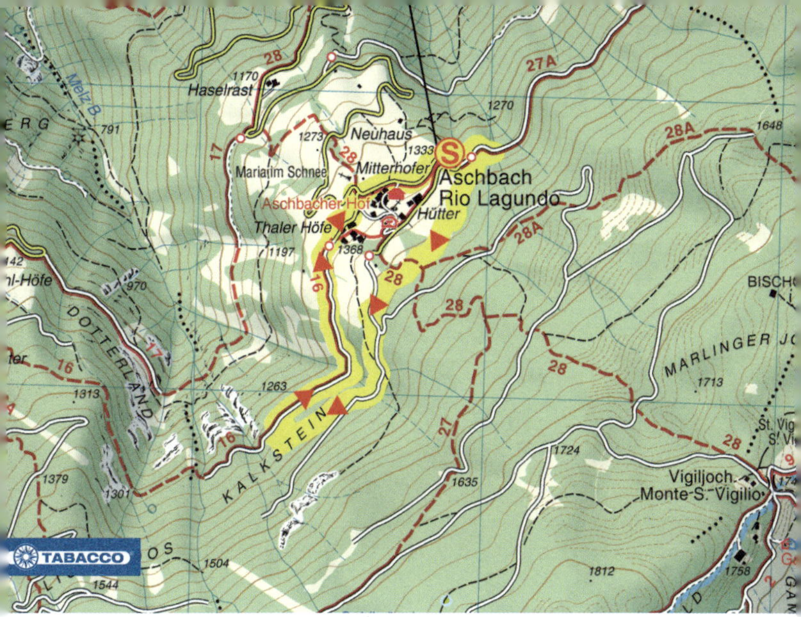

DIE KIRCHEN VON ASCHBACH

In Aschbach gibt es zwei Kirchen: Die kleine, an exponierter Stelle und frei stehende Kirche Maria Schnee stammt aus dem Jahr 1695. 1897 wurde eine neue, größere Kirche im neugotischen Stil, die Kirche zum hl. Herzen Jesu, näher am Dorf errichtet. Die Fresken im Inneren gestaltete der Münchner Maler Theodor Spöttl im Nazarener-Stil, in den bereits Jugendstilelemente einfließen. Bis vor nicht allzu langer Zeit wurde diese Kunstrichtung geringgeschätzt, mittlerweile hat sie ihren Stellenwert gefunden und ist in der relativen Bergeinsamkeit von Aschbach ein interessantes und seltenes Stück Kunstgeschichte.

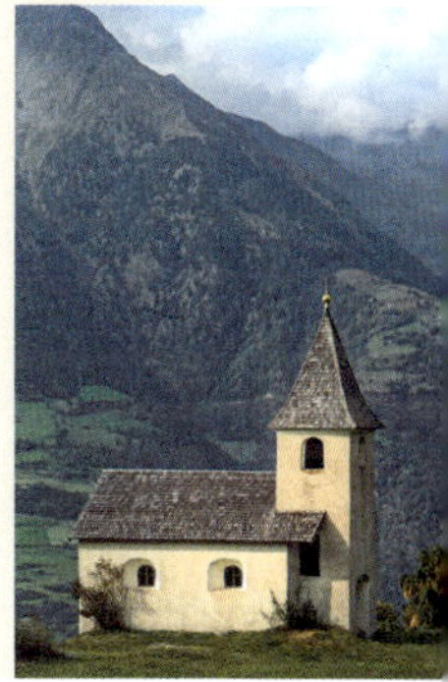

INFOS IN KÜRZE

- 1 h 20 min
- 110 Hm
- 3 km
- Seilbahn Aschbach

Mit PKW, Bus oder Vinschger Bahn zur Talstation der Seilbahn Aschbach in Rabland, Ortsteil Saring, am Etschufer.

Fahrplan beachten! Nicht die letzte Seilbahn zur Rückfahrt versäumen (Info: www.aschbach.it), Parkplatz an der Seilbahn.

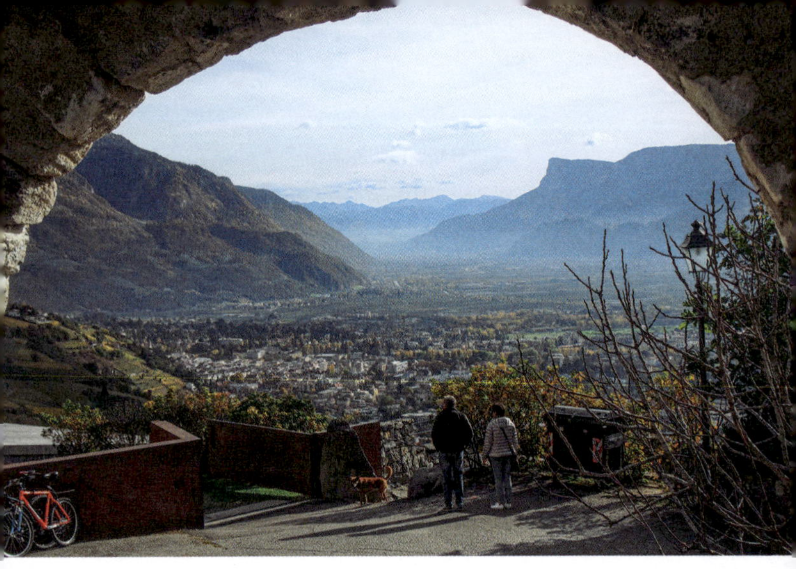

6 Zum Gasthaus Schloss Tirol

Die Grafen von Tirol wussten schon, wo sie ihre Stammburg errichteten: Schloss Tirol besticht durch seine beherrschende Position mit einmaliger Aussicht über das ganze Meraner Becken und das Etschtal. Unser Ausflug führt uns zu einer geschichtsträchtigen Burg, durch eine von Menschen in Jahrtausenden geprägte Kulturlandschaft und zu einem zünftigen Gasthaus.

Die Wanderung beginnt im Dorfzentrum, beim Parkplatz am Tourismusbüro. Wir überqueren die Hauptstraße, gehen durch das schmiedeeiserne Tor zur H.-Falkner-Promenade und folgen nun den Schildern „Schloss Tirol“. Übrigens, die mit Lavendel, Rosmarin, Olivenbäumen und Zypressen mediterran bepflanzte Promenade wurde nach ihrem Finanzier Hans Norman Falkner, einem Nordtiroler Mäzen, der Dorf Tirol zu seiner Wahlheimat erkoren hatte, benannt. Das Stammschloss der Grafen von Tirol ist dabei immer im Blick. Nach dem „Knappenloch“, einem für die wenigen Anrainerautos und Fußgänger ampelgeregeltem Tunnel führt ein kurzer, steiler Weg zum Kiosk vor dem Schloss. Rechts neben dem Eingangsbereich zum Schlossmuseum liegt das Gasthaus Schloss Tirol, unser Einkehrziel. Rückweg wie Hinweg.

Gasthaus Schloss Tirol

Das Gasthaus war einst Teil des benachbarten Koflerhofes, bildete mit anderen acht Bauernhöfen die Gemeinschaft Burgfrieden und stand im Dienst der Grafen von Tirol. Zu den Pflichten gehörte die

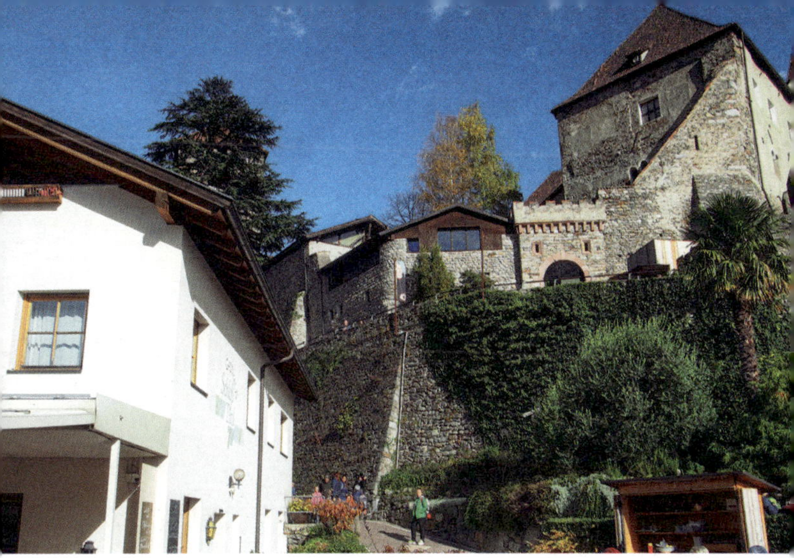

Instandhaltung der Schlossdächer und der Zufahrtsstraße sowie die Wasserversorgung, die Urkunden dazu reichen ins 14. Jh. zurück. Am Obst- und Weinhof wurde lange Zeit ein Ausschank betrieben, seit den 1980er-Jahren unter dem Namen Gasthaus Schloss Tirol, im Laufe der Jahre entwickelte dieses sich zu einem gut gehenden, viel besuchten Ausflugsgasthof. Wirtin Helga Kaufmann führt Regie, ihr Mann Eduard, gelernter Koch, sorgt für die gutbürgerliche Küche. Die Speisekarte richtet sich nach den Wünschen der vielen Wandergäste, es werden kleine Menüs und Tagesteller angeboten. Zur Wahl stehen verschiedene Nudelgerichte, die Teigwaren sind

SCHLOSS TIROL

Die mächtige Stammburg der Grafen von Tirol, aufwändig restauriert und als Museumsschloss zugänglich, ist eine Sehenswürdigkeit ohnegleichen: Es erzählt nicht nur die Siedlungsgeschichte am Schlosshügel und die Geschichte Tirols, es enthält auch außergewöhnliche Exponate und Kunstgegenstände. Wer keine Zeit für einen ausgiebigen Besuch hat, kann trotzdem einen ersten Eindruck gewinnen: Das Gelände vor dem Schloss – mit Bänken, Tischen und einer unvergleichlichen Aussicht über das Meraner Becken und das Etschtal – sowie der überdachte Bereich der Ausgrabungen zur Urkirche sind frei zugänglich.

☞ Südtiroler Landesmuseum für Kultur- und Landesgeschichte Schloss Tirol, Schlossweg 24, Dorf Tirol, Tel. 0473 220221, www.schlosstirol.it, Mitte März–Anf. Dez. 10–17 Uhr geöffnet, Mo. Ruhetag.

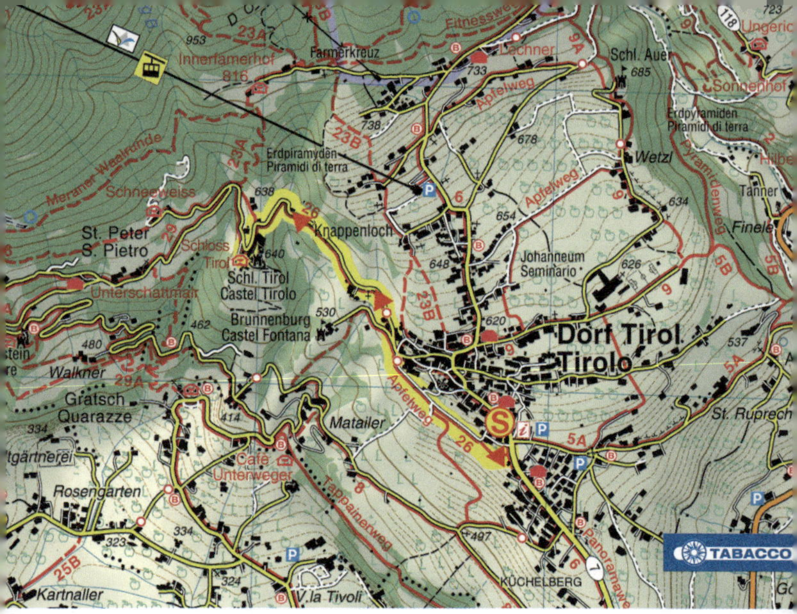

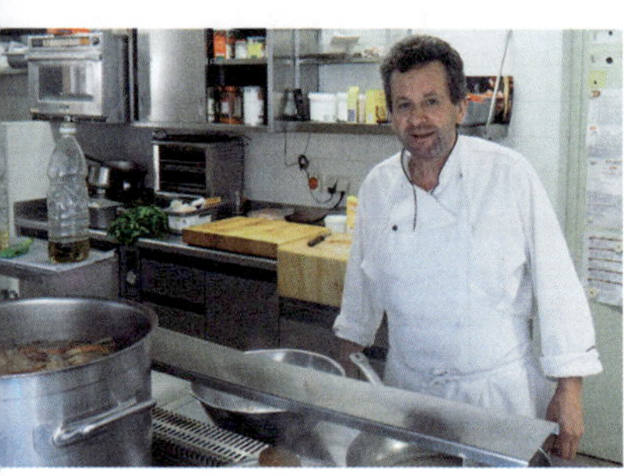

alle hausgemacht, auch gibt es Knödel, Nocken, Teigtaschen, Spätzle und Gulasch. Aus dem großen Garten bei der Scheune kommen Salate und Gemüse – frische Zutaten für die Salatteller. Einige Säfte sind hausgemacht wie der Minzen- oder der frisch gepresste Traubensaft, italienische Gäste lieben den Apfelstrudel.

☞ Gasthaus Schloss Tirol, Schlossweg 25, Dorf Tirol, Tel. 0473 443125, www.gasthaus-schlosstirol.com, 7–18 Uhr geöffnet, Mo. Ruhetag, im Winter geschlossen.

INFOS IN KÜRZE

40 min (Hinweg)
70 Hm
1,6 km (Hinweg)
Tirol, Ortszentrum

Über Meran nach Dorf Tirol, im Ort mehrere gebührenpflichtige Parkplätze, der letzte direkt gegenüber vom Beginn der Falknerpromenade.

Linienbus Nr. 221 ab Meran, Fahrplan unter www.suedtirolmobil.info

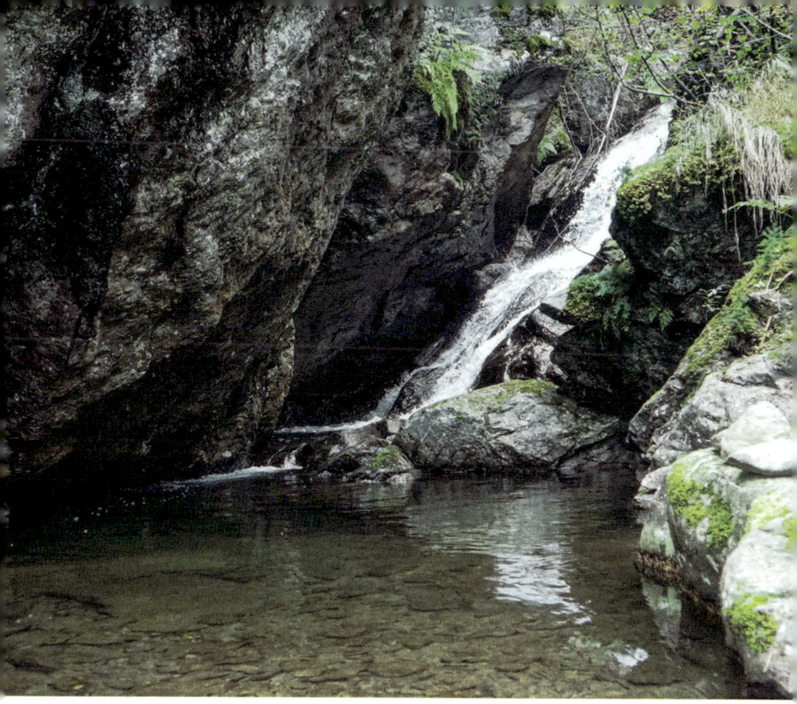

7 Zum Restaurant Arnstein in Ulten

Das Ultental ist – obwohl nur 30 km vom Tourismusmagneten Meran entfernt – eine Oase der Ruhe, in der sich die ursprüngliche Bergbauernwelt noch weitgehend erhalten hat. In keinem anderen Südtiroler Bergtal finden sich noch so viele teilweise aus massivem Holz gebaute und schindelgedeckte Bauernhäuser. Auch neue Häuser werden bewusst und mit Stolz in der traditionellen Bauweise errichtet und die Dächer mit Lärchenschindeln gedeckt.

Der Startpunkt unserer kleinen Wanderung ist in St. Gertraud, dem letzten Dorf des Ultentales, beim Hotel Arnstein nahe der Dorfkirche. Nachdem wir geparkt haben, gehen wir die Straße wenige Minuten zurück, in der ersten Kurve zweigt links ein breiter Feldweg ab,

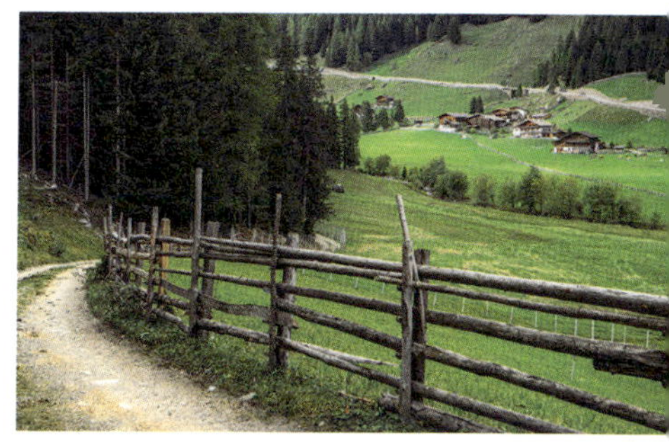

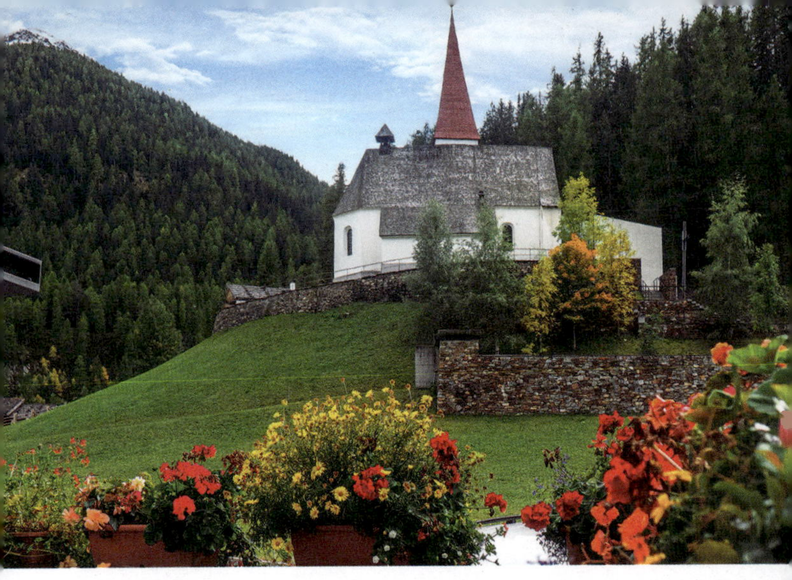

Wegweiser („Weißbrunn") führen uns zwischen Wiesen und Wald in den Talgrund und zum Falschauerbach. Wir verlassen nach 15 Minuten ab Parkplatz den markierten Wanderweg, gehen nicht über die Holzbrücke, sondern bleiben auf der orografisch rechten Talseite und wandern geradeaus auf dem Feldweg taleinwärts weiter, vom munter plätschernden Bach zu unserer Rechten und von Wald zu unserer Linken begleitet. Es ist ein wunderbarer, ruhiger Ort, ganz selten verirren sich Wanderer hierher. Bald sind wir bei einem kleinen Häuschen angelangt, hier beginnen die Pilsböden, weite, ebene Wiesen, die zu den am steilen Hang gelegenen Pilshöfen gehören. Der Falschauerbach hat in diesem Abschnitt kaum Gefälle, so dass sich glasklare, grün schimmernde Tümpel bilden. Vom Häuschen geht ein kurzer Steig zum Bachufer, wo Tisch und Bank zu Rast und Muße einladen. Da der breite Forstweg nach weiteren 1,5 km im Wald ausläuft, kehren wir um und gehen denselben Weg zum Hotel Arnstein zurück.

WIE DAS HOTEL ARNSTEIN ZU SEINEM NAMEN KAM

Als David Schwienbacher im Jahr 2003 das Hotel samt Restaurant errichten ließ, suchte er nach einem passenden Namen. Im Talgrund, unterhalb von Weißbrunn, stand im 16. Jh. ein Bauernhof, Arnstein genannt, der durch eine Mure verschüttet und zerstört wurde. Der Name „Arnstein" blieb als Flurname erhalten, wurde aber keinem Haus mehr zugeordnet. So kam das neue Hotel zu (s)einem alten Namen.

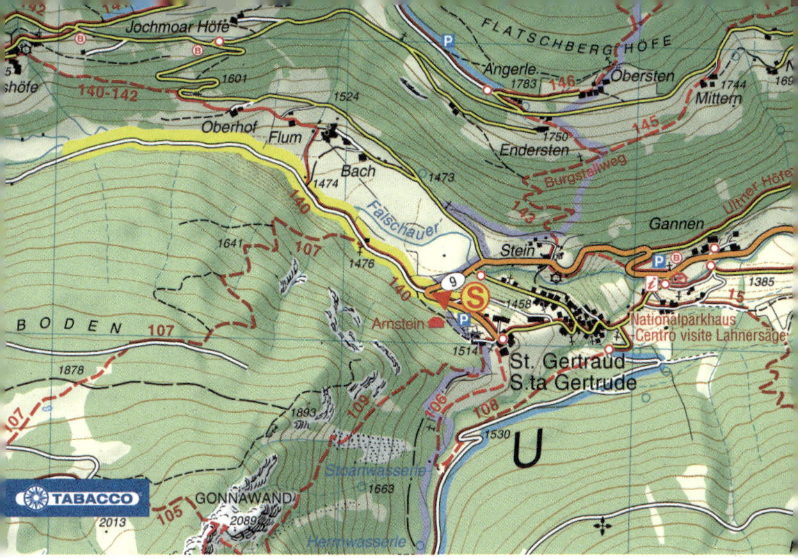

Hotel-Restaurant Arnstein

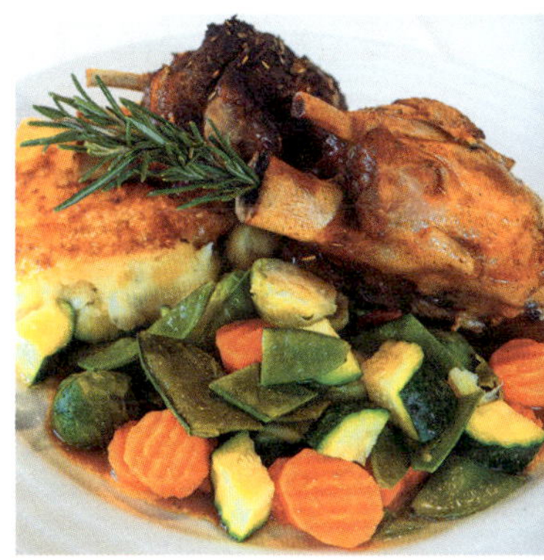

Hotelier David Schwienbacher ist ein erfahrener Koch, auf seiner Speisekarte finden sich neben Klassikern der internationalen Küche auch typische herzhafte Südtiroler Gerichte, der jeweiligen Jahreszeit angepasst, zudem Speckknödel, hausgemachte Schlutzkrapfen, zarte Lammkoteletts, Entrecôte vom Ultner Rind und frische Forellen aus den Ultner Bergseen. Zum süßen Schluss munden hausgemachte Torten und Kuchen.

☞ Hotel Restaurant Arnstein, Hauptstr. 112, St. Gertraud, Tel. 0473 798121, www.arnstein.it, Di Ruhetag, Nov. geschlossen.

INFOS IN KÜRZE

½ h (Hinweg)
50 Hm
1,6 km (Hinweg)
Am Hotel Arnstein
Durchs Ultental bis ans Ende der breiten Straße im Talboden und zum Wendeplatz der Linienbusse beim Naturparkhaus, dann noch 1 km auf der schmalen weiterführenden Straße bis St. Gertraud. Parkplatz beim Hotel Arnstein.
Bus der Linie 245 von Lana bis St. Gertraud, Fahrplan: www.suedtirolmobil.info

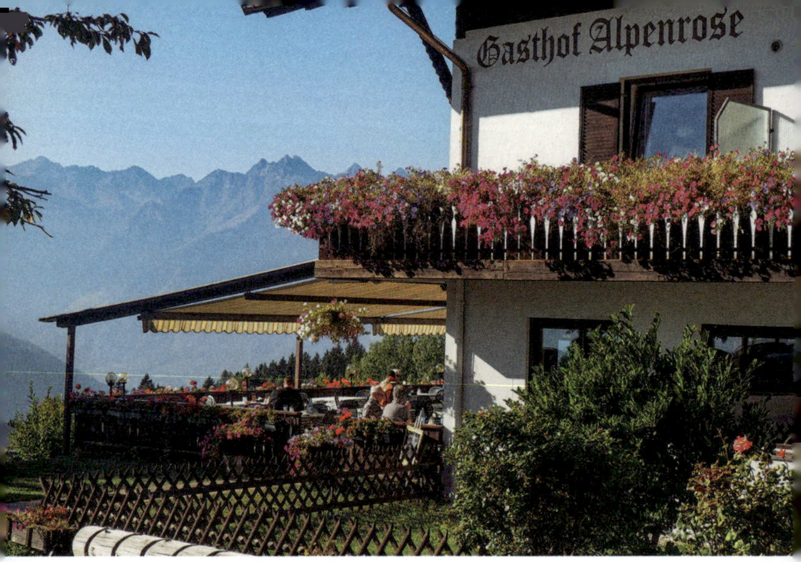

8 Zur Alpenrose in Vöran

Was für ein Panorama! Vöran liegt auf einer Höhe von etwa 1.200 Metern auf einem sonnigen Bergrücken, der von den Sarner Alpen zum Bozner Becken hin ausläuft. Es ist von schönen Wiesen und Wäldern umgeben, der Blick über das Etschtal, das Ultental und die gegenüberliegenden Berge bis hin zur Ortlergruppe und zum Ifinger ist beeindruckend!

Unser Ausflug bringt uns auf einem angenehmen Wanderweg durch Wald und Wiesen zum Gasthof Alpenrose, wo das gute Essen und das nahe, berühmte Knottnkino das Gesamterlebnis abrunden. Vöran ist von Burgstall aus mit einer modernen Seilbahn ideal zu erreichen. Direkt an der Bergstation der Seilbahn startet der Wanderweg nordwärts (Markierung 1). Nach wenigen Minuten bleiben wir an einer Wegteilung rechts. Beim Bucherhof mündet der Weg in die Trasse, die unterhalb der Autostraße in Richtung Hafling verläuft (Nr. 12). Dabei ist der Porphyrbuckel des Rotsteinkogels mit dem Knottnkino, den wir flankieren, immer im Blick. Es geht am Hofschank Eggerhof vorbei, wir bleiben auf dem Weg Nr. 12 und erreichen so, immer im leichten Auf und Ab und bei schönster Aussicht, den Gasthof Alpenrose. Wenn wir nach der Mittagsrast zum

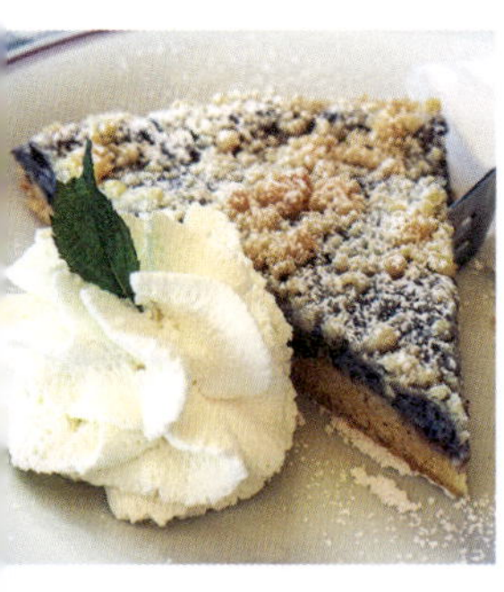

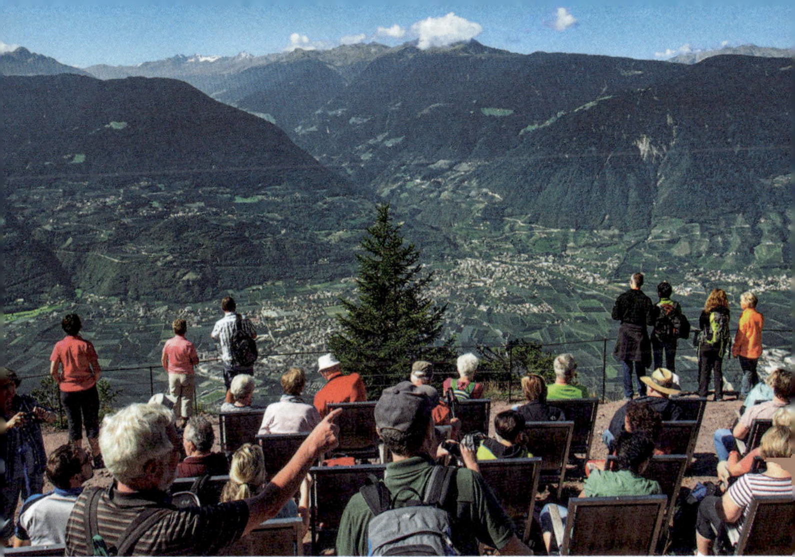

Knottnkino aufsteigen, empfiehlt sich der Rückweg zur Bahnstation von dort aus, beim Eggerhof mündet er wieder in den Hinweg.

Gasthof Alpenrose

In der Alpenrose ist Monika Pircher für den Service zuständig, ihre Schwester Christine für die unkomplizierte, gute Küche mit regionalem Einschlag. So mancher Gast kommt eigens des Wiener Schnitzels wegen, Speck und Kaminwurzen für die Jausen liefern Bauern aus der Nachbarschaft. Die Salate und das Gemüse stammen größtenteils aus dem eigenen Garten, Marmeladen und Sirupe sind hausgemacht. Berühmt ist der Kaiserschmarrn mit Vanillesoße und Preiselbeermarmelade, die reich garnierten Eisbecher sind echte Meisterwerke. Unter den Kuchen finden die Buchweizentorte, der Zwetschkenblechkuchen, die Aprikosenschnitten und der Mohnkuchen viel Zuspruch. Ein Geheimtipp: der hausgemachte Eier- und

KNOTTNKINO

Auf dem Felsbuckel aus rotem Porphyr, der sich hinter der Alpenrose erhebt und dessen Felswände zum Tal hin senkrecht abfallen, schuf der Südtiroler Künstler Franz Messner sein berühmtes Knottnkino („Knott“ = „Fels“ im Südtiroler Dialekt), ein beeindruckendes Open-Air-Kino, das aus 30 wetterfesten Holz-Klappsitzen besteht. Nehmen Sie Platz und betrachten Sie den einzigartigen Naturfilm, der vor Ihren Augen abläuft und je nach Wetterlage ein immer neues Programm bietet!

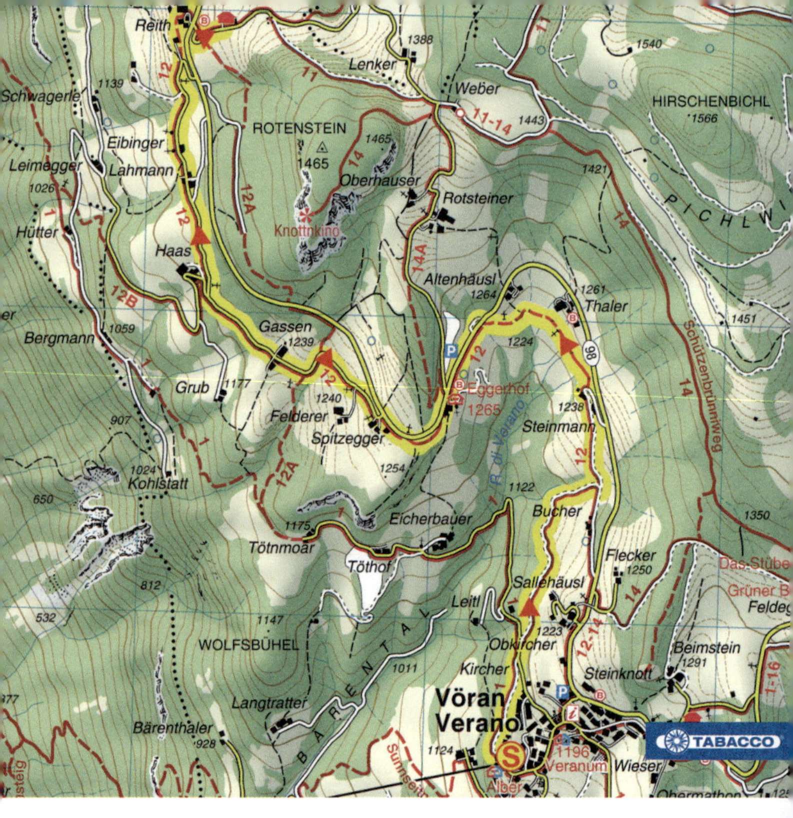

Kirschlikör! Kinder lieben den Spielplatz und die Tiere des kleinen Streichelzoos: Alpakas, Ziegen, Kaninchen und der Liebling aller, der verspielte Piero, eine französische Bulldogge.

☞ Alpenrose, Vöraner Str. 1, Vöran, Tel. 0473 278060, www.gasthofalpenrose.com, geöffnet Apr.–Nov. und während der Weihnachtsferien, Fr. geschlossen, abends nur für Hausgäste.

INFOS IN KÜRZE

1½ h (Hinweg)
180 Hm
4,5 km (Hinweg)
Beim Gasthof Alpenrose
Von Meran-Naif über Hafling (11,5 km) oder von Terlan über Mölten (25 km), Parkplatz für Gäste am Gasthof Alpenrose oder 100 m südwestlich öffentlicher Parkplatz
Seilbahn Burgstall–Vöran, Parkplatz an der Talstation der Seilbahn in Burgstall. Bushaltestelle der Linie Bozen–Meran an der Seilbahnstation, Fahrplan: www.suedtirolmobil.info

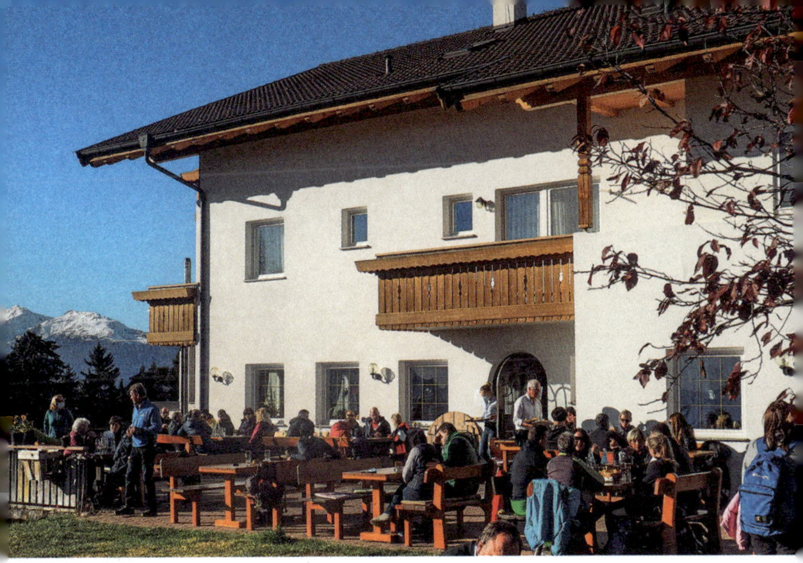

9 Zum Gasthof St. Ulrich in Mölten

Auf einer aussichtsreichen Bergkuppe bei Mölten, gleich neben dem Kirchlein zum hl. Ulrich, stehen der Bauernhof und die Gastwirtschaft St. Ulrich. Die freie Lage und die weite Rundumsicht sind unvergleichlich. Eine große Wiese und der nahe Wald vervollständigen die ländliche Idylle, es ist ein das ganze Jahr über beliebtes Ausflugsziel.

Wir lassen das Auto in der Garage und fahren mit der Seilbahn von Vilpian auf die Bergkante bei Mölten. An der Bergstation startet der Weg Nr. 15 („St. Ulrich") und schlängelt sich hinauf zu den Häusern von Schlaneid, durchquert den kleinen Weiler und läuft bei einigen Bauernhöfen angenehm in Wiesen aus. Bei einer Wegteilung nehmen wir den „Rundweg St. Ulrich" nach links in nordwestliche Richtung, an der nächsten Abzweigung bei einem Speicherbecken geht es nach rechts, wir wandern über Wiesen auf die Kuppe mit dem Gasthaus St. Ulrich zu. Für den Rückweg nehmen wir den Steig nach Mölten, er bringt uns zur Straße Schlaneid-Vöran. Wir überqueren sie, gehen auf der Autozufahrt nach Mölten kurz bergab und fädeln

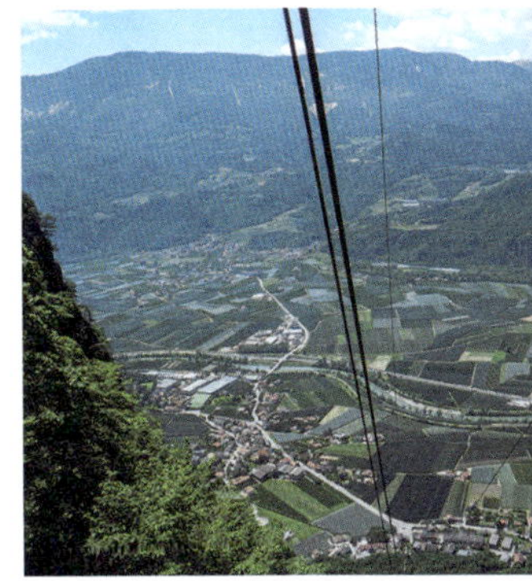

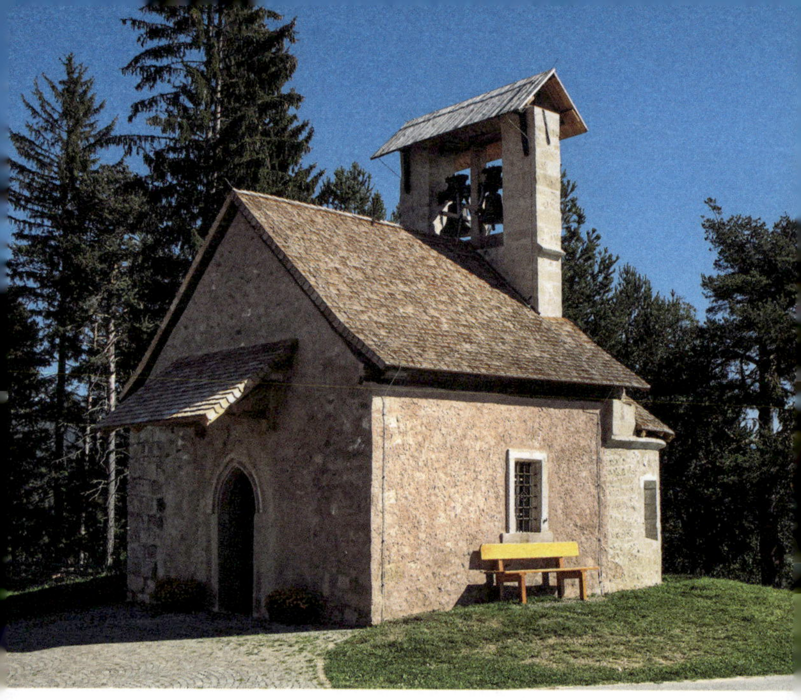

dann rechts einen steilen Feldweg ein, er führt durch Wiesen, am Wargerhof vorbei und verläuft nun als Steig in Sichtweite des Dorfes Mölten bis zur Straße Schlaneid-Mölten. Beim Ortsschild Mölten angelangt gehen wir nicht ins Dorf, sondern folgen dem Seilbahnsteig (Nr. 1). Dieser Weg ist als Abenteuer- und Erlebnisweg für Kinder angelegt. In einer knappen Stunde Gehzeit ab der Abzweigung wandern wir zur Bergstation der Seilbahn zurück.

Gasthof St. Ulrich

In der Küche des Gasthofs St. Ulrich regieren Ulrike Obkircher und ihre Tochter Veronika, die an der Fachschule das Metier gelernt hat.

ST.-ULRICH-KIRCHLEIN

Das Kirchlein St. Ulrich auf der Kuppe des Hügels stammt aus dem 13. Jh. und hat einen romanischen Grundriss. Da das Augsburger Bistum, dessen Patron der hl. Ulrich ist, hier im Mittelalter ausgedehnte Besitzungen hatte, ist das Kirchlein diesem Heiligen geweiht. Der Hügel wird auch Gschleier (vom lateinischen „castellum“, abgewandelt in „Castlir“) genannt, ein Hinweis auf eine ehemalige Wallburgsiedlung.

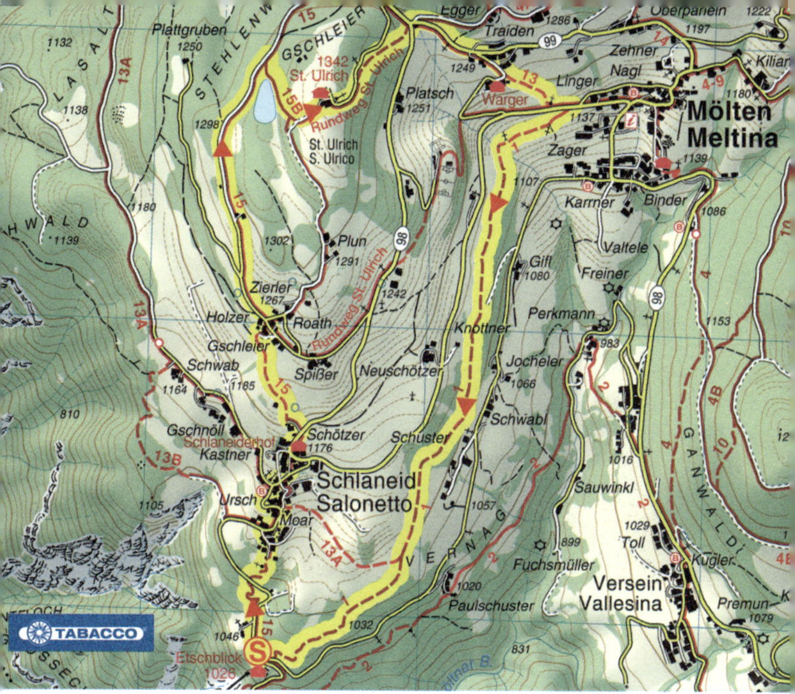

Auf der Speisekarte stehen einfache Tiroler Gerichte, ein Klassiker ist die Milzschnittensuppe, an Sonn- und Feiertagen werden Braten und geschmorte Rippchen aufgetischt, vorzüglich ist die geröstete Leber mit Zwiebeln. Da zum Gasthof eine Landwirtschaft gehört, werden vorwiegend Produkte des eigenen Bauernhofs verwendet: Gemüse, Kräuter und Salate aus dem Garten, Fleisch und Eier von den eigenen Tieren, auch Speck, Salami und Kaminwurzen werden vom Wirt Hans selbst gemacht. Sehr empfehlenswert sind der köstliche Apfelstrudel und die üppigen Biskuitrouladen.

☞ Gasthaus St. Ulrich, Aschlerbach 1, Mölten, Tel. 0471 668056, www.sanktulrich.com, ganzjährig geöffnet, im Winter nur an den Wochenenden, Mo. Ruhetag.

INFOS IN KÜRZE

2½ h
350 Hm
6,8 km
Bergstation Seilbahn Vilpian–Mölten, 1.024 m

An der Meraner Staatsstraße in Vilpian, Parkplatz an der Talstation der Seilbahn

Vilpian im Talgrund liegt an der Staatstraße. Haltestelle für Bus und Bahn. Fahrplan: www.suedtirolmobil.info

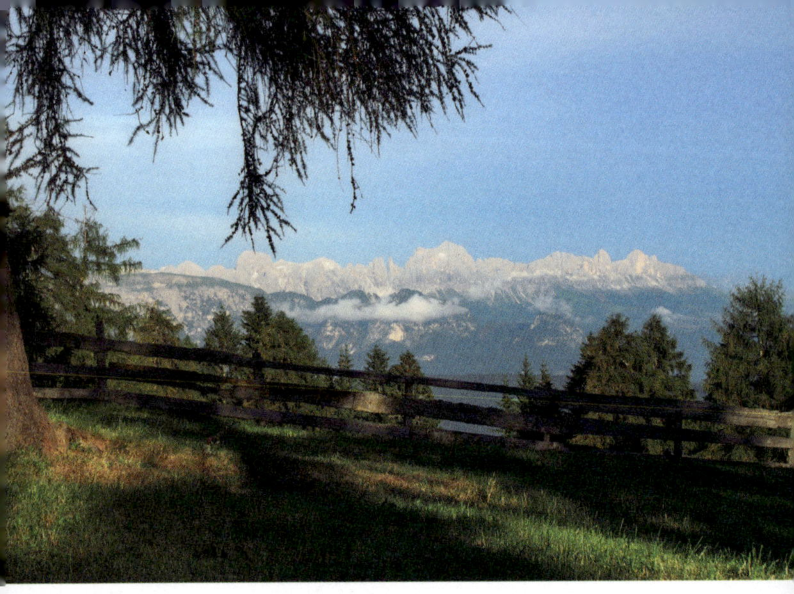

10 Zum Lanzenschuster in Flaas

Vom Meraner Zweigestirn Ifinger und Hirzer läuft ein welliges Hochplateau nach Süden aus. Die sonnigen Lärchenwiesen und Weiden des Tschöggelberges, wie dieses Gebiet genannt wird, sind ein klassisches Ausflugsziel der Bozner und Meraner – an schönen Sommertagen ist hier einiges los! Bei einer einfachen Rundwanderung erleben wir nicht nur die einzigartige Landschaft mit prächtigem Panorama, sondern auch die gute Küche im Gasthof Lanzenschuster.

Vom Parkplatz am Lanzenschuster nehmen wir den Weg Nr. 8, gehen am Gasthaus vorbei (wir kehren auf dem Rückweg ein), weiter durch den Wald und erreichen die kleine Siedlung Kampidell inmitten weiter Wiesen. Am Bauernhaus vorbei wandern wir zum Anschluss an

KAMPIDELL

Eine knappe halbe Gehstunde vom Lanzenschuster entfernt liegt inmitten weiter Wiesen das 145 ha große Landgut von Kampidell. Es gehört dem Benediktinerkloster Muri-Gries in Bozen und besteht aus einem Kirchlein, gotischen und modernen Häusern und dem Bauernhof Steger. Erwähnt wurde es bereits 1186 als „campedel". Die Patres und manchmal auch Schülergruppen sind hier zur Sommerfrische.

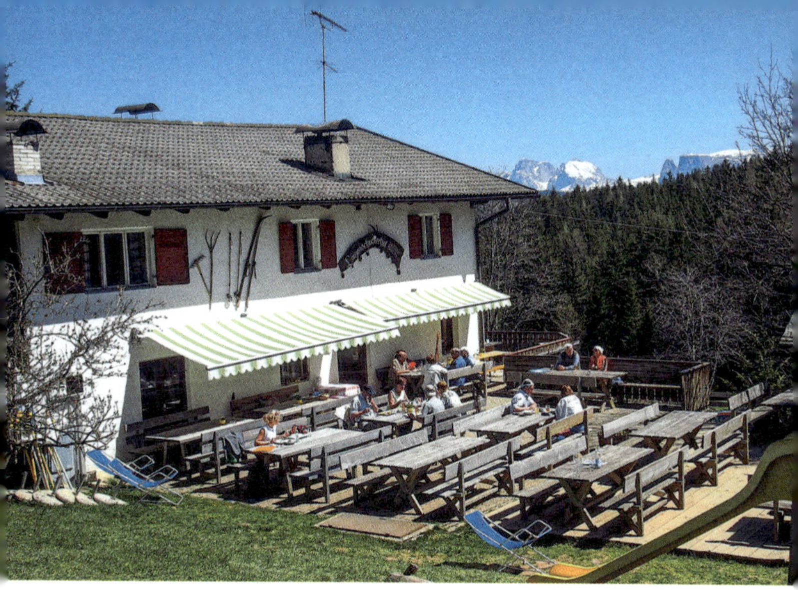

die kaum befahrene Autostraße und auf dieser zum Parkplatz, dort folgen wir dem Wegweiser Lanzenschuster links bergauf, bis zu den Wirtschaftsgebäuden des Lueger-Hofes. Von hier geht es in angenehmer ebener Hangquerung südwestwärts, bis links ein Steiglein durch eine Lücke im Zaun steil durch Wiesen zum Lanzenschuster abbiegt.

Berggasthof Lanzenschuster

Das Berggasthaus Lanzenschuster liegt am Osthang des Tschögglberges auf immerhin 1.518 m. Christian Pircher und seine Frau Margret sind ein eingespieltes Team, er, mit Erfahrung in den besten Häusern Südtirols, ist der Chef in der Küche, sie, immer gut gelaunt, ist das Rückgrat vom Service. Das Gasthaus ist Teil eines Bauernhofes, viel vom Ochsen-, Kalb-, Lamm- und Kitzfleisch kommt aus eigener Aufzucht, der Räucherkeller liefert Speck, Würste und geselchtes Rindfleisch. Wildkräuter und Gemüse vom Garten werden als Füllung von Teigtaschen verwendet und zu Wildkräuterknödeln, Cremesuppen und Salaten verarbeitet. Beliebt ist der Ochsenschmorbraten, die Einheimischen schätzen den schöpsernen Braten (vom Jungschaf). Die Dessertkarte kann sich sehen lassen: Rhabarber-Erdbeertiramisù, Krapfenblätter mit Zitronen-Sahnecreme und Erdbeeren sowie Marillen- und Nougatknödel buhlen neben Apfelstrudel um

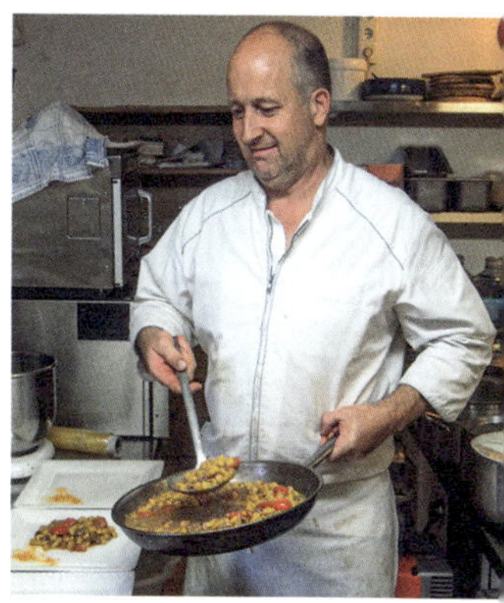

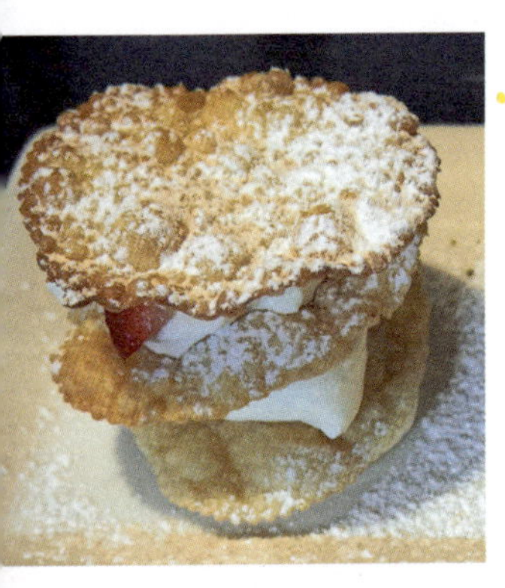

die Gunst der Gäste. Die Spitzenweine auf der Karte sind ein besonderer Kontrast zum rustikalen Ambiente der Bergwirtschaft. Selbstgemacht sind auch der Himbeer- und der Melissensaft sowie der Holundersekt. Für Bio-Fans gibt es auch Bio-Wein.

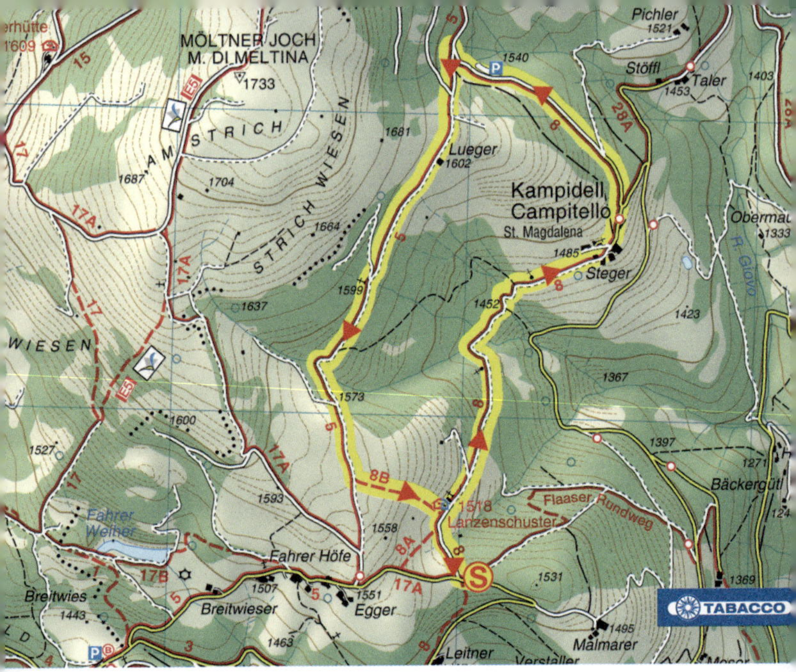

☞ Berggasthof Lanzenschuster, Lanzenweg 12, Jenesien, Tel. 0471 340012 oder 349 6176738, www.lanzenschuster.com, Apr.–Ende Nov. geöffnet, im Winter nur an den Wochenenden und über Weihnachten, kein Ruhetag.

INFOS IN KÜRZE

1 h 25 min
160 Hm
4,8 km
Parkplatz beim Lanzenschuster

Über Mölten zum Sattel Schermoos und ab hier 1,5 km weiter auf beschildertem Asphaltweg oder von Jenesien zum Örtchen Flaas und ab hier 2,5 km zum Lanzenschuster. Parkplatz vor dem Haus.

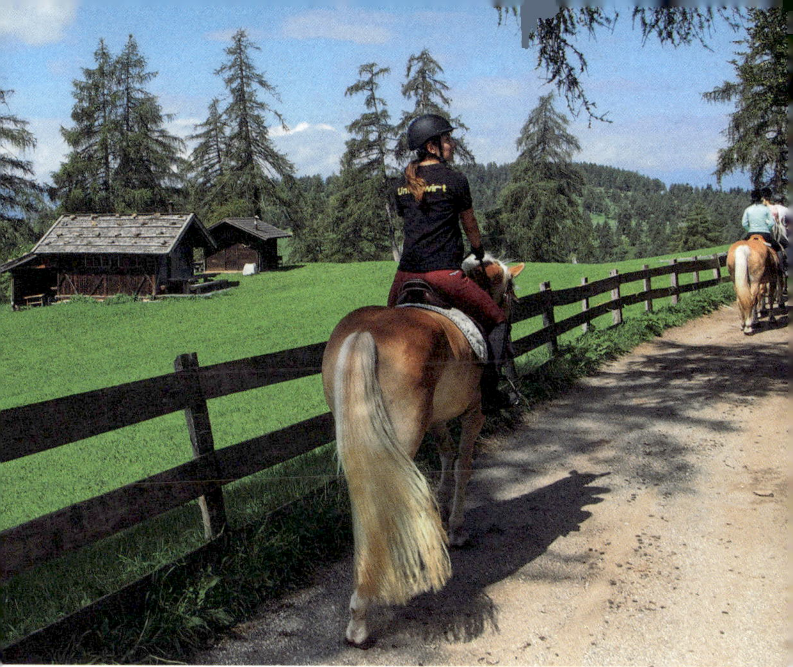

11 Zum Gasthaus Wieser am Salten

Der sonnige Höhenrücken, der sich von den Meraner Bergen zum Bozner Talkessel hinzieht, ist in weiten Teilen von Lärchenwiesen bestanden. Diese hügelige Hochfläche mit Mähwiesen, Lärchenbäumen und einzelnen Almhütten wird allgemein Salten genannt. In beneidenswerter Panoramaposition liegt an der freien Westkante auf 1.390 m der Wieser, ein großer Bauernhof mit angeschlossenem Wirtshaus. Er gehört mit weiteren verstreut liegenden Höfen zum Weiler Nobls.

Wir schlagen einen einfachen Rundweg über den Salten ein, der beim öffentlichen Parkplatz nahe dem Gasthaus Locher startet. Auf dem kaum befahrenen Asphaltsträßchen, das zu einigen weit verstreuten Bauernhöfen führt und dann endet, wandern wir in einer guten halben Stunde durch Wiesen zu unserem Einkehrziel, dem Gasthaus Wieser, das am Rand des beeindruckenden roten Erdrutschgebiets, der Lahn, mit den Erdpyramiden steht. Anschließend folgen wir der Straße leicht bergauf, kurz vor dem benachbarten Guggu-Bauernhof biegen wir im spitzen Winkel rechts ab und folgen jetzt einem Feldweg (Nr. 10A, 10 und 7), der uns in einem weiten Bogen wieder zum Parkplatz beim Locher zurückbringt.

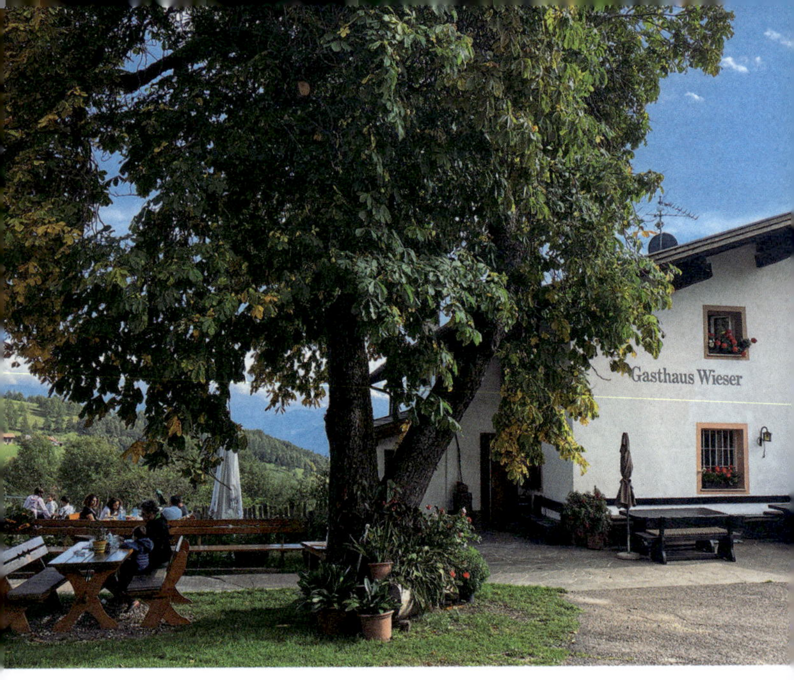

Gasthaus Wieser

Seit über 500 Jahren ist beim Wieser eine Hofstelle und seit mehr als 100 Jahren ein Gasthaus. Der Name ist bezeichnend, der Bauernhof ist von weiten Wiesen umgeben, die auf der Südseite bis an eine steile Erosionsflanke, die „Wieser Lahn", reichen. Beeindruckend sind vor allem die herrliche, freie Panoramalage mit Dolomitenblick und die gute, bodenständige Küche der freundlichen Wirtsleute. Annemarie ist die unangefochtene Chefin in der Küche, Tochter Ulrike hilft im Service, Sohn Roland kümmert sich um die große Landwirtschaft, die viel von den verwendeten Produkten beisteuert, wie Fleisch, Milch, Kartoffeln und Eier, im Sommer Salate und Gemüse, ja, sogar das Kraut wird selbst eingeschnitten und zu Sauerkraut verarbeitet. In der Küche steht ein großer Holzherd mit zwei

DIE WIESER LAHN

Mit dem roten Moränenlehm ist die Wieser Lahn das Ursprungsgebiet des Margarethenbaches, der vom Salten hinab ins Etschtal nach Siebeneich fließt. Nach starken Regenfällen bringt der Bach viel braunrotes Lehmmaterial zu Tal. Einst wurde der Lehm in Sickergruben aufgefangen und in den Ziegeleien bei Siebeneich zu Ziegeln verarbeitet – in alten Zeiten ein gutes Geschäft!

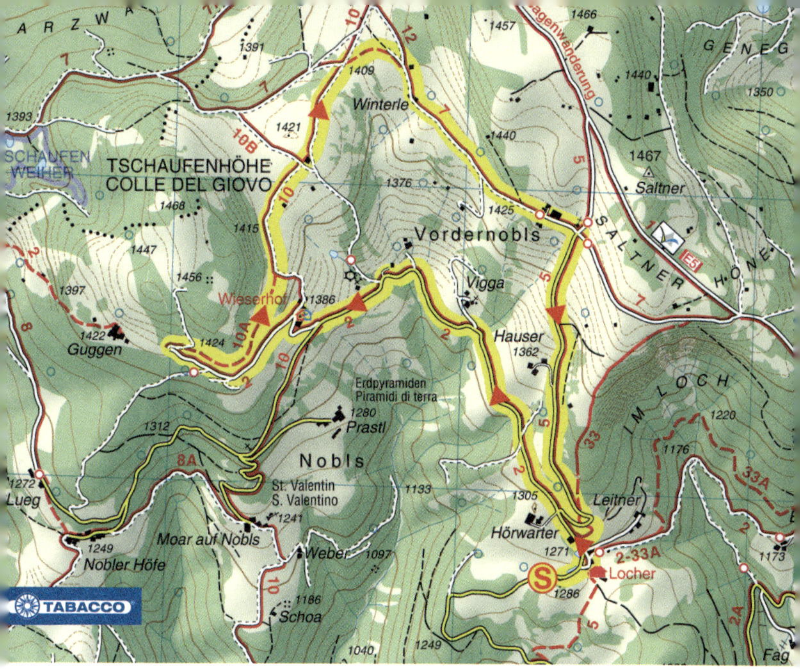

übereinanderliegenden Backrohren, in denen die legendär zarten Bratenstücke vom Jungschaf, das Schöpserne, in Wannen schmoren. Zum Dessert gibt es Apfelstrudel, Schoko-Mohn-Kuchen und Torten. Die Hausweine Lagrein und Vernatsch kommen von verwandten Weinbauern aus Kurtatsch. An schönen Sommertagen ist Vormerkung angeraten, wenn man auf der Terrasse oder im Garten einen Platz ergattern will.

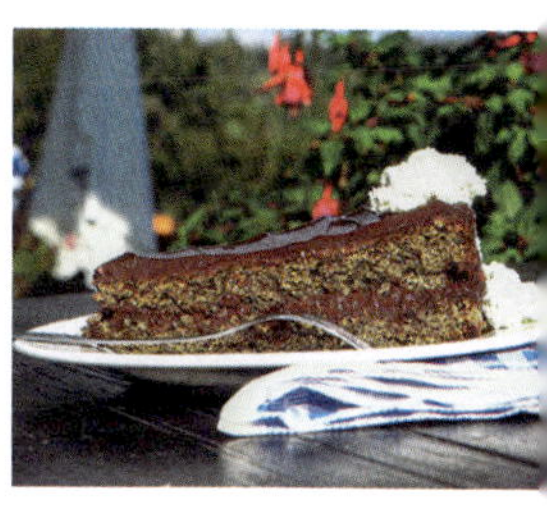

☞ Gasthaus Wieser, Nobls 36, Tel. 0471 1550722 oder 333 5612997, www.gasthof-wieser.com, im Winter nur So. und an Feiertagen geöffnet, Fr. Ruhetag, warme Küche bis 17 Uhr, abends nur auf Vorbestellung für Gruppen.

INFOS IN KÜRZE

2 h
160 Hm
6,3 km

Nobls, Gasthof Locher, 1.273 m

Von der Landesstraße LS99 nach dem Dorf Jenesien nach links Richtung Nobls abbiegen, gebührenpflichtiger Parkplatz beim Gasthaus Locher (13,8 km ab Bozen).

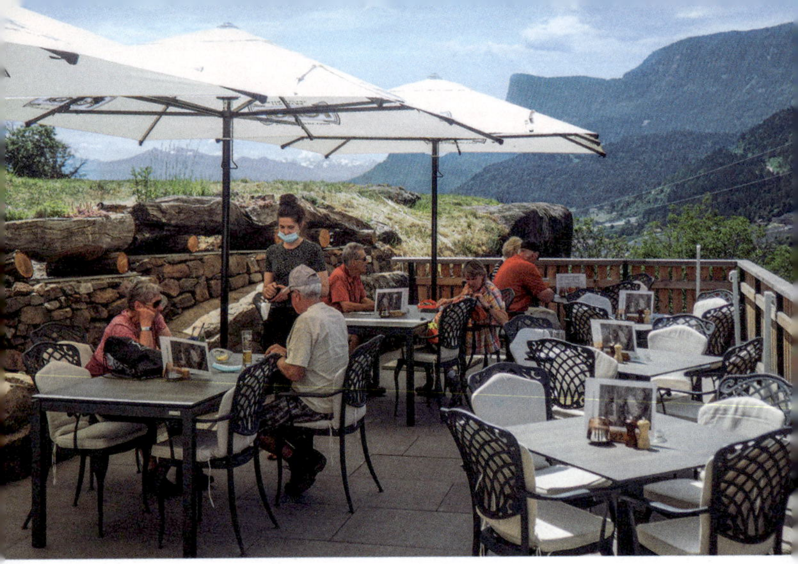

12 Zum Gasthaus Hippolyt in Tisens

Hoch über Lana liegt eine malerische Mittelgebirgsterrasse mit Obstgärten, Kastanienhainen und Mischwald, in die kleine Dörfer samt Burgen, Schlössern und Kirchen eingebettet sind. Über dieser Landschaft erhebt sich ein von Gletschern abgeschliffener Felsenbuckel, auf dem beherrschend und ungemein aussichtsreich das alte Höhenkirchlein zum hl. Hippolyt und daneben das Gasthaus Hippolyt stehen. Durch dieses einzigartige Gebiet unternehmen wir eine ansprechende Rundwanderung.

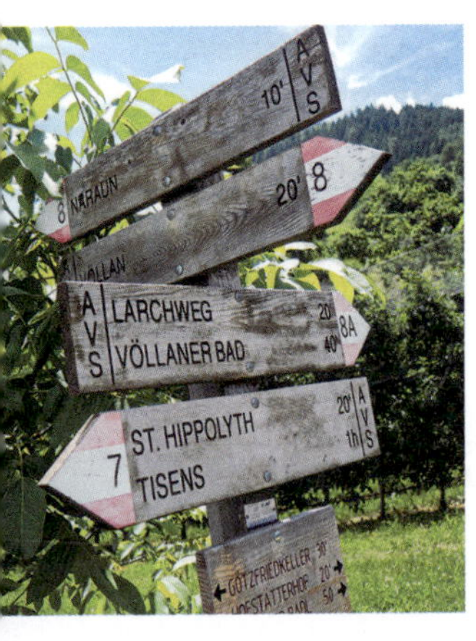

Ab dem Parkplatz an der Gampenstraße schlängelt sich ein Forstweg durch Laubwald über eine von abgeschliffenen Felsen und kleinen Geländeterrassen geprägte Landschaft auf den Hügel. Wir sind auf einem Besinnungsweg unterwegs, Stationen laden zum Nachdenken ein. Nach etwa einer halben Stunde sind wir auf der Felskuppe mit Kirche und Gasthaus angelangt. Für die Einkehr im Gasthaus versuchen wir, einen Platz auf der Panoramaterrasse zu finden. Die Kirche ist meist verschlossen, zu besonderen Anlässen wie etwa zu Hochzeiten wird sie geöffnet, den Schlüssel verwahrt der

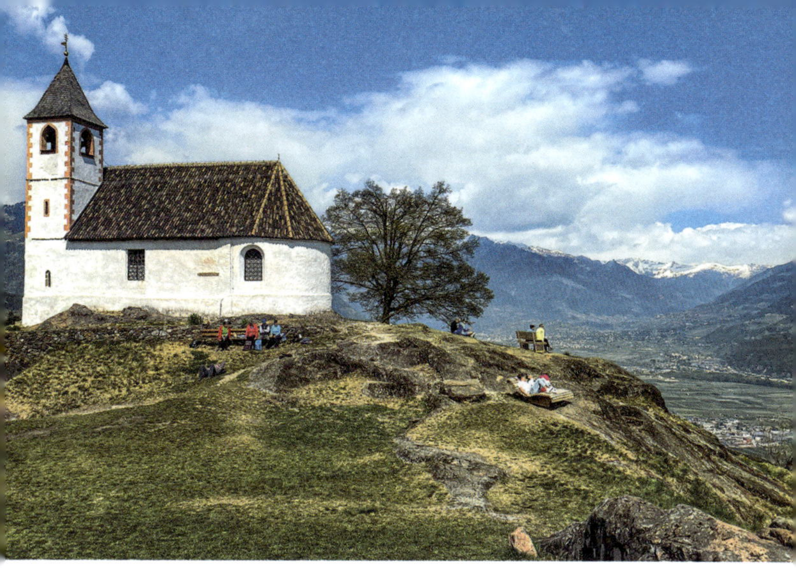

Pfarrer von Tisens. Aber das Schönste ist sowieso die unvergleichliche Rundumsicht! Wer gut zu Fuß ist, der folgt auf der Nordseite des Kirchhügels der Markierung 7 über einen holprigen Felsensteig bergab durch den Wald bis zu einem Sattel, an einer Wegteilung geht es nach links, den Schildern Richtung Tisens und Narauner Weiher folgend. Ein schattiger Waldweg geht an einem verträumten kleinen See vorbei wieder zum Ausgangspunkt zurück.

DAS HÖHENKIRCHLEIN VON ST. HIPPOLYT

Jungsteinzeitliche Funde belegen, dass der exponierte Felshügel, von den Einheimischen Pöltener Bichl genannt, bereits vor Tausenden von Jahren besiedelt war. Die Kirche mit romanischen Stilelementen wird erstmals 1288 schriftlich erwähnt, im 17. und 18. Jh. erfolgte ein Umbau. Der Kirchenpatron Hippolyt (lat. Hippolitus, ital. Ippolito) war einer der ersten Priester, er legte die hl. Schrift streng aus und war im frühchristlichen Rom Bischof. Im Zuge der Christenverfolgung wurde er ins Exil nach Sardinien vertrieben, musste im Bergwerk arbeiten und starb an Entbehrung. In Südtirol wurde er als Wetterheiliger verehrt: Bei aufziehenden Unwettern lief der Mesner herbei, um die Wetterglocke zu läuten. Dabei kam es vor, dass der Blitz in die Kirche fuhr, und der Mesner dabei ums Leben kam. Ein Bildstock in der Kirche erinnert an solch ein tragisches Ereignis. Die Chronik weiß zu berichten, dass sechs Mesner durch Blitzeinschläge starben, die Kirche wurde deshalb auch „Zum bösen Segen“ genannt.

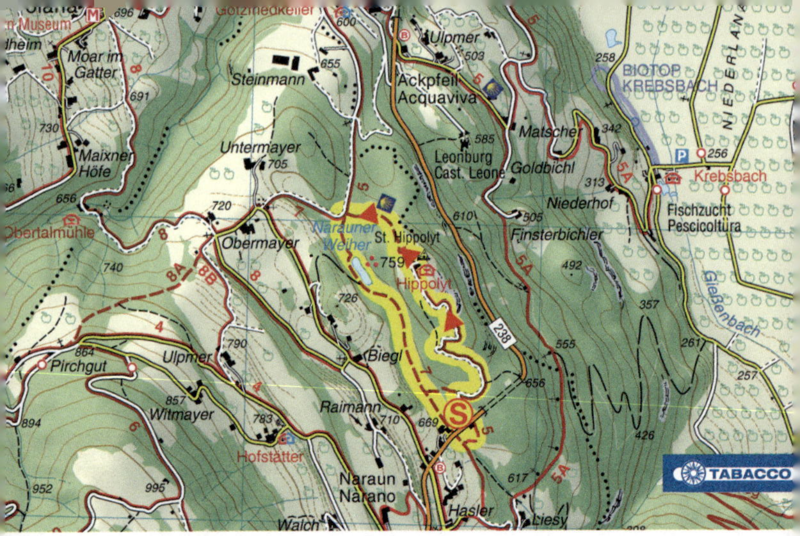

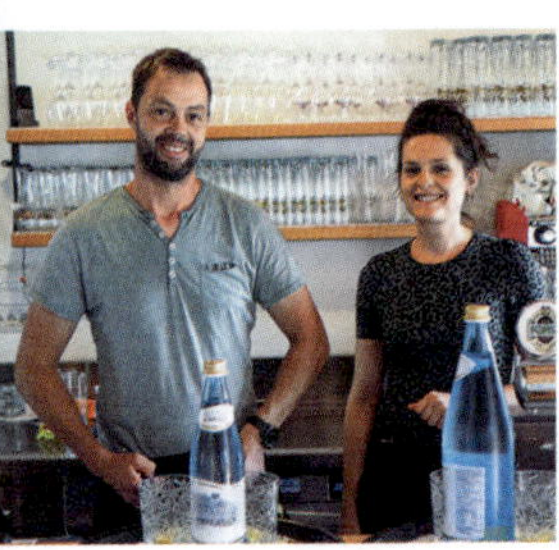

Gasthaus Hippolyt

Das alte Mesnerhaus in einmaliger Position auf dem Kirchhügel hat Norman Pixner, gelernter Koch mit einschlägiger Praxis, aus- und umgebaut und dem Haus neues Leben eingehaucht. Er tischt einfache, aber pfiffige Hausmannskost auf, ganz nach dem Motto: Weniger ist mehr! Auch für Vegetarier ist immer etwas dabei, die Auswahl ist vielfältig und reicht von Kräuterrisotto über Kartoffel-Lauchsüppchen, Schlutzkrapfen und Käseknödeln hin zu Kartoffel-Gemüsegröstl. Bei den Weinen bleibt man auch bodenständig, sie kommen von der Kellerei Nals. Im Herbst ist Hyppolyt ein gutes Ziel für Törggeleausflüge.

☞ Gasthaus Hippolyt, Naraun/Tisens, Tel. 0473 420037, www.gasthaus-hippolyt.it, geöffnet Anf. Apr. Di.–Do. 10–19 Uhr, Fr. 10–22 Uhr, Sa. und So. 10–19 Uhr, warme Küche 10–16 Uhr, Fr. zusätzlich 18–20.30 Uhr, Mo. Ruhetag. In den Wintermonaten nur Fr., Sa. und So. geöffnet.

INFOS IN KÜRZE

1 h
110 Hm
2,4 km
Beim Parkplatz Naraun, 664 m.

Mit dem Auto bis Lana, von der Falschauerbrücke auf der Gampenstraße SS238 5,5 km Richtung Tisens, nach einem Tunnel finden wir freie Parkplätze.

Bus Nr. 216 Lana–Tisens. Fahrplan: www.suedtirolmobil.info

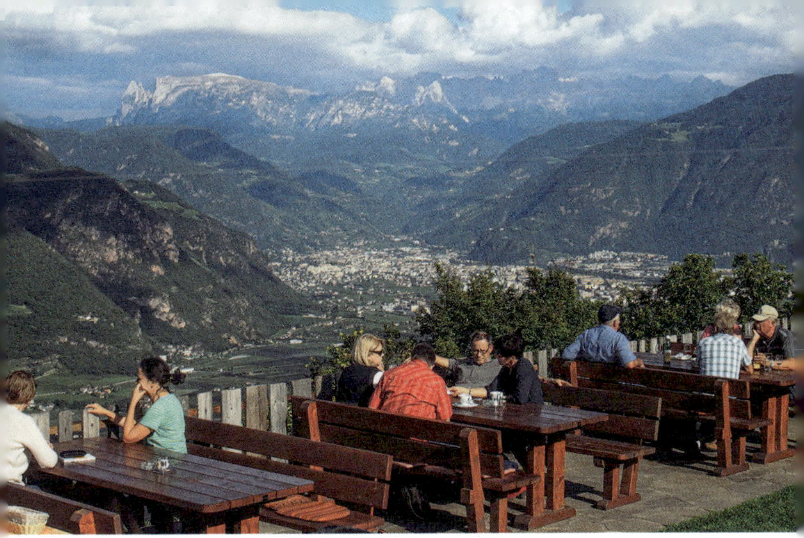

13 Zum Gasthof Lipp in Perdonig

Zwischen Andrian und Unterrain hat eine Laune der Natur unterhalb der mächtigen Felswände des Gantkofels einen Wiesenbalkon geschaffen, von dem der Gasthof Lipp (802 m) kühn ins Etschtal schaut. Von der Terrasse des Gasthauses gibt es einen einmaligen Blick über das Tal nach Bozen und zu den fernen Dolomiten. Ein kleiner Spaziergang bringt uns zu einem einmaligen Aussichtspunkt, dem Steinberg, der jenen von der Gasthausterrasse noch überbietet!

Wir spazieren vom Gasthof Lipp auf dem Fußsteig zur Gaiderstraße und folgen ihr südwärts in Richtung Eppan. An der Feuerwehrhalle von Perdonig vorbei geht es auf der kaum befahrenen Asphaltstraße zur Siedlung Perdonig (bis hierher etwa 20 Minuten Gehzeit). Beim Wegweiser „Hocheppan" nehmen wir den Forstweg, der geradeaus in den Laubmischwald führt. Nach wenigen Minuten gehen wir an einer Wegteilung geradeaus, die Abzweigung rechts bergab nach Hocheppan beachten wir nicht. Unser Weg ist jetzt zwar nicht mehr markiert, aber trotzdem einfach zu finden. Er verengt sich zu einem Steig, der in 10 Minuten ab der Abzweigung durch Föhrenwald hangquerend zu einer Geländekante mit Aussichtsbank führt. Das Panorama

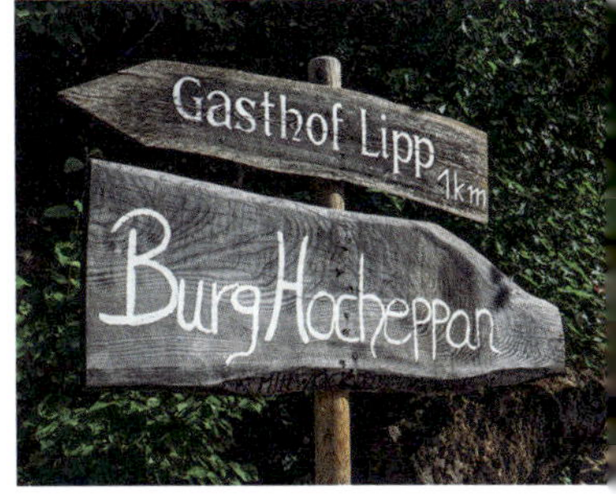

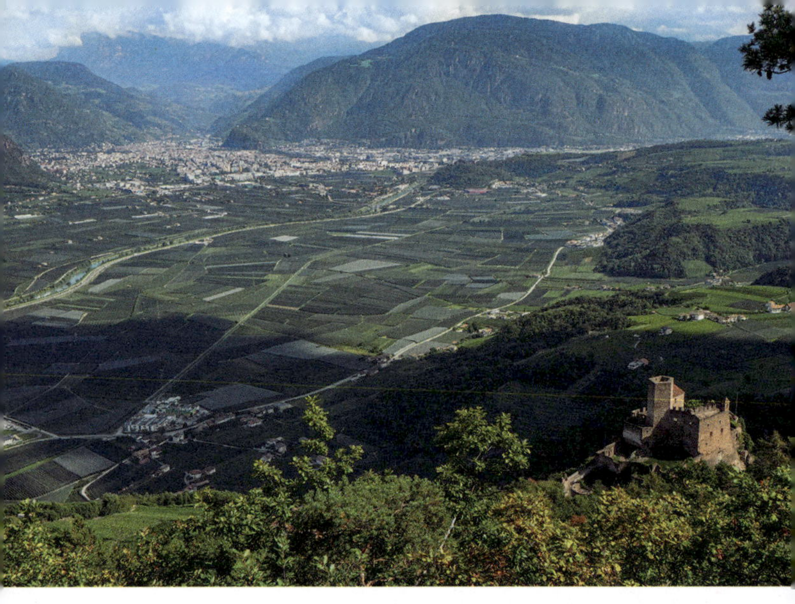

ist überwältigend! Tief unter uns liegt die Burg Hocheppan, zur Rechten breitet sich das Überetsch mit seinen Dörfern und Weinbergen aus, vor uns liegt das breite Etschtal und im Talkessel die Landeshauptstadt Bozen, von den Dolomiten mit Rosengarten und Schlern im Osten eingerahmt. Rückweg wie Hinweg.

Gasthof Lipp

Der Gasthof Lipp ist aus dem Pichlerhof entstanden, die Gäste nannten den Wirt Philipp Pichler einfach Lipp. Das Ausflugsgasthaus ist ein richtiger Familienbetrieb, Arthur und Evi Pichler kümmern sich um den Service, Sohn Thomas, mit solider Kochausbildung und Praxis in renommierten Häusern, waltet in der Küche und sorgt für die guten Gerichte in bester Südtiroler Gasthaustradition. „Auch einfach kann gut sein", so Thomas' Devise. Da kommt Bodenständiges

EPPAN, EINE BURGENLANDSCHAFT

Am Abhang der Mendel haben Erosion und Eiszeitgletscher eine Reihe von Felskuppen, Hügeln und Terrassen ausgebildet, die in ur- und frühgeschichtlicher Zeit und im Mittelalter ideale Siedlungsplätze darstellten. So finden sich auf dem Vigiliuskopf bei Perdonig, nahe dem Lipp, eine Wallburg und Reste einer frühchristlichen Kirche aus dem 5. Jh. n. Chr. Etwas tiefer liegen die Burgruinen Hocheppan und Boymont, auf einem Feslsporn bei Gaid, einer weiteren Siedlung in der Nähe vom Lipp, thront wie ein Adlerhorst Burg Festenstein.

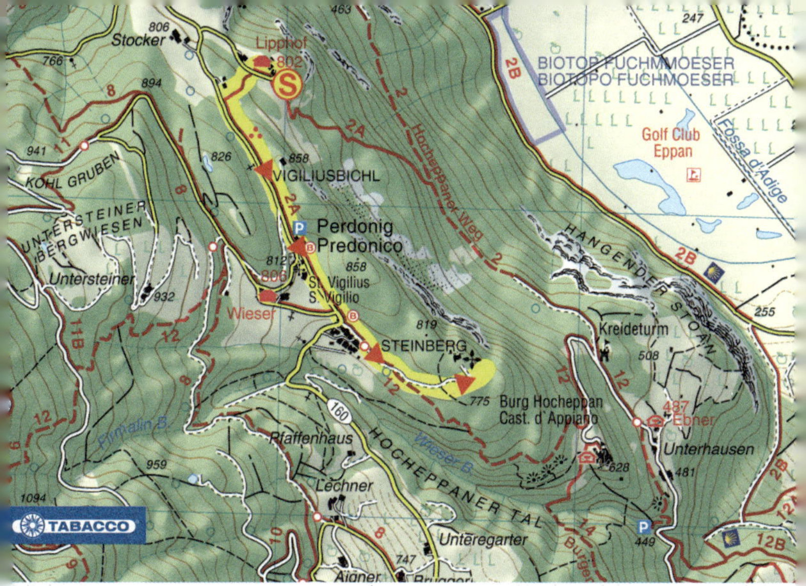

auf den Tisch wie Kalbskopf, Saures Rindfleisch, verschiedene Knödel und Nocken, Kartoffelteigtaschen mit saisonal wechselnder Füllung und Omeletts, im Herbst werden Schlachtplatten serviert und an Sonntagen ein Braten. Als Dessert stehen Buchweizentorte, Apfelstrudel und Zwetschkenblechkuchen zur Auswahl. Ein kleines, aber exquisites Angebot an Südtiroler Weinen begleitet die Gerichte.

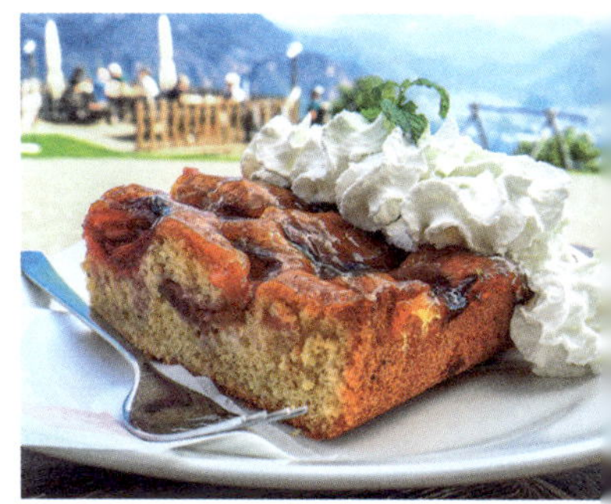

☞ Gasthof Lipp, Perdonig 30, Eppan, Tel. 0471 662517, www.lipp.it, viel Platz im Freien, teilweise unter schattigen Nussbäumen, geöffnet Ostern–Anf. Nov., Mo. Ruhetag, am Abend Reservierung erwünscht.

INFOS IN KÜRZE

- ½ h (Hinweg)
- 70 Hm
- 1,6 km (Hinweg)
- Beim Gasthof Lipp
- Sowohl von St. Pauls-Eppan als auch von St. Michael-Eppan für 7 km den Schildern nach Perdonig und zum Gasthaus Lipp folgen. Viele Parkplätze beim Gasthaus.
- Mit dem City-Bus 135.2 von Eppan nach Perdonig, Fahrplan: www.suedtirolmobil.info.

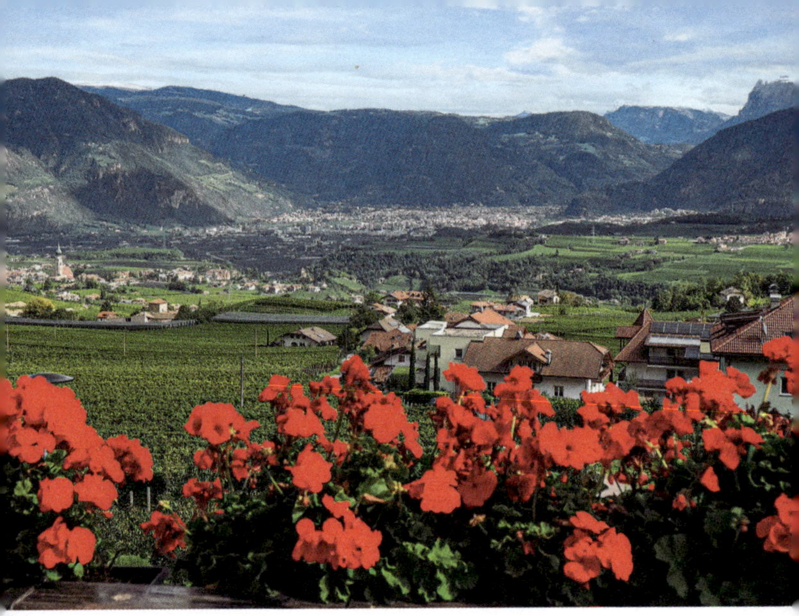

14 Zum Steinegger in Eppan

Bereits von Weitem begrüßen die barocken Zwillingstürme der Gleifkirche von der gleichnamigen Anhöhe die Besucher von Eppan. Etwas dahinter ziehen sich die letzten Weinberge zur Mendel hin, dort liegt der Steinegger, unser Ausflugsziel. Bei dieser einfachen Wanderung erleben wir die wunderbare Überetscher Kulturlandschaft mit ihren Reben und Obstanlagen, den zahlreichen Kirchen, Burgen und adeligen Ansitzen.

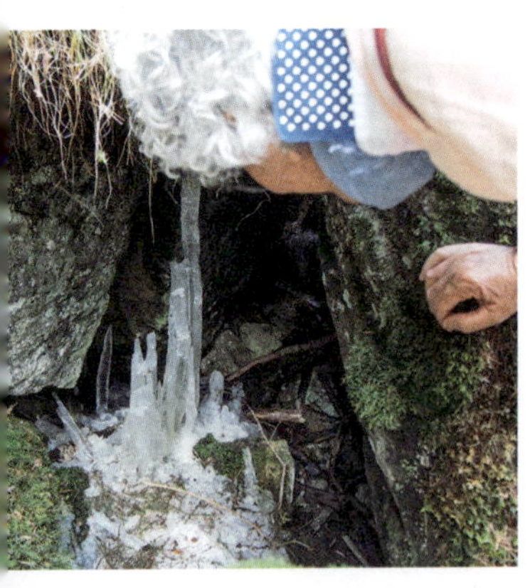

Vom Parkplatz gehen wir ins Zentrum von St. Michael, überqueren die Dorfstraße, spazieren auf den Berg zu, steigen über die Treppe mit der Schrift „Zur Gleifkirche" und gehen am Eisstadion und der Raiffeisenhalle vorbei. Dann folgen wir dem Waldweg, der in Serpentinen zur Kirche hinaufführt. Von dort geht es leicht bergab zu einem Asphaltweg, dem wir kurz nach Norden folgen, um bald wieder links abzubiegen und bergauf zum Hotel-Gasthof Steinegger zu wandern. Nach der Einkehr spazieren

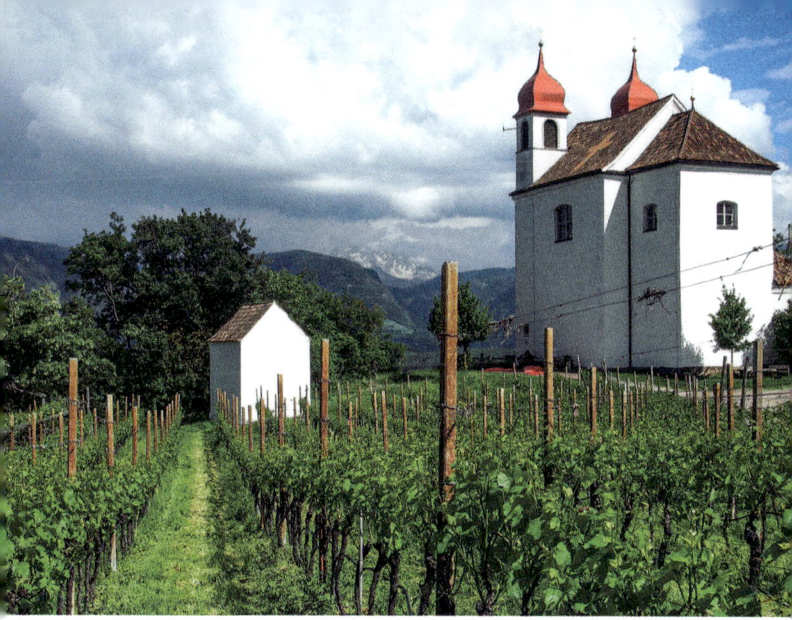

wir auf einem Waldweg, der kurzweilig in stetem Auf und Ab auf die Porphyrfelsen zusteuert, wo in einer Senke die bekannten Eislöcher zu bestaunen sind. Der Rückweg führt uns am Hotel und Weingut Stroblhof vorbei. Auf kaum befahrenen Straßen und zuletzt durch die Dorfgasse, immer den Wegweisern folgend, gelangen wir wieder zum Dorfplatz zurück.

Hotel-Gasthof Steinegger

Aus einem Bauernhaus mit Ausflugsgasthaus hat sich der Steinegger im Laufe der Jahre zu einem stattlichen Hotelkomplex weiterentwickelt, wo Wanderer und Tagesgäste gern gesehen sind. Das Haus trägt stolz den Titel „Erbhof“ als Hinweis auf jahrhundertelangen Familienbesitz. Viel Gemüse und Obst kommt vom eigenen Garten, die Weinberge ums Haus liefern den hervorragenden Wein. Der Chef steht mit in der Küche und sorgt für herzhafte regionale Kost mit

DIE EISLÖCHER

Am unteren Ende eines Trümmerfeldes am Fuße der steilen Mendelhänge hat sich eine Mulde ausgebildet, wo sich in Felsspalten selbst im Frühsommer noch Eis bildet. Spürbar kalte Luft sammelt sich in den Mulden an, die deutlich niederen Temperaturen bedingen eine angepasste Flora: So finden sich hier Vertreterinnen der alpinen Flora wie Alpenrose und Preiselbeere.

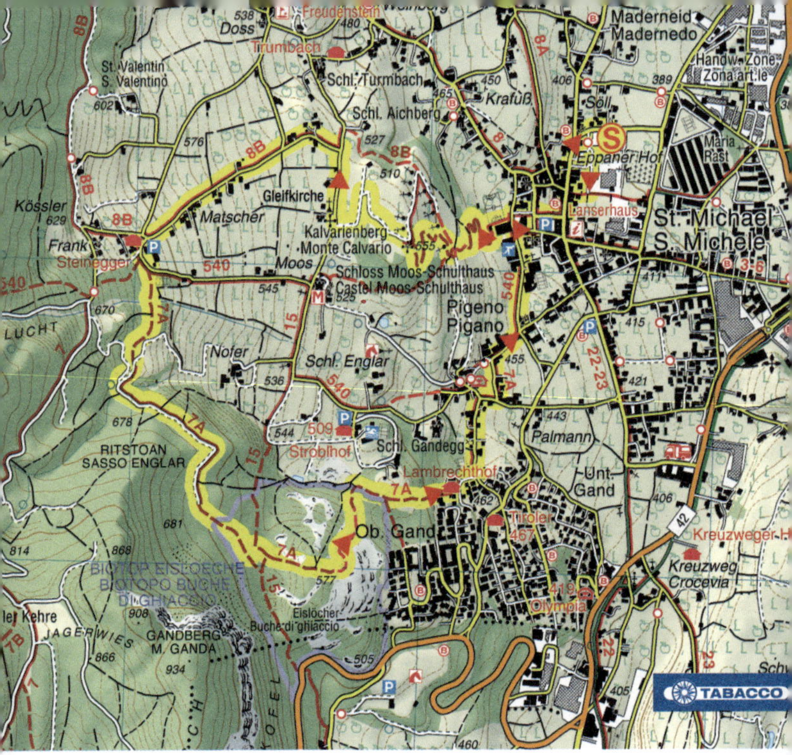

italienischem Einschlag. Auf der Speisekarte finden sich auch Tiroler Klassiker wie Saures Rindfleisch, Kalbskopf, Leber- und Speckknödel, verschiedene Nocken, hausgemachte Schlutzkrapfen, Gröstl mit Krautsalat oder Kalbsgulasch und so Besonderes wie das „Südtiroler Schnitzel" in Schwarzbrotpanade, gefüllt mit Speck und Almkäse. Hausgemachtes Eis, Kuchen und Apfelstrudel sorgen für den süßen Abschluss. Bei schönem Wetter genießt man auf der Terrasse oder in der großen überdachten Gartenlaube die prächtige Weitsicht.

☞ Hotel-Gasthof Steinegger, Matschatscherweg 9, Eppan, Tel. 0471 662248, www.steinegger.it, geöffnet Ostern–Anf. Nov., Mi. Ruhetag.

INFOS IN KÜRZE

2 h 20 min
250 Hm
7,4 km
St. Michael-Eppan, 400 m

Anfahrt über die Mendelstraße (SS42), Ausfahrt Eppan, gebührenfreier Parkplatz in der Bozner Straße an der Dorfeinfahrt, bei der Bushaltestelle, gegenüber der Esso-Tankstelle.

Bus „Überetscher Express" und Linien 132 oder 133.

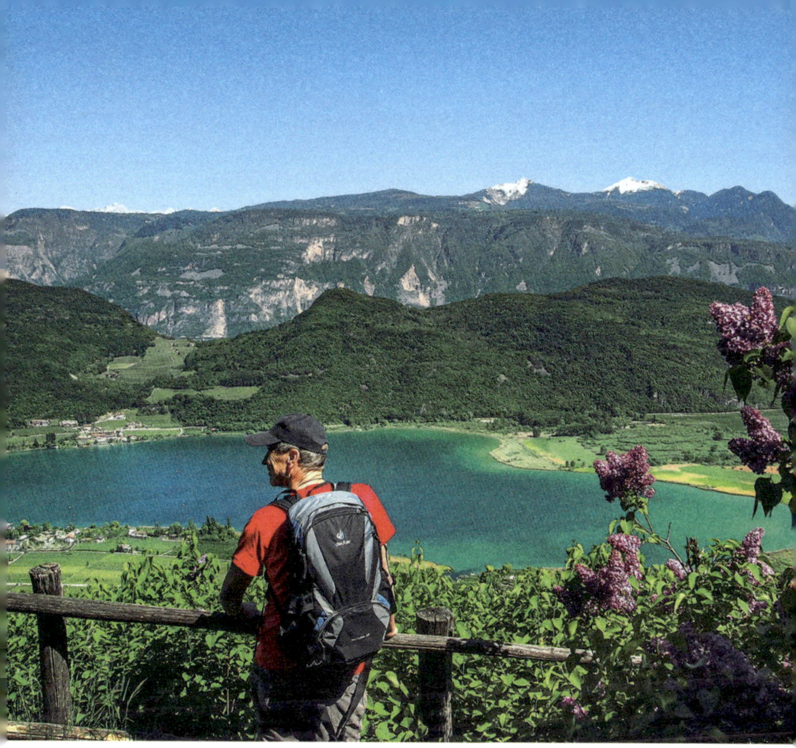

15 Nach Altenburg zum Sonnegghof

Südwestlich von Kaltern liegt auf einer Anhöhe das Dörfchen Altenburg mit der gotischen St.-Vigilius-Kirche, die weit über das Überetsch und hinab auf den blau blitzenden Kalterer See blickt. Wir werden bei diesem Ausflug mit schönen Ausblicken, einer stimmungsvollen Landschaft mit Obstgärten, Weinbergen, Waldsteigen und munteren Bächlein sowie einem netten Gasthaus zur Einkehr belohnt.

Vom Parkplatz führt der Wanderweg Nr. 10A an den Sportplätzen und -anlagen vorbei westwärts bergab, nach 10 Minuten mündet der Steig in den Friedensweg, der von Kaltern herführt und der sich mit wenig Steigung, mal als breiter Weg, dann wieder als Steig, durch den herrlichen Mischwald aus Fichten, Föhren und mächtigen Buchen nach Altenburg und zu unserem Gasthof schlängelt. Besonders im Sommer ist dies eine sehr angenehme Wanderung, verschiedene Besinnungspunkte laden zum Innehalten ein. Kurz vor Altenburg, bei einem Parkplatz und Aussichtspunkt, dem Müllereck, verlassen wir den Friedensweg, der in den Bachgrund und im Gegenanstieg

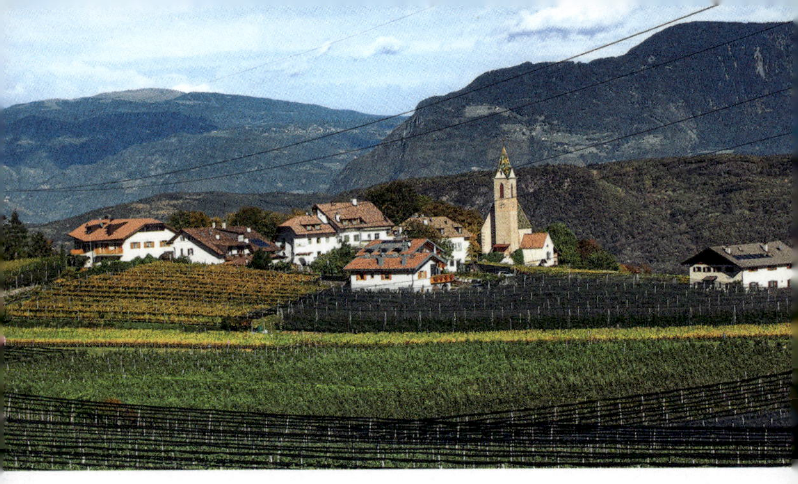

steil zur Kirchenruine St. Peter führen würde. Wir überqueren hingegen die Autostraße und gehen kurz bergauf zum Wanderweg Nr. 11. Dieser quert als Waldsteig den Berghang und den Rastenbach, bei den ersten Häusern von Altenburg biegen wir links zum Sonnegghof ab. Für den Rückweg gehen wir wieder bis zum Müllereck, bleiben dann am Weg Nr. 11, der parallel oberhalb der Autostraße zu den Sportanlagen zurückführt.

Landgasthof Sonnegghof

Hanspeter Stelzer steht selbst in der Küche und serviert seinen Gästen regionale Gerichte: Neben hausgemachten Nudelgerichten kocht er Bodenständiges wie Knödel, Schlutzkrapfen, Erdäpfelblattlen mit Kraut, Kalbskopf, Saures Rindfleisch oder Zwiebelrostbraten. Am Nachmittag gibt es eine kleine Karte, mit Jausentellern, Kaffee und Kuchen wird auf die Bedürfnisse der Wanderer und Mountainbiker – neben verschiedenen anderen Routen führt auch der Kalterer Höhenweg knapp oberhalb des Hauses vorbei – eingegangen. Während der Aktionswochen ergänzen Bärlauch-, Wild-, Spargel-,

AUSSICHT UND RUINEN

Unmittelbar neben der aus dem 14. Jh. stammenden St.-Vigil-Kirche bietet eine Wiesenkuppe einen herrlichen Ausblick auf den 400 m tiefer gelegenen Kalterer See. Weiter unten befindet sich die Ruine einer der ältesten Sakralbauten Südtirols, der St.-Peter-Kirche. Ein markierter Felsensteig mit einer modernen Hängebrücke führt in 15 Minuten dorthin: Auf den umgebenden Felsen sind Schalensteine mit geheimnisvollen Vertiefungen zu entdecken sowie eine auffällige Grube, möglicherweise ein archaisches Taufbecken.

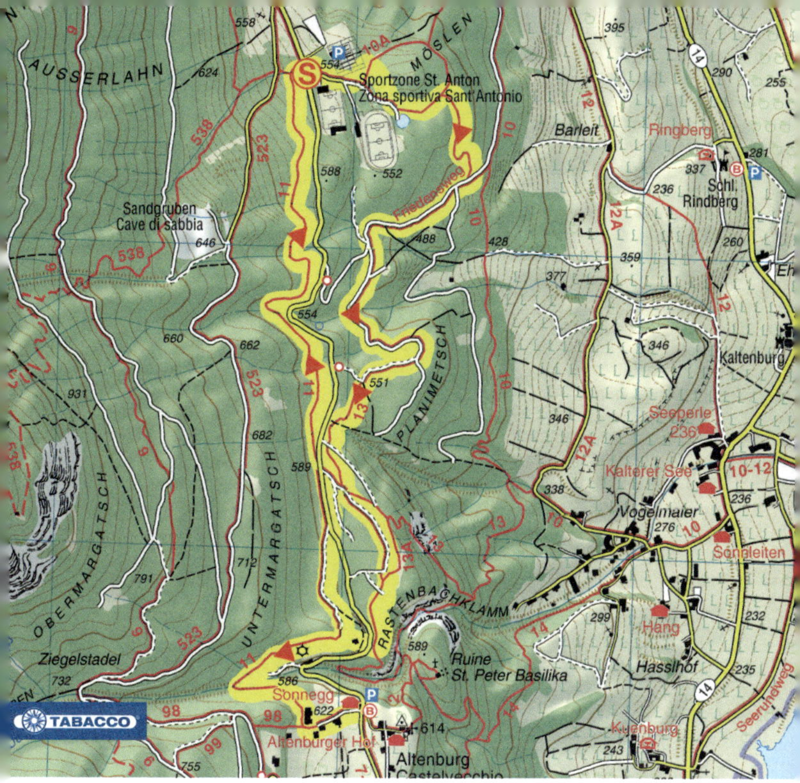

Kürbis- und Pilzgerichte die Speisekarte, im Herbst ist Törggelezeit. Am Abend kommt die Pizza aus dem Holzofen, zum Nachtisch werden je nach Saison Zwetschken- oder Marillenknödel serviert. Neben einem Kalterer Schankwein gibt es eine schöne Auswahl an Flaschenweinen. Hinter dem Haus, abseits der wenig befahrenen Straße, können sich die Kinder an Spielgeräten vergnügen.

☞ Landgasthof Sonnegghof, Altenburg 2, Kaltern, Tel. 0471 963520, www.sonnegghof.it, ganzjährig geöffnet, Mo. Ruhetag.

INFOS IN KÜRZE

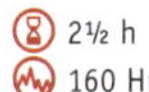

2½ h
160 Hm
7,7 km
Bei den Sportanlagen in Kaltern, 566 m.

Von Kaltern den Verkehrsschildern zu den Sportanlagen im südwestlichen Ortsteil zum Waldrand am Mendelfuß folgen.

Bus 132 Bozen Kaltern, Citybus vom Dorfzentrum Kaltern bis Sportzone, Fahrpläne unter www.suedtirolmobil.info.

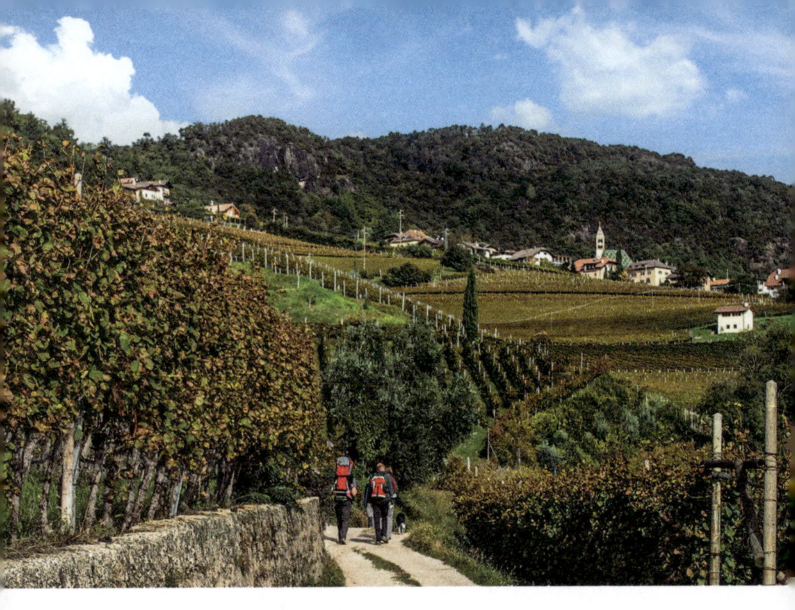

16 Zum Plattenhof in Söll bei Tramin

Dieser Ausflug bringt uns durch schönste Reblandschaft auf die Geländeschulter von Söll, hier gedeiht bester Gewürztraminer. Wir sind an der Schnittstelle zwischen dem dunklen, rotbraunen Porphyrfels und dem darauf aufbauenden hellen, gelbweißen Mendeldolomit unterwegs, die Kombination dieser zwei Gesteinsarten im Boden ist mit ein Grund für die ausgezeichnete Qualität der Weine aus dieser Gegend.

Wir starten im Dorfzentrum, am Mindelheimer Platz, gehen bergauf, biegen rechts in den Rathausplatz ein, an der Pfarrkirche vorbei folgen wir der Hans-Feur-Straße nord-ostwärts. Beim Ansitz Eggenheim biegen wir in den Kirchsteig (Wegweiser) ein und gehen über Stiegen in die St.-Julitta-Gasse und weiter über den steilen Steig zwischen Weinbergen zum Kirchhügel von Kastelaz. Nach diesem Schlenker wandern wir an der Westseite vom Kirchlein über einen Steig bergab zur Mühlgasse und am Hotel Winzerhof vorbei in die Rechtenthalstraße. Die Wegweiser mit der Nr. 11 führen jetzt durch schönste Weinberge und zuletzt durch einen Buschwaldstreifen (als Naturerlebnisweg ausgeschildert) abwechslungsreich bis zum Ziel, dem Plattenhof in Söll – der Kirchturm und das Kirchendach mir den grün glasierten Ziegeln winken uns schon zu. Der Rückweg geht am Plattenhof vorbei, wir folgen den Wegweisern zum Kalterer See, verlassen aber den Steig nach 15 Gehminuten und

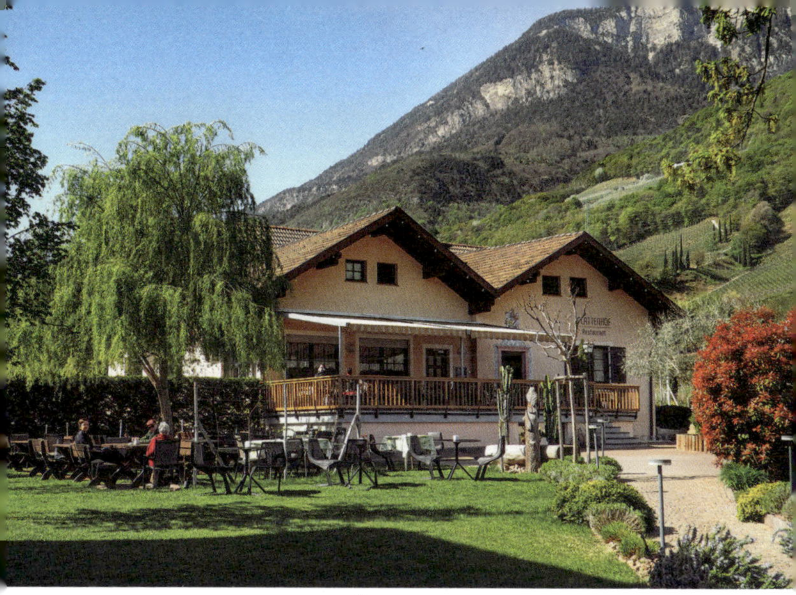

schlagen rechts den weiterführenden Teil des Naturerlebnisweges ein, der uns etwas tiefer als der Hinweg wieder nach Tramin zurückführt. Am Wegesrand sind bebilderte und gut beschriftete Täfelchen angebracht, die auf botanische Besonderheiten hinweisen. Das eigene Mikroklima begünstigt nämlich das Wachstum von Pflanzen, die eigentlich im submediterranen Raum zu Hause sind wie Mäusedorn, Perückenstrauch, Speierling (Sorbus domestica), Zürgelbaum, Flaumeiche, Diptam und viele mehr.

Plattenhof

Das traditionsreiche Ausflugsgasthaus mit angeschlossenem, modernem Hotel liegt in einmaliger Panoramaposition über dem Etschtal. Zum guten Ruf trägt die Küche, die italienische und Südtiroler Gerichte kombiniert, bei. Beliebt ist das Plattenhofpfandl, ein Nudelgericht, Traditionalisten verlangen den gebackenen Kalbskopf.

ST. JAKOB IN KASTELAZ

Die Besichtigung des Jakobskirchleins auf dem Kastelazhügel ist ein Muss! Es enthält einen berühmten und originellen romanischen Freskenzyklus. Eine Vogelfrau, ein Ziegenfisch, der Wadlbeißer – kurz: allerhand Fabelhaftes tummelt sich an den Wänden des Kirchleins St. Jakob in Kastelaz. Die als Bestiarien bekannten Wandmalereien der Hügelkirche in imponierender Aussichtsposition oberhalb des Weindorfes stammen aus dem frühen 13. Jh.

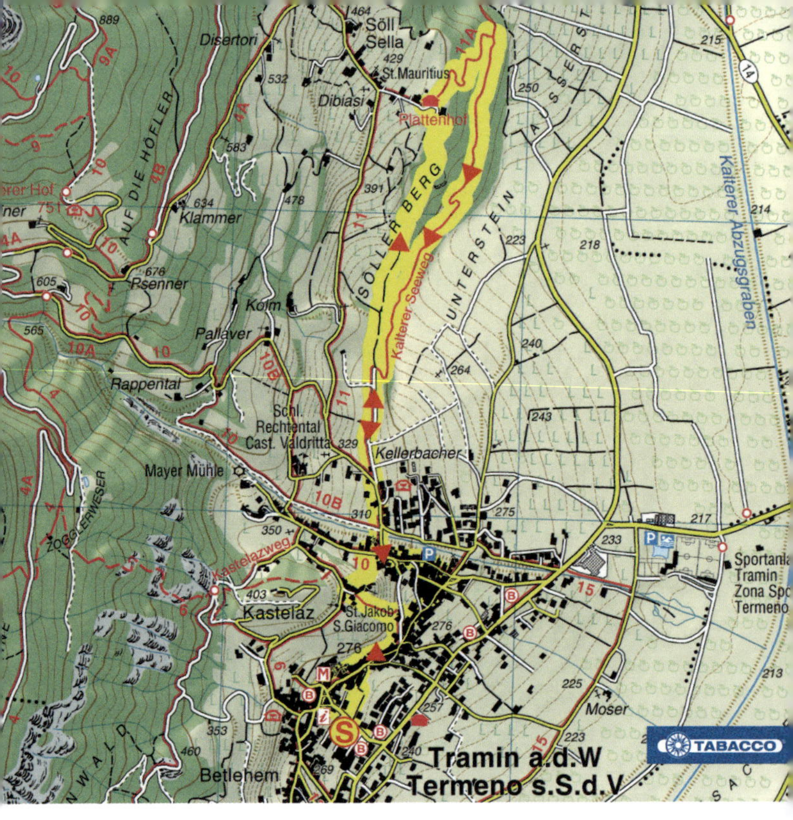

Weinkenner schätzen die Liebe von Chef Werner Dissertori zum Gewürztraminer, aber auch der Rotwein vom Plattenhof, eine Cuvée, ist hervorragend. Wanderer und Tagesgäste sind gern gesehen, die Hotelgäste logieren im nebenstehenden Neubau.

☞ Plattenhof, Söll 33, Tramin, Tel. 0471 860162 (Restaurant), www.plattenhof.it, Mitte März–Jahresende geöffnet, Restaurant 10–24 Uhr, warme Küche 11.30–14 Uhr und 17–21 Uhr, Pizza 17–22 Uhr, Mo. Ruhetag.

INFOS IN KÜRZE

2 h 10 min
250 Hm
6,3 km
Ortszentrum Tramin, Mindelheimer Straße

Auf der Südtiroler Weinstraße ins ausgeschilderte Ortszentrum von Tramin, zu den Parkplätzen in der Mindelheimer Straße abbiegen.

Bus der Linien 130 und 131 nach Tramin, Fahrpläne unter www.suedtirolmobil.info.

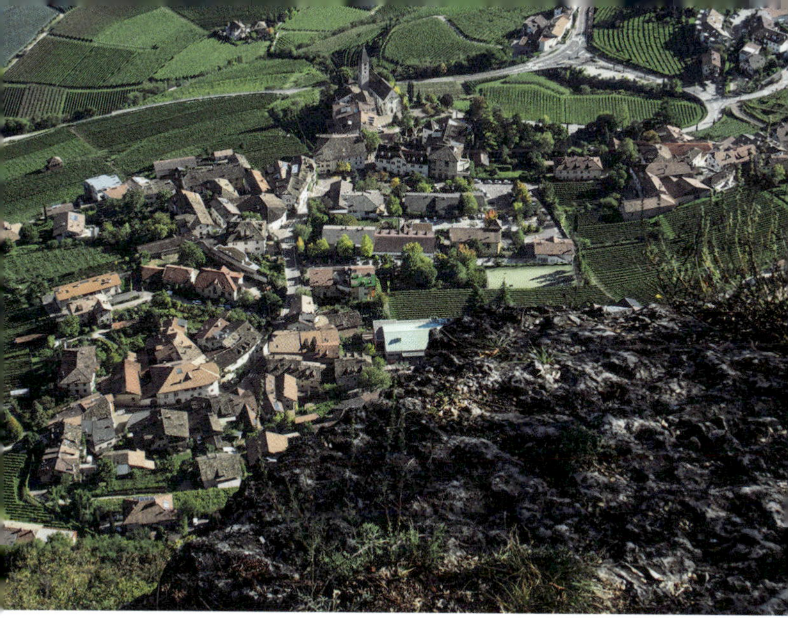

17 Zum Lenzenhof in Graun

Hoch über Kurtatsch liegt auf einem Sonnenbalkon das winzige Dörfchen Graun, vom Tal aus ist nur der kecke Kirchturm auszumachen, die wenigen Häuser des Weilers verstecken sich am Fuße der Mendel. In Graun endet die schmale Zufahrtsstraße, die von Kurtatsch heraufführt. Bereits die Fahrt von der Talsohle auf die 850 m hoch gelegene kleine Hochebene durch eine Landschaft mit stattlichen Weinhöfen, zypressengeschmückten Hügeln, einer gepflegten Reblandschaft und tollen Ausblicken auf das weite, fruchtbare Etschtal ist ein besonderes Erlebnis.

Vom Parkplatz wandern wir kurz zurück, nach dem Gasthof Goldener Adler biegen wir links in den Wanderweg nach Kurtatsch ein

DER SITZKOFEL

Vom Kirchhügel mit der St.-Georgs-Kirche führt ein kurzer Spazierweg in wenigen Minuten zum Aussichtspunkt Sitzkofel, einem Adlerhorst über dem steilen Abhang zum Etschtal mit unglaublicher Fernsicht. Hier brechen die Felsen senkrecht mehrere hundert Meter zum Tal ab, ein Fahnenmast markiert die Stelle.

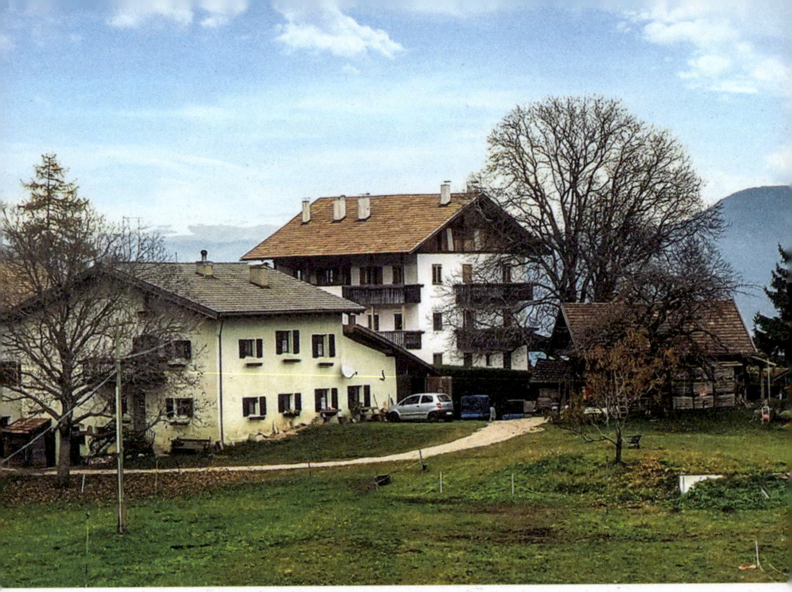

und gehen zur weithin sichtbaren Georgskirche. An deren südlicher Friedhofsmauer entlang geht ein Steig in wenigen Minuten zum Aussichtspunkt Sitzkofel. Von dort folgen wir der Markierung durch Weinreben nordostwärts, gehen unterhalb eines alten Kalkofens, immer am Rand der Geländeterrasse, wieder durch Weinberge und queren den Wanderweg nach Tramin. Wir bleiben jetzt am breiten, nicht mehr markierten, ebenen Waldweg, gehen geradeaus und kommen zu einer Obstwiese mit Kirschbäumen. Nun steigt der Weg etwas an, er dreht dann in südwestliche Richtung, geht am Wald-Festplatz vorbei und stößt auf die asphaltierte Dorfstraße, auf der es nun nach rechts zum Lenzenhof geht.

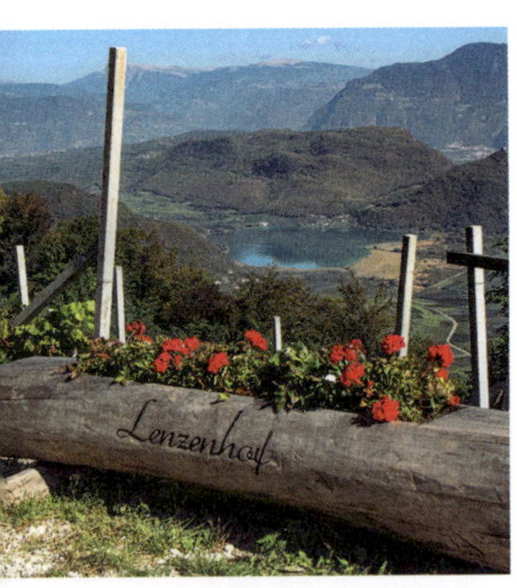

Buschenschank Lenzenhof

Unser Ziel ist der Lenzenhof, ein Obst- und Weinhof an der Nordostecke der kleinen Hochebene. Der gute Geist des Familienbetriebs ist Frieda, sie kam 1991 vom Ritten nach Graun, wo sie mit ihrem Mann neben dessen Heimathof eine alte Jugendherberge zu einem Buschenschank ausbaute. Der beiden Glück währte nicht lange, ihr Mann verunglückte bei einem Arbeitsunfall, Frieda führte den geschlossenen Bauernhof und den Buschenschank weiter. Inzwi-

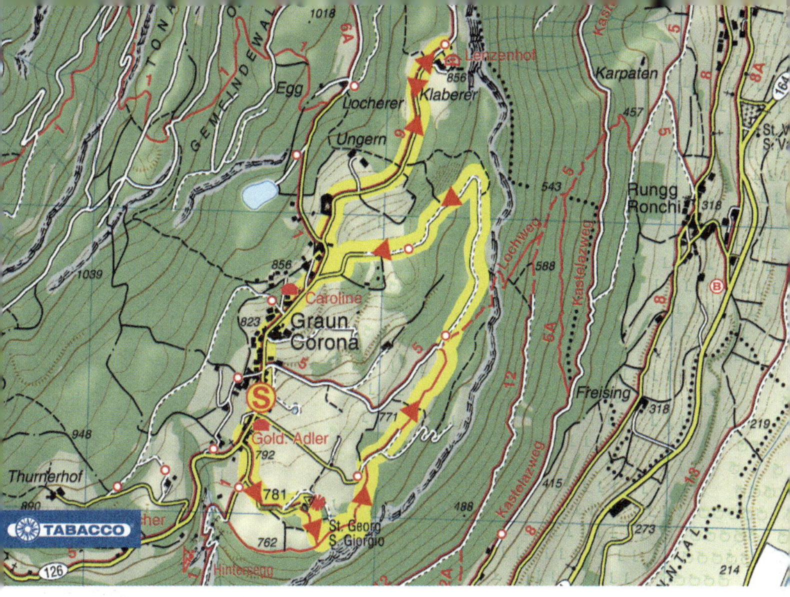

schen sind die mittlerweile erwachsenen Kinder eine große Hilfe. Es gibt einfache, einheimische Gerichte ohne Schnörkel, viele Produkte stammen vom eigenen Hof. Auf der Karte stehen Spiegeleier mit Speck und Röstkartoffeln, Omelette oder Kaiserschmarrn mit selbstgemachter Himbeer- oder Preiselbeermarmelade, Hirtenmaccheroni, Knödel, Salate und im Herbst verschiedene Törggelegerichte. Bei den Jausen kommen hausgemachter Speck und luftgetrocknete Hauswurst auf das Brettchen. Natürlich gibt es, wie es sich für einen Weinhof gehört, eine kleine Auswahl an Eigenbauweinen, vom weißen Müller-Thurgau über den leichten Vernatsch bis zum kräftigen, aromatischen Cabernet Cortis, einer pilzwiderstandsfähigen neuen Sorte.

☞ Buschenschank Lenzenhof, Indermauerstr. 46, Kurtatsch, Tel. 0471 880299, www.buschenschank-lenzenhof.com, geöffnet März–Mitte Nov., am Abend Vormerkung erwünscht, Mi. Ruhetag.

INFOS IN KÜRZE

1 h 35 min
112 Hm
5,4 km
Graun, Parkplatz im Dorf gegenüber der Feuerwehrhalle.

Von Kurtatsch 3 km Richtung Fennberg und an der Wegteilung rechts noch 1 km nach Graun. Freie Parkplätze im Dorf bei der Feuerwehrhalle.

Bus 122 Kurtatsch–Graun, Fahrplan: www.suedtirolmobil.info

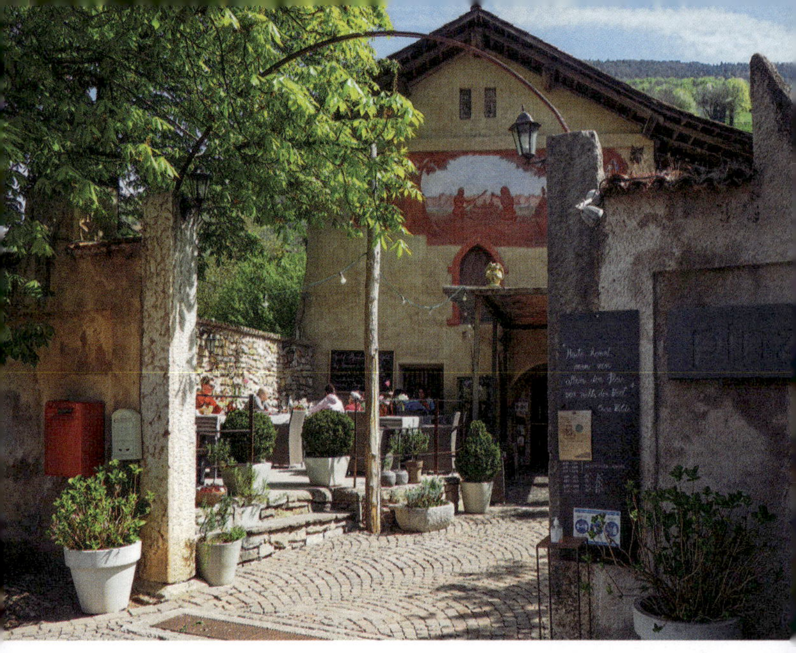

18 Von Neumarkt zum Pinzoner Keller

Von der Talsohle bei Neumarkt aus führt diese Rundwanderung zu den Terrassen von Pinzon und Montan, ins Zentrum des Südtiroler Blauburgunderanbaus. Leichte Wege und Steige bringen uns durch eine schöne Weinlandschaft mit stattlichen Bauernhöfen zum ursprünglich gebliebenen Weiler Pinzon mit den alten Gebäuden und einer vorzüglichen Einkehrstation, die sich am Kirchplatz um den Dorfbrunnen scharen.

Wir starten in Neumarkt, genauer gesagt beim Gasthaus Rauscher in der Vill. Hinter dem Haus beginnt der Weg Nr. 15, ein Steig führt an der Flanke des kleinen Taleinschnittes bergauf zu einer Geländeterrasse mit Pferde- und Viehweiden, Pinzoner Egger genannt, dabei geht unser Blick über das Etschtal und nach Mazon mit der Burgruine Kaldiff. Wir wandern auf breitem Weg durch Weinberge ins malerische Dörfchen Pinzon. Auf dem Dorfplatz plätschert ein Brunnen, alte Häuser und die Kirche umstehen den Platz, der Pinzoner Keller, ein stimmungsvolles Restaurant mit Winebar, lädt zur Pause ein. Für den Rückweg gehen wir am Dorfbrunnen vorbei, durch die Gassen von Pinzon bergab und bei den letzten Häusern links durch Weinberge, ein Waldstück und über Wiesen mit Apfelbäumen zur Autostraße nach Neumarkt und zum Parkplatz zurück.

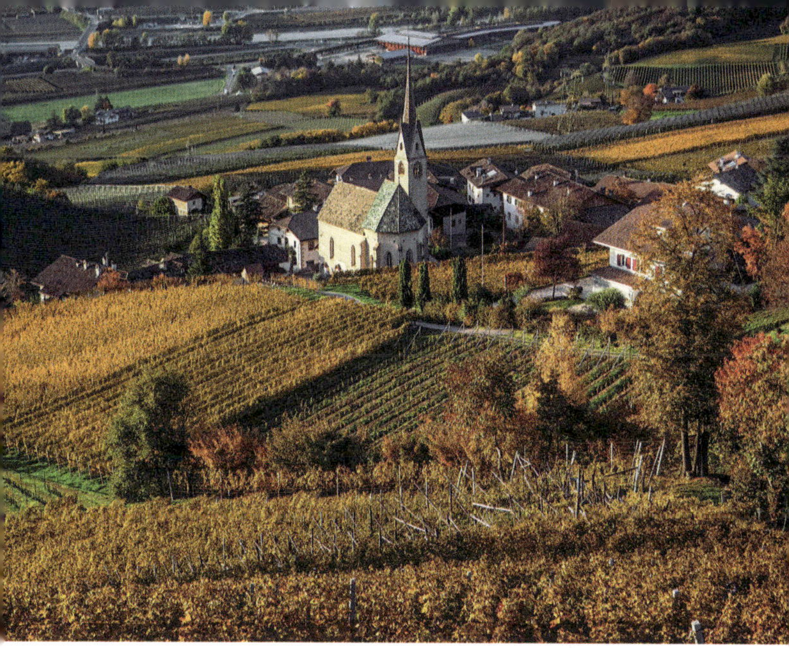

Pinzoner Keller

Der Liebe wegen ist Marco Knepper, Hauben- und Sternekoch mit Erfahrungen in besten Häusern im In- und Ausland, nach Pinzon gezogen. Hier haben er und Maya Gruber in den Gewölben und ebenerdigen Räumen eines alten Weinhofes ein geschmackvolles Restaurant mit Winebar eingerichtet. Marco hält es mit Oscar Wilde: „Ich habe einen einfachen Geschmack: Ich bin immer mit dem Besten zufrieden." In der Küche kommen vorwiegend regionale Produkte zum Einsatz, der Garten liefert viel vom Gemüse und den Kräutern, Wildkräuter kommen von den Almwiesen. Zu Holz hat Marco einen besonderen Bezug und tüftelt mit dessen Aromen,

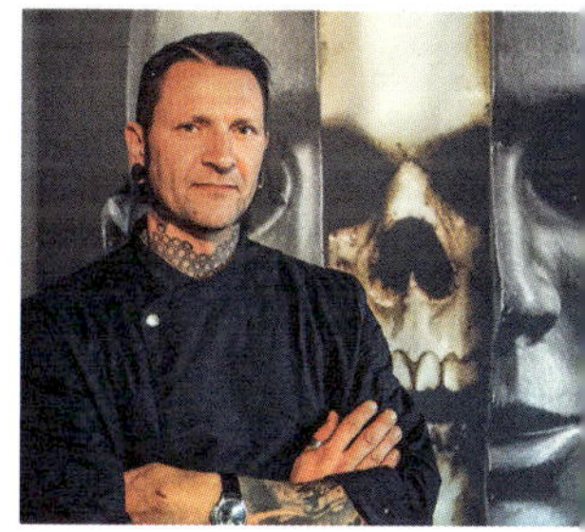

ST.-STEPHAN-KIRCHE UND KLOCKER-ALTAR

Kulturbewusste sollten sich in Pinzon den berühmten gotischen Flügelaltar von Hans Klocker in der Stephanskirche ansehen. Der Pinzoner Altar gilt als einer der fünf schönsten Flügelaltäre Tirols und kann nach telefonischer Voranmeldung besichtigt werden.
Info Besichtigung: Hartmann Haas, Tel. 334 5062238

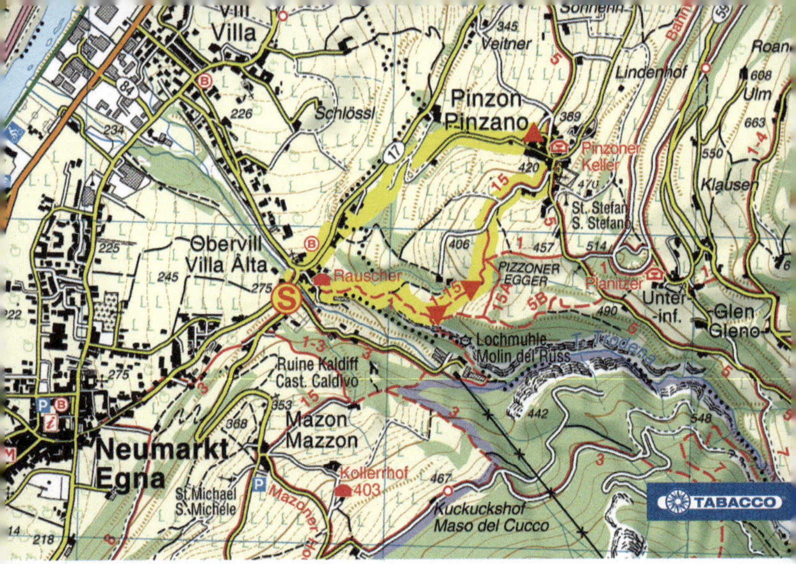

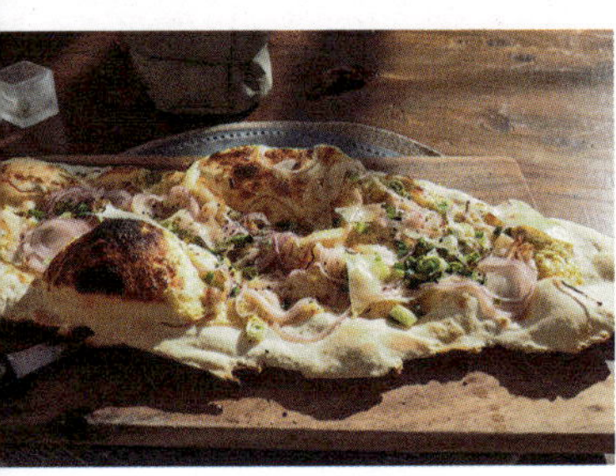

auf der Speisekarte findet sich deshalb der Leitspruch: wood & food. Für Fleischliebhaber landen saftige Fleisch- und Wildgerichte vom Holzkohlegrill auf den Tellern. Als weitere Besonderheit wird ein wunderbarer Flammkuchen, die „Pizza" der Elsässer, serviert. Kenner schätzen die erstklassige Weinauswahl, allen voran die Blauburgunder. Maya Gruber ist Floristin und für die Blumendekoration bei den vielen Feiern zuständig. Mein Tipp: Da das Restaurant wegen Hochzeiten und anderen Events oft ausgebucht ist, empfiehlt es sich, unbedingt vorher anzurufen!

☞ Pinzoner Keller, St.-Stephan-Platz 3, Pinzon/Montan, Tel. 0471 813552 oder 335 8765221, www.pinzonerkeller.com, Do. und Fr. 17–22 Uhr, Sa. und So. 10–22 Uhr geöffnet, Mo., Di. und Mi. Ruhetag.

INFOS IN KÜRZE

1 h
145 Hm
2,5 km
Beim Gasthaus Rauscher, Neumarkt, 273 m

Von der Staatsstraße SS12 in Neumarkt in die Cavalesestraße einbiegen, freier Parkplatz gegenüber des Gasthauses Rauscher in der Vill, neben dem Bachdamm.

Bus Nr. 144 ab Neumarkt, Fahrplan: www.suedtirolmobil.info.

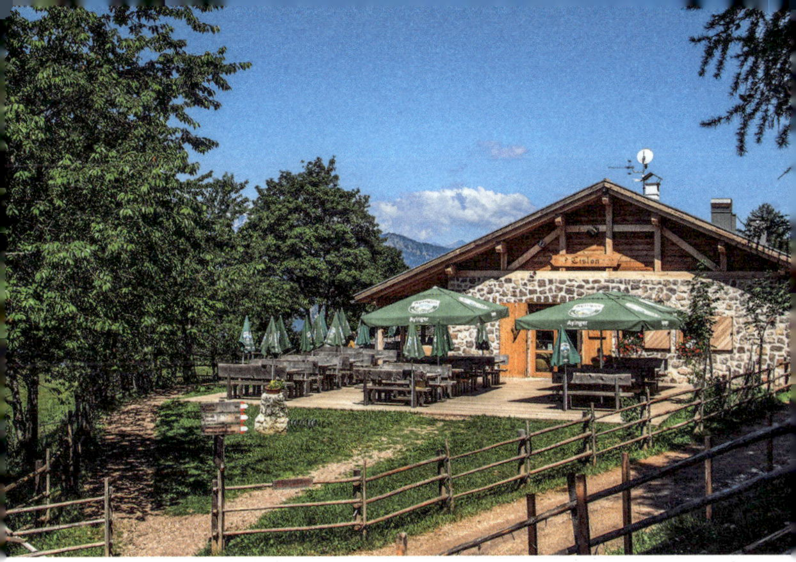

19 Zur Cisloner Alm im Naturpark Trudner Horn

Der bewaldete Gebirgsrücken des Cislonberges im Südtiroler Unterland ist Teil des Naturparks Trudner Horn, des kleinsten, südlichsten und artenreichsten der acht Südtiroler Naturparks. In toller Aussichtsposition liegt dort auf einer vorgeschobenen Terrasse am Südabhang die Cisloner Alm, sie ist auf bequemen Wegen leicht zu erreichen.

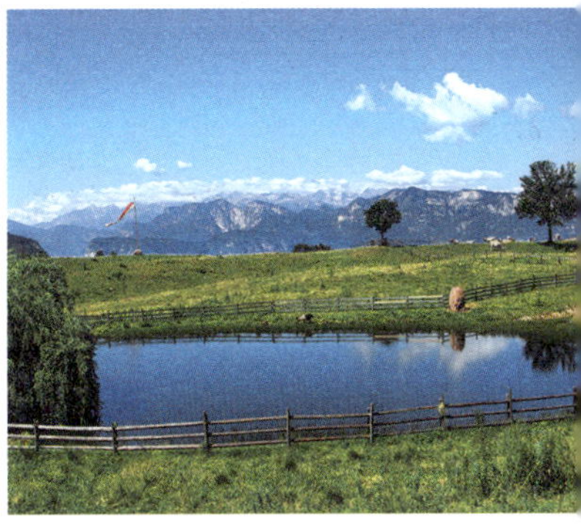

Von Truden, ab dem Parkplatz auf der Bergseite des Hotels Ludwigshof, wandern wir auf dem Alten Landweg kurz auf das Dorf zu und biegen links in die Cisloner Straße ein, Weg Nr. 1 führt auf dem ersten Stück auf Asphalt aus dem Dorf hinaus und auf die Alm zu. Sobald der Weg in den Laub- und Föhrenwald eintaucht, wandern wir auf einem breiten Forstweg. Nach einer sanften Steigung verläuft er nahezu eben bis zur Cisloner Alm, ist also ideal auch für Familien und für Kinderwagen. Nach Südwesten tun sich schöne Ausblicke über das Etschtal und zur Mendel auf, kurz vor der Alm liegt inmitten der Wiesen ein romantischer Weiher. Wer es etwas abwechslungsreicher liebt: Nach einer Viertelstunde Gehzeit zweigt ein schmaler, schattiger Waldsteig (Markierung Nr. 1 und Wegweiser Cisloner Alm) vom breiten Weg ab und verläuft unterhalb des Forstweges parallel dazu zur Alm. Rückweg wie Hinweg.

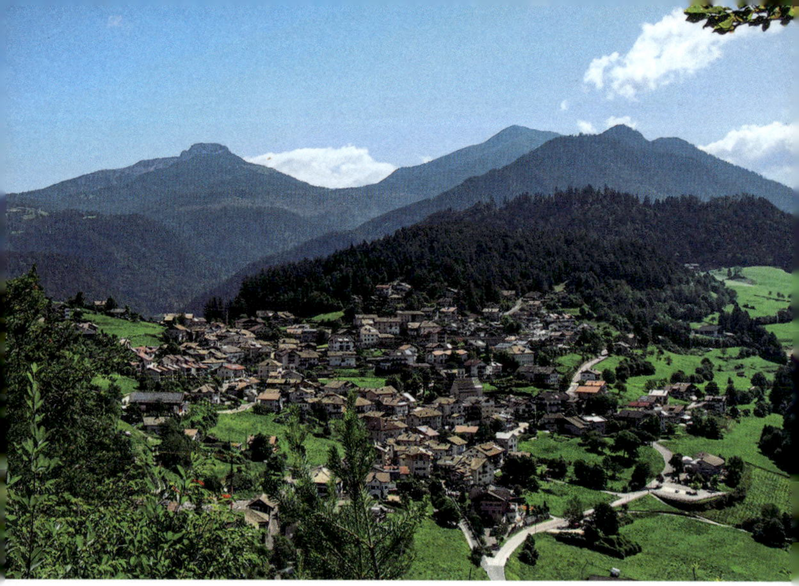

NATURPARKHAUS TRUDNER HORN

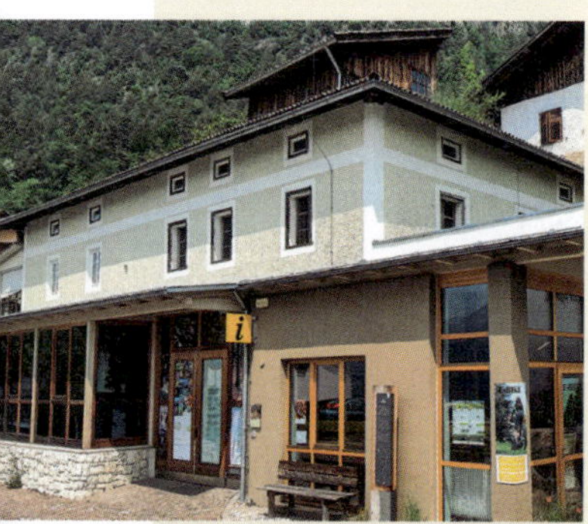

Im Besucherinformationszentrum des Naturparks Trudner Horn, im Dorfzentrum von Truden, können Interessierte Wissenswertes über die besonderen Naturschätze des Parks erfahren. Zu bestaunen ist auch ein echter Ameisenhaufen und eine dreistöckige, ins Haus integrierte alte Mühle, in der noch Getreide gemahlen wird. Im Amphibienteich im Außenbereich tummeln sich Frösche, Lurche, Wasserläufer und Libellen.

☞ Naturparkhaus Trudner Horn, Am Kofl 2, Tel. 0471 869247, https://naturparks.provinz.bz.it/trudner-horn/naturparkhaus.asp, Mitte Apr.–Ende Okt. Di.–Sa. 9.30–12.30 und 14–18 Uhr, Juli, Aug. und Sept. auch So. geöffnet, an Feiertagen geschlossen.

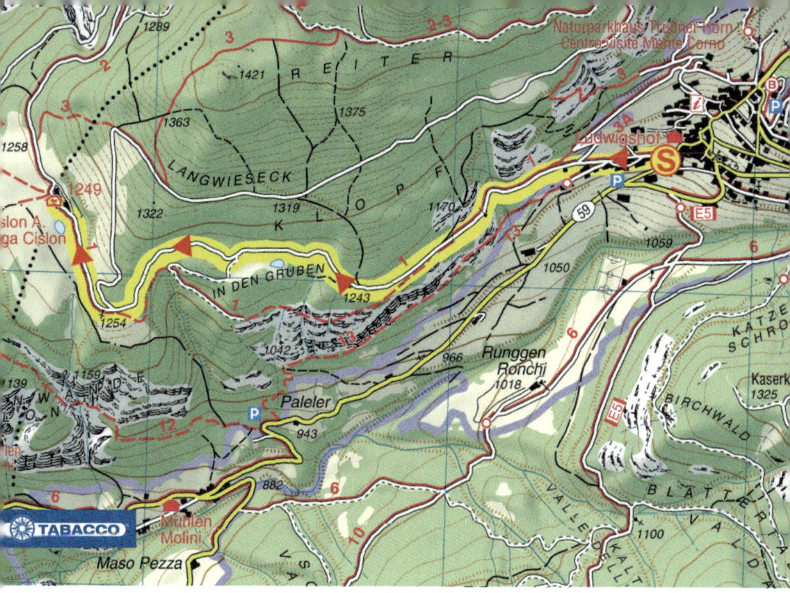

Cisloner Alm

Die Cisloner Alm befindet sich im Gemeinschaftsbesitz der Trudner Bauern, sie liegt auf 1.254 m, ist also für eine Südtiroler Alm ungewöhnlich tief gelegen. Wegen der leichten Erreichbarkeit und der prächtigen Lage ist sie ein beliebtes Ausflugsziel. Vor wenigen Jahren wurde das alte Gebäude durch einen gelungenen Neubau mit viel Holz und großer Terrasse komplett umgestaltet. Familie Ventura führt die Alm und umsorgt die Gäste. Rudi steht hinter dem Herd und sorgt für die einfache, traditionelle Almküche mit leicht italienischem Einschlag, Maria Pia bedient am Tresen und an den Tischen, unterstützt von den Söhnen und Töchtern. Einer der Söhne ist Konditor und für die guten Süßspeisen und Kuchen zuständig.
☞ Cisloner Alm, Truden, Tel. 0471 1889832 oder 349 7330205 bzw. 340 7698336, ganzjährig geöffnet, Mi. Ruhetag, Mitte Juli–Mitte Sept. kein Ruhetag.

INFOS IN KÜRZE

50 min (Hinweg)
148 Hm
2,6 km (Hinweg)
Truden, Alter Landweg, Parkplatz hinter dem Hotel Ludwigshof.

Von der SS12 Brennerstaatsstraße ab dem Kreisverkehr und der Abzweigung in Auer über die SS48 bis Truden (17,6 km). Parkplatz Rückseite Hotel Ludwigshof.

Bus Nr. 144 nach Truden, Fahrplan: unter www.suedtirolmobil.info.

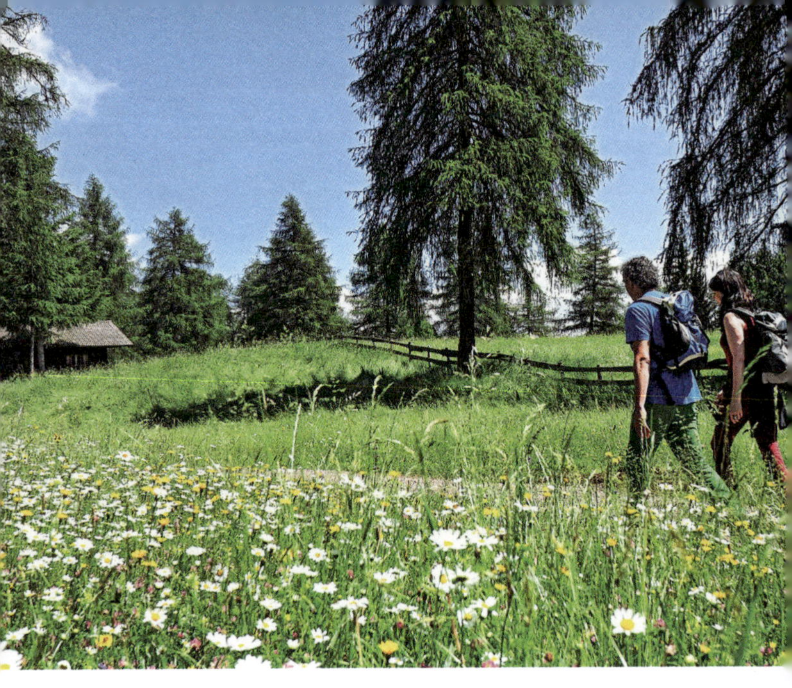

20 Zum Berggasthof Schmieder-Alm in Aldein

Hoch über dem Etschtal, zu Füßen der ungleichen Brüder Weiß- und Schwarzhorn, breitet sich eine hügelige Berg-, Wald- und Wiesenlandschaft aus. Hier liegt der Wallfahrtsort Maria Weißenstein und nicht weit davon das Berggasthaus Schmieder-Alm. Auf einem einfachen und gemütlichen Rundweg kombinieren wir den Besuch der Wallfahrtskirche mit einer Einkehr in der Almwirtschaft.

Vor dem Start zu unserer Wanderung besuchen wir die barocke Basilika und die originelle Ausstellung der Votivbilder von Maria Weißenstein. Dann geht es an der Westecke des Gebäudekomplexes los, die Markierung Nr. 8 leitet uns, weiter durch Wald in südwestliche Richtung. Nach einer guten halben Stunde, an einer Lichtung mit einer Wegkreuzung, zweigt der Weg Nr. 8A ab, er bringt uns bergauf direkt zur Schmieder-Alm (1.671 m). Nach der Einkehr wandern wir wieder nach Weißenstein zurück, dafür nehmen wir jetzt den breiten, ebenen, für den Verkehr gesperrten Weg (Nr. 15), der in 15 Minuten zur Schönrastalm (1.700 m, gute Einkehrmöglichkeit) führt. Immer auf Weg Nr. 15 sind wir in einer weiteren guten halben Stunde wieder am Ausgangspunkt, in Weißenstein, angelangt.

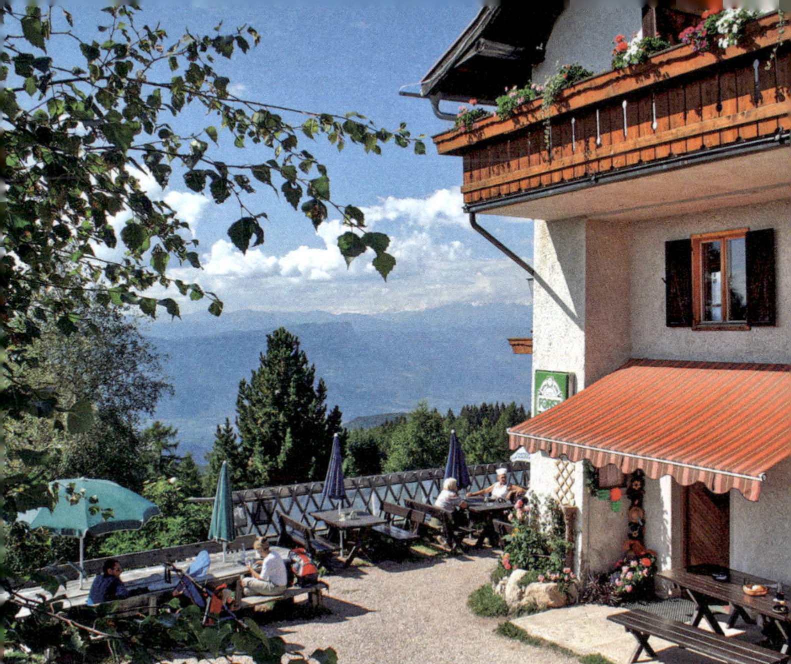

Schmieder-Alm

Reinhard Oberberger steht mit seiner Partnerin Katarina in der Küche, die beiden haben Reinhards Mutter, die legendäre Maria Rosa, abgelöst. Neben den traditionellen Gerichten wie Knödel, Gulasch und Wiener Schnitzel werden auch köstliche Variationen der einfachen bäuerlichen Küche angeboten: schwarzplentene Grünzeugnocken, Brennnesselsuppe mit Parmesannocken, Graukassuppe, bunte Herbstsuppe, Leberknödelsuppe, Kartoffelteigtaschen mit Kürbis-, Pilz-, Graukäse- oder Truthahn-Curryfüllung, ein Renner ist der „Grüne Teller" mit Brennnesselknödeln auf grünem Salat mit

MARIA WEISSENSTEIN

Natürlich ist der kulturelle Höhepunkt des Ausfluges Maria Weißenstein, Südtirols berühmtester Wallfahrtsort, mit der barocken Kirche aus der Mitte des 17. Jh. Im fernen Jahre 1553 soll die Jungfrau Maria dem Bauern Leonhard Weißensteiner (daher der Name des Wallfahrtsortes) erschienen sein. Am wundertätigen Ort wurde eine Kapelle und später eine prächtige Kirche errichtet, die sich bald zum Ziel vieler Pilger entwickelte. Ging es früher beschwerlich auf einem Fußweg von Leifers bergauf, reisen die meisten nun mit Auto oder Bus an.

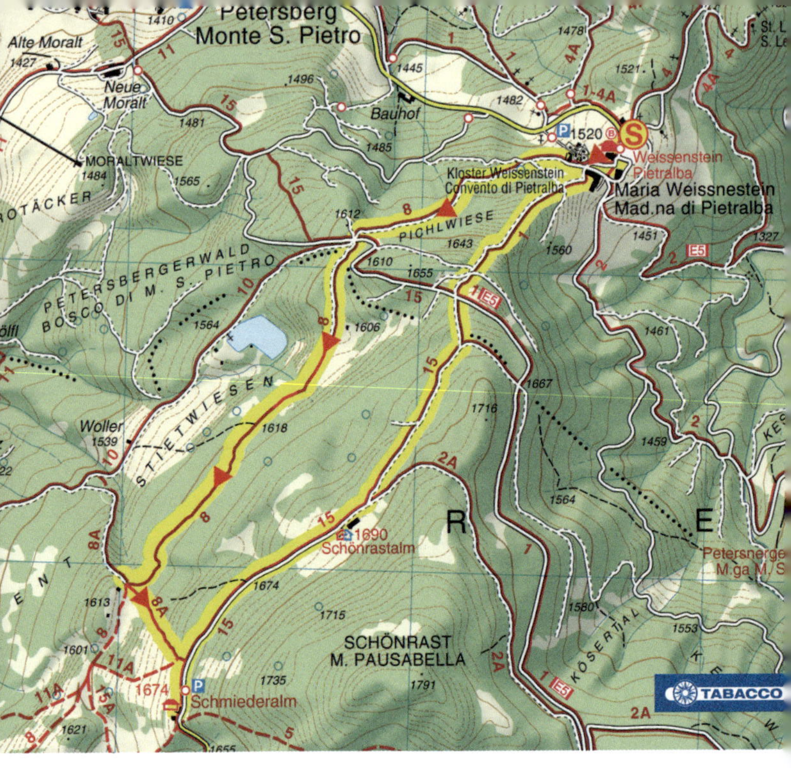

Ziegenkäse. In der Jagdsaison stehen auch Latschenkiefernnudeln mit Wildragout, geräucherter Hirschschinken oder Wildschweinsalami auf der Karte. Und zum süßen Schluss gibt es Heidelbeertorte oder die gefüllten Topfenknödelchen, weitum bekannt sind die gebackenen Strauben. Im Winter wärmen sich unterkühlte Wanderer mit Holunderpunsch, alkoholfreiem Apfelglühmix oder der „heißen Oma", einem heißen Eierlikör mit Sahne.

☞ Schmieder-Alm, Lerch 41, Aldein, Tel. 0471 886810, www.schmiederalm.it, Mitte Mai–Ende Okt. und Mitte Dez.–Mitte März geöffnet, Do. Ruhetag.

INFOS IN KÜRZE

2 h
175 Hm
5,8 km
Maria Weißenstein, 1.451 m

Vom Etschtal aus über Aldein und Petersberg nach Weißenstein (21,8 km), von Bozen-Nord über das Eggental (28,6 km). Großer Parkplatz in Weißenstein.

Linienbus Nr. 142 ab Neumarkt oder Nr. 181 ab Bozen nach Weißenstein, Fahrplan unter www.suedtirolmobil.info.

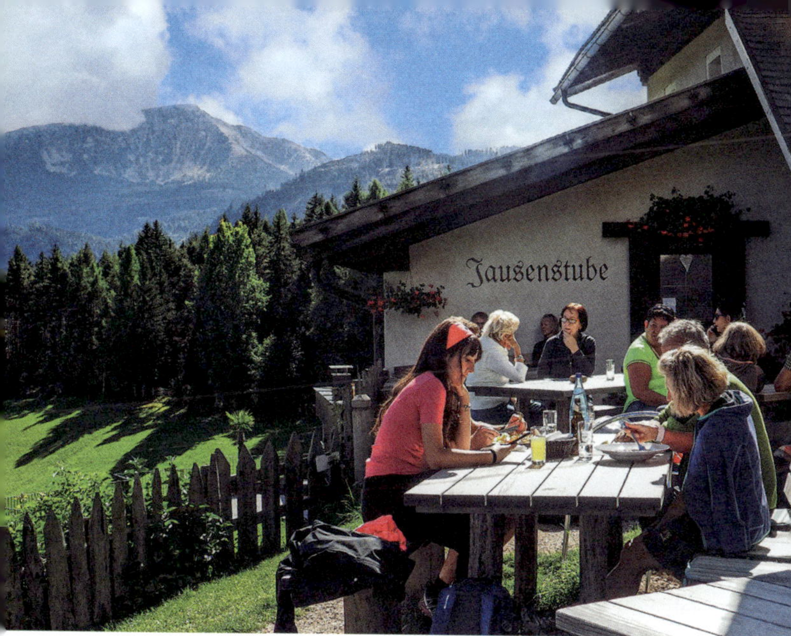

21 Zum Kreuzhof bei St. Helena in Deutschnofen

Mit dem Ausdruck „magischer Ort" sollte man sparsam umgehen, aber die St.-Helena-Kirche ist ein solcher. Am Hochplateau von Deutschnofen liegt auf einem Hügel dieses interessante Kirchlein und das Gasthaus Kreuzhof. Um den Hügel herum verläuft ein Panorama-Rundweg. Die Einkehr beim Kreuzhof ist ein Erlebnis für Freunde guter Hausmannskost, während das Kirchlein ein Leckerbissen für kunsthistorisch Interessierte ist.

Der Wanderweg beginnt am Dorfeingang von Deutschnofen am großen Kreisverkehr. Wir folgen nicht den Wegweisern nach St. Helena, sondern gehen 600 m auf dem linksseitigen Gehsteig der Landesstraße ostwärts, in Richtung Bozen, an der Handwerkerzone „Breitenkofel" vorbei bis zur Maria-Lourdes-Kapelle links am Weg. Bei der Bushaltestelle biegen wir links ab (Wegweiser „Panoramaweg"), der in leichtem Bogen den Hügel von St. Helena umrundet. Beim Haus Schlernblick (40 Minuten ab Start), an einer Wegteilung, bleiben wir rechts, bald darauf kommen wir zum Bauernhof Weißbaumer. Hier biegen wir im rechten Winkel an der Scheune nach Norden ab und folgen den Wegweisern nach St. Helena mit dem Kreuzwirt (1.438 m), unserem Etappenziel. Für den Rückweg gehen wir auf den

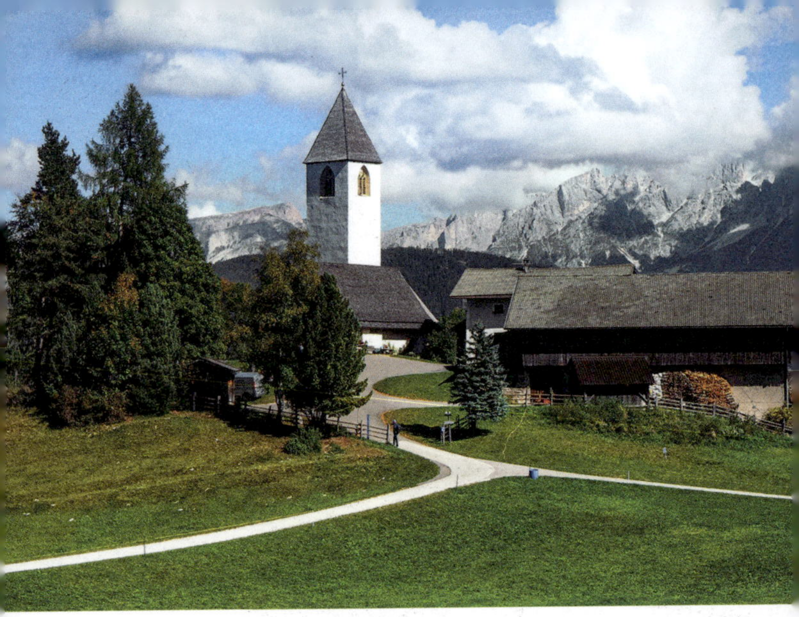

Ringweg zurück und folgen jetzt dem Panoramaweg, der den Hügel umrundet, beim Untermoserhof die Hauptstraße überquert und oberhalb, parallel zur Autostraße, zum Ausgangspunkt zurückführt.

 Jausenstation Kreuzhof

Seit Rosa Zelger das Regiment im Berggasthaus übernommen hat, gelegentlich von ihrer Schwiegertochter Anne unterstützt, wandern immer mehr Gäste nicht nur wegen der Kirchenfresken, sondern

DAS ST.-HELENA-KIRCHLEIN

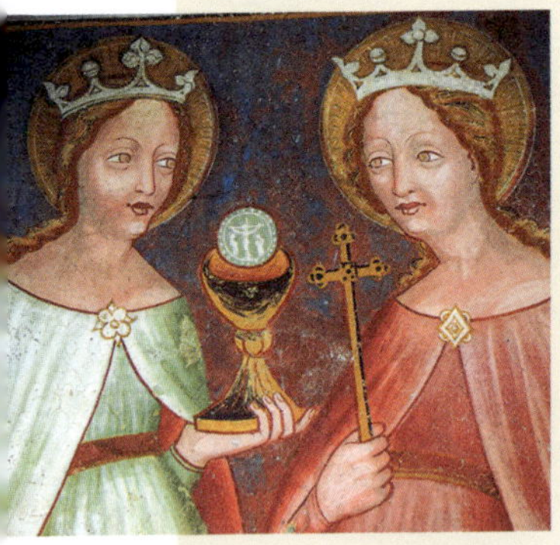

Der Sage nach steht das Kirchlein auf einem Silberschatz, in der Umgebung wurde laut Überlieferung Erz abgebaut. Helena, die Mutter Kaiser Konstantins, der 313 das Christentum als Religion erlaubte, ließ in Jerusalem nach dem Kreuz Jesu graben, deshalb wird sie als Patronin der Bergleute verehrt. Das Kirchlein geht auf das 12./13. Jh. zurück und wurde 1410 neu geweiht. Es ist vollständig mit Fresken geschmückt. Die Kirche ist meist geöffnet, den Schlüssel verwahrt der Kreuzhof.

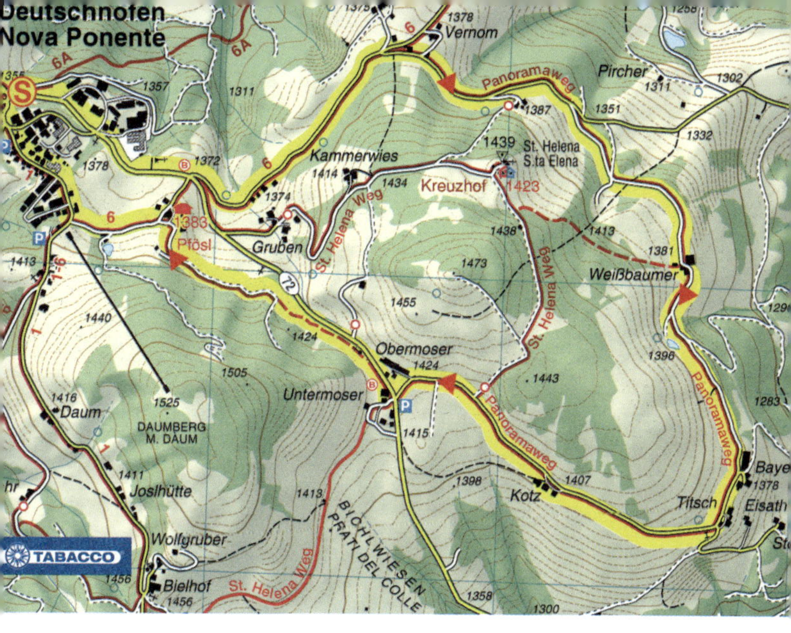

auch wegen der guten Speisen zum Kirchhügel. Empfehlenswert sind die verschiedenen Knödelgerichte, die Nocken, Schlutzkrapfen und Omelettes – jenes mit Mozzarella und Tomaten ist bei Vegetariern sehr beliebt. An Sonntagen sitzen viele Einheimische in der Stube oder an den einfachen Tischen mit Rosengartenblick im Freien und lassen sich die guten Braten, das Gulasch und die Wiener Schnitzel schmecken. Als Nachtisch sind der Apfelstrudel und die Knieküchel mit Preiselbeermarmelade empfehlenswert. Neben dem offenen Vernatsch und dem Weißburgunder werden etliche gute Südtiroler Tropfen glasweise und in Flaschen angeboten.

☞ Jausenstation Kreuzhof, Schwarzenbach 7, Deutschnofen, Tel. 346 5797527, ganzjährig geöffnet, kein Ruhetag, am Abend Vorbestellung erwünscht.

INFOS IN KÜRZE

2½ h
125 Hm
9,2 km
Beim Kreisverkehr am Dorfeingang von Deutschnofen, Bar Luise, 1.350 m.

Von Bozen über Kardaun und durchs Eggental weiter nach Birchabruck und Deutschnofen (24 km). Parkplätze beim Kreisverkehr nahe Bar Luise.
Auch mit Linienbus erreichbar, Fahrplan: www.suedtirolmobil.info. Haltestelle „Bar Luise" beim Kreisverkehr am Dorfbeginn.

Auch im Winter ist der geräumte Spazierweg sehr reizvoll und lohnend.

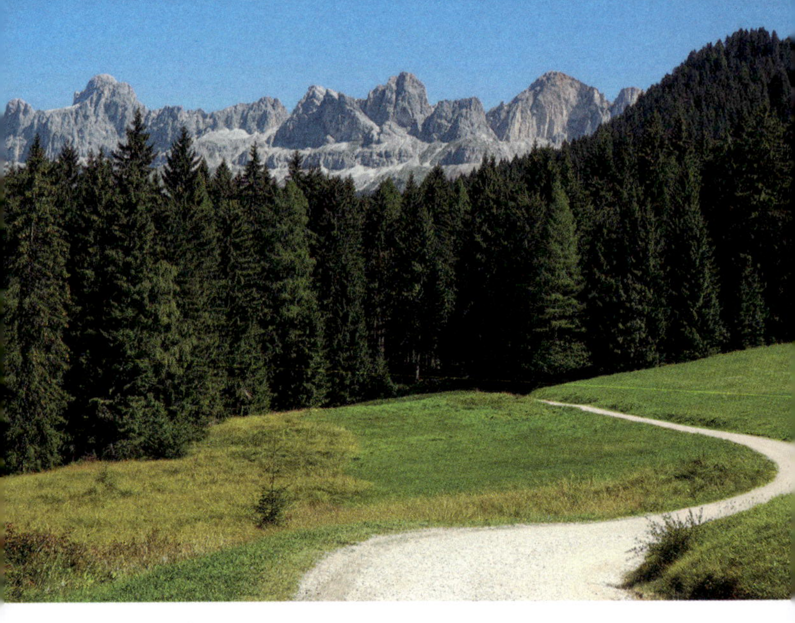

22 Zum Häusler Sam am Fuße des Latemar

Nicht weit vom Trubel des Ski- und Wandergebietes Obereggen finden wir am Fuße des zackigen Latemars ein Plätzchen, wo sich Wanderer und Feinschmecker wohlfühlen können. Oberhalb des Bergdorfes Eggen breitet sich ein Höhenrücken aus, mit weiten, dunklen Wäldern, darin eingestreut liegen Rodungsflächen mit Wiesen und Weiden. Die Gegend heißt Sam, ein altes Wort für Kamm, Grat, Saum. Auf einer dieser Lichtungen steht das Berggasthaus Häusler Sam. Von den vielen Wegen, die dorthin führen, wählen wir einen einfachen Spazierweg mit geringer Steigung von der Zufahrtsstraße nach Obereggen aus.

Für die Wanderung fahren wir von Eggen bergauf in Richtung Obereggen. Kurz vor der Hotelsiedlung, nach einer kleinen Brücke über den Bach biegen wir links in einen asphaltierten Nebenweg ein, er führt zum Berghotel Bewaller (Schild). Nach 200 m finden wir Parkplätze und Wegweiser, wir nehmen den Weg Nr. 8, er führt leicht bergauf und bergab, dann eben am Bewaller vorbei zu einer großen Lichtung. Hier liegen auf weiten Wiesen die Scheune und das Berggasthaus vom Häusler Sam in prächtiger Aussichtsposition mit Dolomitenblick zu Rosengarten und Latemar. Rückweg wie Hinweg.

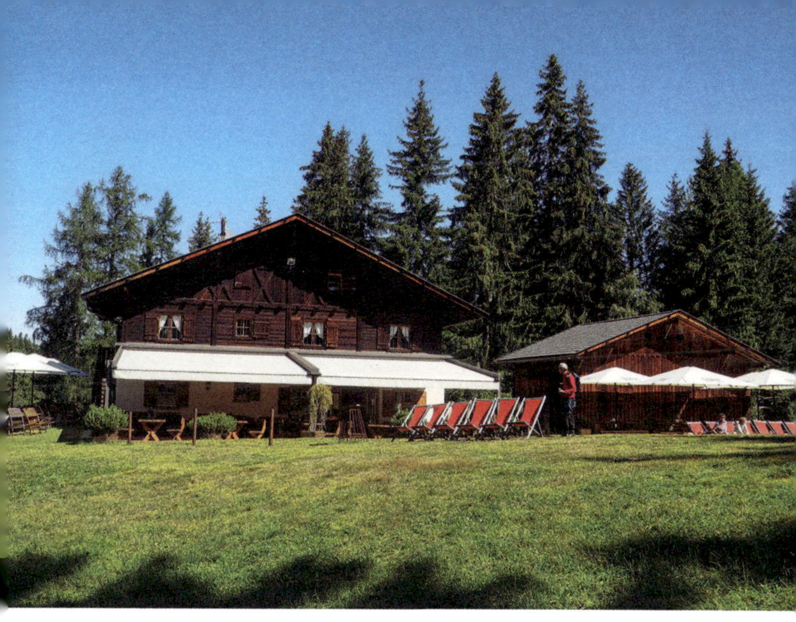

Almgasthaus Häusler Sam

Das Berggasthaus hat sich aus einer Almhütte entwickelt, die zum geschlossenen Häusler-Hof in Eggen gehört und 2009 umgebaut wurde. Die ganze Familie Gallmetzer ist im Einsatz, das ist auch nötig, denn am Wochenende ist viel zu tun, ohne Vorbestellung gibt es kaum Plätze. In der Küche wird viel Wert auf einheimische, gute Produkte gelegt: Das Fleisch kommt von einem Biobauern, das Wild stammt aus den Wäldern der Umgebung – alle in der Familie haben die Jägerprüfung, auch Edith! Auf der Speisekarte sind die heimischen Lieferanten für Eier, Fleisch, Nudeln, Käse, Wein, Säfte und

DIE SAGE VON DEN VERSTEINERTEN PUPPEN IM LATEMAR

Einst fanden Bauernkinder ein wertvolles Messer, sie brachten es dem alten Mann zurück, der es verloren hatte. Der freute sich darüber und versprach ihnen, einen Wunsch zu erfüllen. Sie wünschten sich Puppen, aber als er ihnen Puppen mit seidenen Gewändern zeigte, waren sie damit nicht zufrieden, sie hatten gehört, dass der alte reiche Mann auch Puppen mit Brokatgewändern haben sollte, diese wollten sie haben. Über diesen Undank ungehalten, verzauberte der Alte die Puppen, sie erstarrten zu Stein. Wer heute den Latemar bei Sonnenschein genau betrachtet, kann die prächtigen Seidenkleider der Steinpuppen heute noch glänzen sehen.

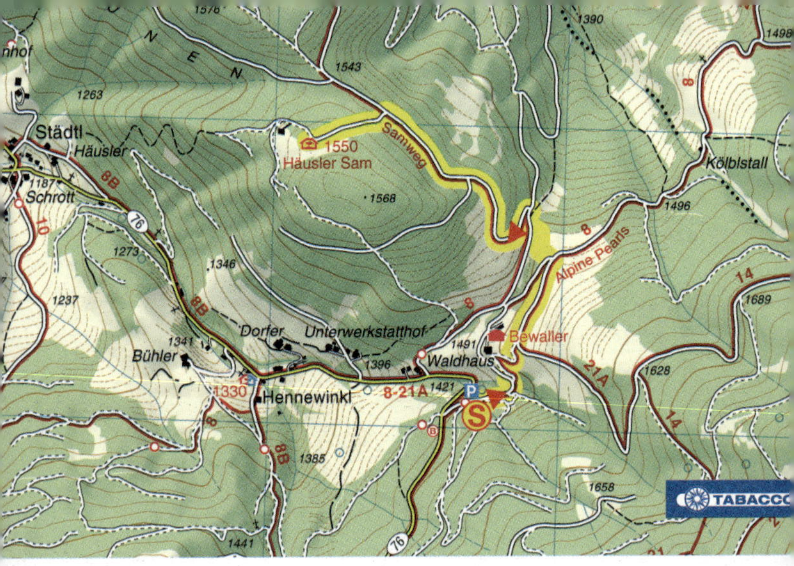

Essig aufgelistet. Bei sonnigem Wetter sitzt es sich gut vor dem Haus, auch innen gibt es mehrere gemütliche Räume, von rustikal bis etwas eleganter. In der Küche steht Sohn Georg, der ehemalige Metallfacharbeiter hat mit vollem Erfolg das Kochmetier erlernt und sorgt nicht nur für die üblichen Hüttengerichte wie Nocken, Knödel, Omelettes und Schmarren, sondern auch für Spezielles wie Hirschcarpaccio, Schüttelbrot-Bandnudeln mit Wildragout, Lammkoteletten, Hirschgulasch und Tagliata vom einheimischen Rind mit Rauke. Auf einer kleinen Karte finden sich die wechselnden Tagesempfehlungen, etwa die Kürbis-Ingwersuppe mit Garnelen oder der Kalbsbraten mit Selleriepüree und Gemüse. Freuen Sie sich auch auf die Nachspeisen: Rotweinkuchen mit Pistazieneis, Apfelkiachl, Strauben und Krapfen. Auch die Weinkarte kann sich sehen lassen!

☞ Almgasthaus Häusler Sam, Hennewinkl 8, Eggen/Deutschnofen, Tel. 348 3857495, geöffnet Ende Mai–Okt., Mo. Ruhetag, außer im Aug., im Winter Sa. und So. geöffnet.

INFOS IN KÜRZE

35 min (Hinweg)
85 Hm
2 km (Hinweg)
An der Straße nach Obereggen, beim Parkplatz Bewaller

In Birchabruck im Eggental von der SS241 nach Eggen abzweigen und noch 5,8 km bis zum Parkplatz Bewaller fahren. Parkplätze am Beginn des Wanderweges.

Bus 181 und 184 von Bozen nach Obereggen. Fahrplan: www.suedtirolmobil.info

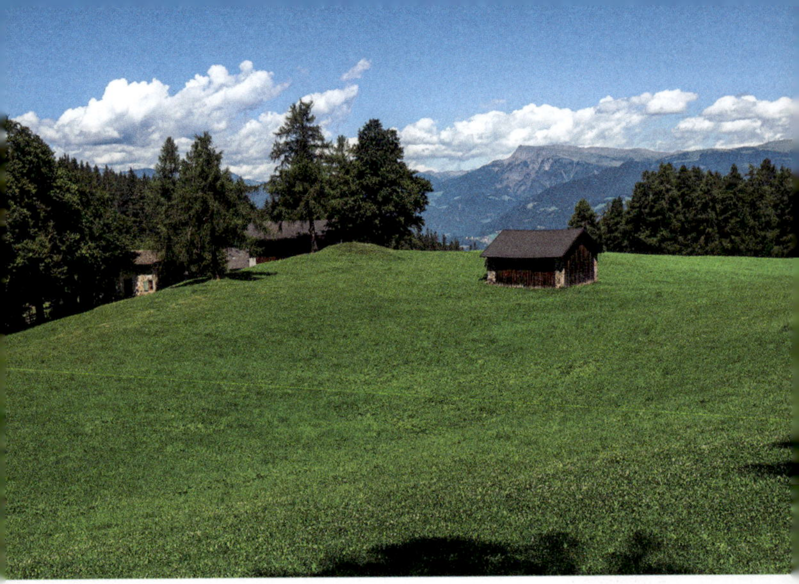

23 Zum Gasthof Schneiderwiesen in Kohlern

Zur Gemeinde Bozen gehört auch der Kohlerer Berg, ein dunkler, bewaldeter Buckel, der den Bozner Talkessel im Südosten begrenzt. Dort oben stehen in rund 1.150 Metern Höhe einige Bauernhäuser, ein Aussichtsturm, Gasthöfe, ein schönes Hotel und etliche Sommerfrischehäuschen umgeben von Wiesen und Wäldern. Alles ist mit einer Seilbahn von Bozen aus leicht erreichbar. Noch etwas höher, auf einer Geländeschulter, liegt der Berggasthof Schneiderwiesen, das Ziel unserer Wanderung. Trotz der Stadtnähe und der leichten Erreichbarkeit ist dieser Hausberg Bozens nicht überlaufen, ein Grund mehr für einen erlebnisreichen Ausflug.

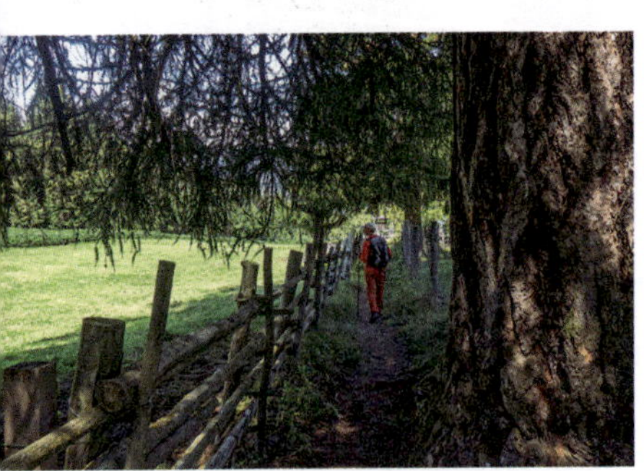

Für unsere Wanderung folgen wir dem breiten Weg E5, auf Asphalt geht es zu den wenigen Häusern von Herrenkohlern, wo die Autostraße endet. Ab Herrenkohlern ist der Weg gekiest, bald zweigt rechts der Weg Nr. 6 leicht bergauf zu den Schneiderwiesen ab. Er quert die Nordflanke des Kohlerer

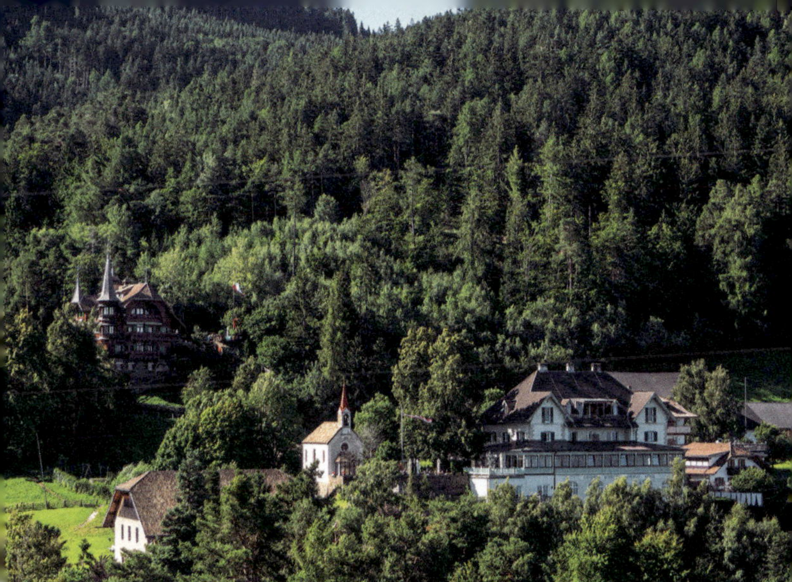

Berges, nach einem Sattel geht es etwas holprig bergab zu den weiten Schneiderwiesen und zum gleichnamigen Ausflugsgasthaus. Nach der Einkehr nehmen wir den Steig, der schnurstracks zur Bergstation in Bauernkohlern führt.

Gasthof Schneiderwiesen

Aus der Küche kommen traditionelle Südtiroler Speisen, unter ihnen Klassiker wie Knödel, Spiegeleier mit Speck und Bratkartoffeln, Omelettes und Wildgerichte. Italienische Gäste lieben Polenta mit Käse oder Pilzen. Dazu wird eine kleine Auswahl erlesener Weine

HERRENKOHLERN UND BAUERNKOHLERN

Die Häuser und das Kirchlein von Herrenkohlern wurden im 18. Jh. von Bozner Bürgern und Mitgliedern des niederen Adels, den „Herren", erbaut. Es sind keine Bauernhöfe, sondern städtisch geprägte Steinhäuser, an denen sichtbar der Zahn der Zeit genagt hat. Die kleine Siedlung an der Kohlerer Bergstation hingegen ist Bauernkohlern. Neben einzelnen Bauernhöfen gibt es ein einfaches Gasthaus und ein Nobelhotel, eine mit Türmchen gekrönte Villa im romantischen Stil des 19. Jh. und einen Aussichtsturm. Eine Büste und der Nachbau der ersten Personenseilschwebebahn der Welt erinnern an den Bozner Gastwirt Josef Staffler, der 1908 den Bau der Bahn anregte, mit eigenen Mitteln finanzierte und auf diese Weise etwas Fremdenverkehr nach Kohlern brachte.

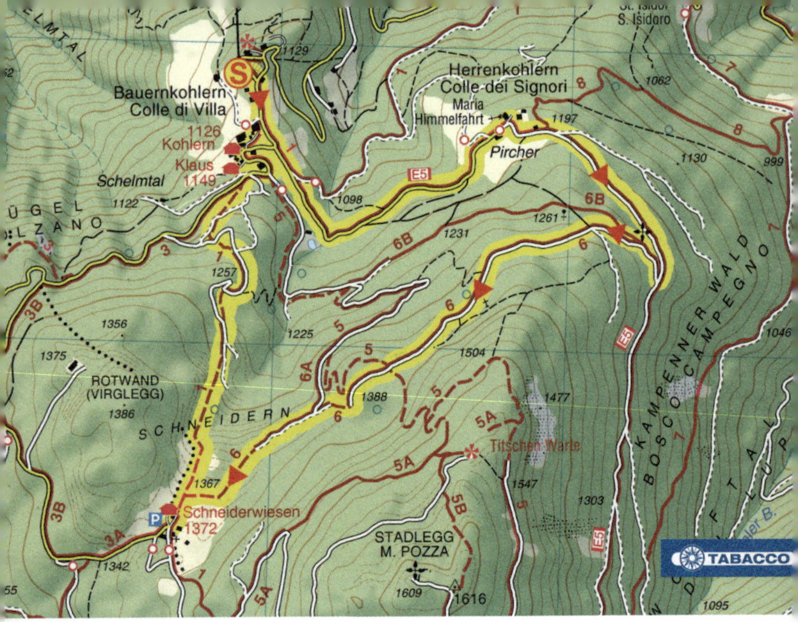

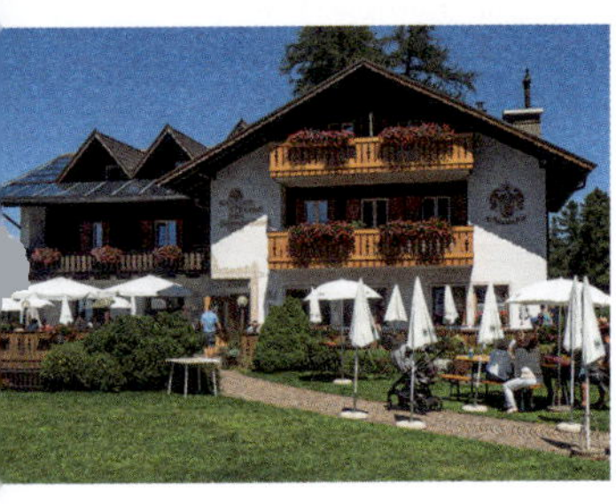

kredenzt, die Mehlspeisen sind hausgemacht. Besonders Familien mit Kindern besuchen den Gasthof gern, die große Spielwiese lädt zum Herumtollen und Ballspielen ein: Es gibt Felder und Geräte für Volleyball, Basketball, Fußball, Tischtennis und Tischfußball. Die Kleineren vergnügen sich mit Sandkasten, Rutsche, Schaukel, Kinder-Blockhaus und verschiedenen Spielsachen.

☞ Gasthof Schneiderwiesen, Seit 41, Steinmannwald, Tel. 0471 250500, www.schneiderwiesen.it, geöffnet Anf. März–Ende Nov., Mi. Ruhetag.

INFOS IN KÜRZE

2 h 10 min
280 Hm
6,5 km
An der Bergstation der Seilbahn Kohlern, 1.110 m

Zur Talstation der Kohlerer Seilbahn an der Umfahrungsstraße Bozen, Innsbrucker Straße, dort gebührenfreier Parkplatz.
Städtische Buslinie 11 bis zur Kampiller Brücke.

Tickets der Kohlerer Bahn: Mit Südtirol-Pass, entwerten an der Bergstation. Fahrplan: www.kohlererbahn.it.
Freier Zugang zum Aussichtsturm.

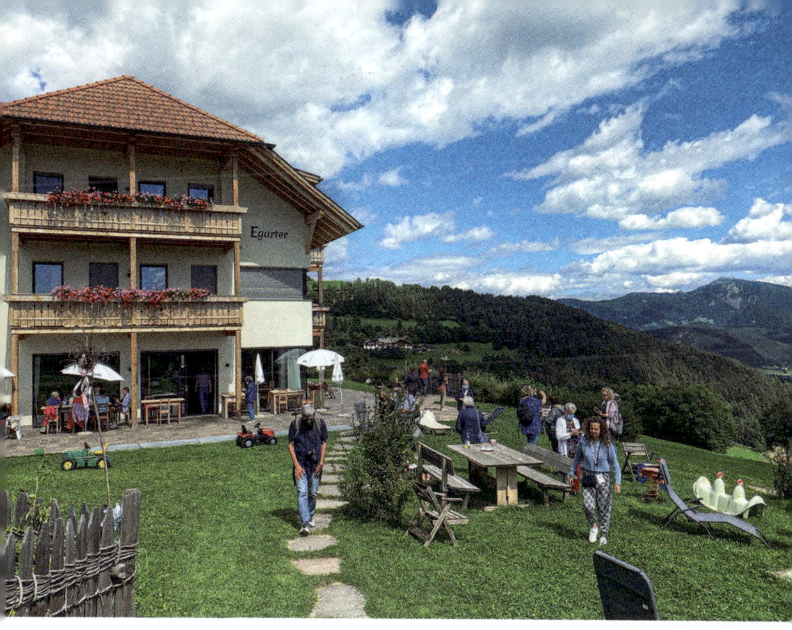

24 Zum Egarter in Mittelberg am Ritten

Zwischen Klobenstein und Lengstein liegt in prächtiger Aussichtsposition das Dörfchen Mittelberg, wenige Häuser scharen sich um eine gotische Kirche, deren Turm eine barocke Zwiebelhaube verpasst bekam. Ein paar hundert Meter westlich davon steht das Wallfahrtskirchlein Maria Saal und einen Steinwurf weiter das Gasthaus Egarter. Von Klobenstein führt ein sehr schöner Spazierweg dorthin, dabei kommen wir an den berühmten Rittner Erdpyramiden vorbei. Ein eindrucksvolles Panorama zu den Dolomiten rundet das Erlebnis ab.

Wir beginnen die Wanderung in Klobenstein an der Endstation der Rittner Schmalspurbahn. Die Markierung 37, „Eyrl-Promenade" bringt uns nach Lengmoos, an der Kommende des Deutschen Ordens mit Kirche und ehemaligen Verwaltungsgebäuden vorbei zum Beginn der Promenade (Weg Nr. 24) beim Café Erdpyramiden (nette Einkehr). Von der Aussichtsplattform bestaunen wir aus nächster Nähe und vor dem Hintergrund der Mittelberger Dorfkirche und der Dolomiten die schlanken Säulen der Erdpyramiden, Informationstafeln erklären ihre Entstehung. Weiter geht es über den Finsterbachgraben und kurz bergauf nach Maria Saal. Nach der Kirchenbesichtigung lockt das Gasthaus Egarter zu Rast und Einkehr. Rückweg wie Hinweg.

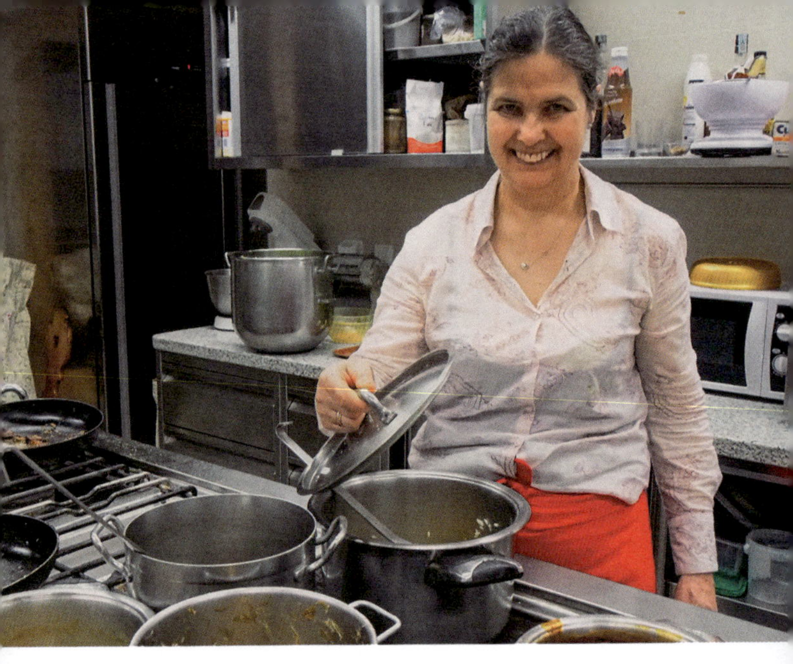

Gasthaus Egarter

Neben dem Bauernhof, auf einer Wiesenterrasse mit wunderbarer Aussicht, liegt das Gasthaus Egarter, ein neues Haus mit viel Holz und Glas. Monika Unterhofer, mit langjähriger Berufserfahrung als Köchin in einer öffentlichen Einrichtung, sorgt für gute, bodenständige Küche mit Pfiff, Tochter Monika bedient. Auf der Karte finden wir Knödelvariationen, Salate vom Buffet, das gute, klassische Wiener Schnitzel, ein Schlutzkrapfen-Kaspressknödel-Brennnesselnocken-Tris, als Suppeneinlage gibt es Dinkelvollkornbasilikumfrit-

KIRCHE MARIA SAAL

Das Wallfahrtskirchlein von Maria Saal stammt aus dem 17. Jh. In früheren Zeiten baten Bauern aus der nahen und weiteren Umgebung hier um Regen für ihre Wiesen und Äcker. Wallfahrer verehren das Gnadenbild der Maria-Hilf auf dem Hauptaltar, es ist eine schöne Kopie, das Original von Lucas Cranach d. Ä. befindet sich im Dom von Innsbruck. Den Besuchern prägt sich besonders das Fresko der Regenschirmmadonna auf dem Triumphbogen ein. Der Brixner Künstler Alexander Dejaco nahm den Beginn eines bekannten Mariengebets, „Unter deinen Schutz und Schirm fliehen wir, o heilige Gottesgebärerin", wörtlich und malte 1924 die Madonna mit Kind unter einem aufgespannten Regenschirm.

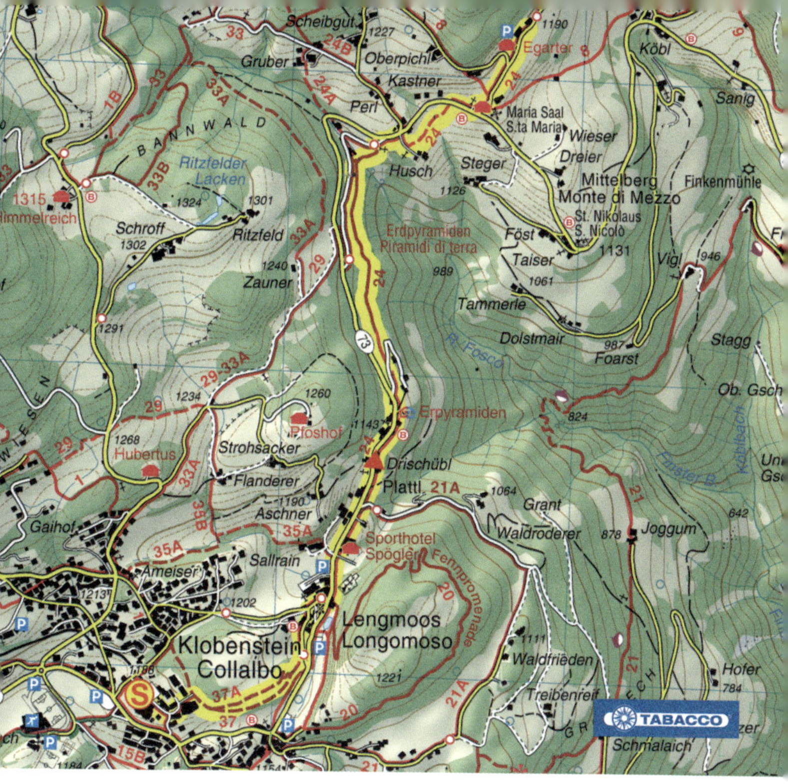

taten, die frischen Forellen kommen aus dem Becken hinterm Haus. Die Weinkarte ist gut sortiert, die Preise der Weine sehr vernünftig. Zum Nachtisch werden hausgemachte Kuchen und typische Bauernkrapfen serviert. Kinder lieben den Spielplatz und die Wiese zum Toben, Sonnenanbeter die Liegen mit Dolomitenblick.

☞ Gasthaus Egarter, Maria Saal 3, Mittelberg-Ritten, Tel. 0471 356717 oder 348 0945291, www.gasthausegarter.net, Ostern–Weihnachten 10–22 Uhr geöffnet, Mo. Ruhetag.

INFOS IN KÜRZE

- 1 h 5 min (Hinweg)
- 80 Hm
- 3,5 km (Hinweg)
- Bahnhof Klobenstein
- Von Bozen auf der LS22 für 16,3 km nach Ritten-Klobenstein, Parkplätze Kaiserau und Arena, nahe der Endstation der Schmalspurbahn.
- Mit der Seilbahn auf den Ritten und anschließend mit der Schmalspurbahn nach Klobenstein (Endstation). Fahrplan: www.suedtirolmobil.info.

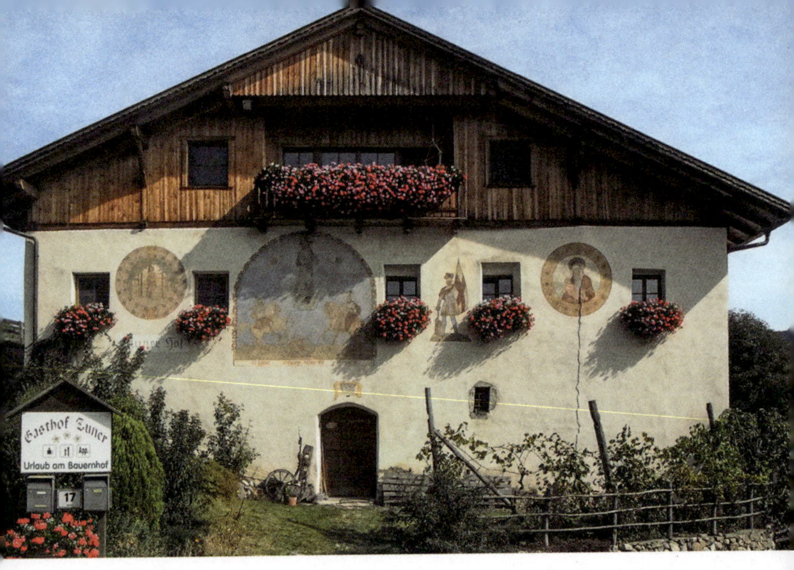

25 Zum Zunerhof in Antlas am Ritten

Auf einer Felskuppe hoch über dem unteren Eisacktal ragt die kleine St.-Andreas-Kirche auf, deren spitzer Kirchturm schon von Weitem grüßt. Unmittelbar daneben befindet sich der Zuner, ein bereits im 12. Jh. urkundlich erwähnter Bauernhof samt gemütlichem, bewusst ursprünglich belassenem Gasthaus. Die bei archäologischen Grabungen am Kirchhügel gefundenen bronzezeitlichen Funde lassen auf eine vorgeschichtliche Kult- und Siedlungsstätte schließen.

Wir beginnen unsere Rundwanderung in Lengstein, dort treffen wir vor der Kirche auf die Wegweiser „Keschtnweg“ (mit dem Symbol der Kastanie ausgeschildert). Zwei Wege führen zum Zuner, wir entscheiden uns für jenen, bei dem 50 Minuten Gehzeit angegeben sind, auf dem anderen kommen wir zurück. Der Weg führt vom Parkplatz zur Feuerwehrhalle, hinter dieser an der Grundschule und an

DER KESCHTNWEG

Der Keschtnweg ist ein Weitwanderweg, der in Vahrn bei Brixen beginnt und sich als hangquerender Mittelgebirgsweg in mehreren Tagesetappen durchs Eisacktal bis zum Bozner Talkessel und zum Schloss Runkelstein hinzieht. Streckenweise folgt ihm dabei unser Weg zum Zuner und zum Andreas-Kirchlein.

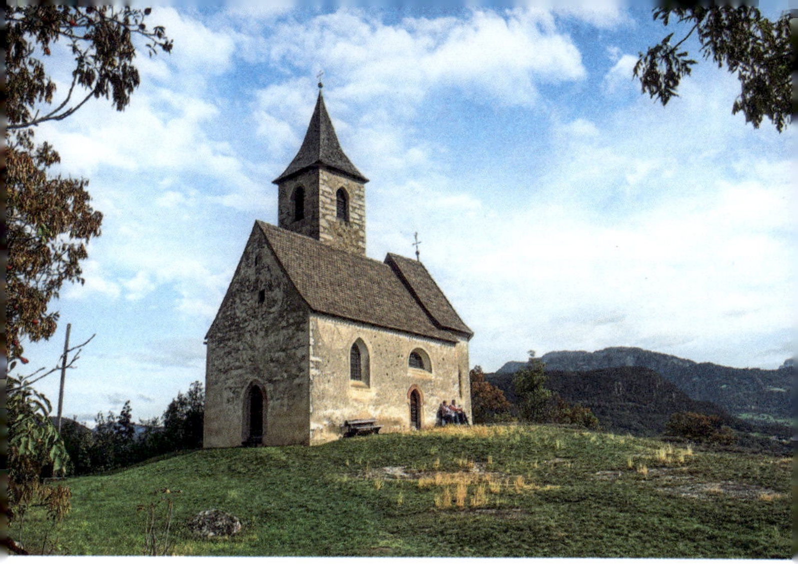

Häusern vorbei, dann als Steig über eine Wiese und kurz bergab zu einem Bauernhaus. Dort treffen wir auf den hangquerenden Keschtnweg, dem wir nach links folgen. Wir wandern über Wiesen und gelangen, mit schönen Blicken übers Eisacktal und zum nahen Schlern, leicht bergab zu den wenigen Häusern von Antlas und zum Gasthof Zuner. Nach einer Einkehr und der Besichtigung des nahen Andreas-Kirchleins gehen wir zum Gasthaus zurück und folgen von dort für 5 Min. dem Hinweg bis zum Nachbarhof, dort biegen wir rechts ab. Jetzt wandern wir auf dem alten Kirchsteig (Nr. 9) bergauf und durch Wald und Wiesen nach Lengstein zurück.

 **Gasthof Zuner**

Die Seele des gut geführten Ausflugsgasthauses ist Zäzilia Öhler, Zilli genannt. Sie steht in der Küche und ist für die gute Hausmannskost wie Knödel mit Speck, Käse, Kürbis oder Rote Bete, Teigtaschen mit vielerlei Füllungen oder Erdäpfelblattlen, Hirschgulasch und

ST.-ANDREAS-KIRCHE

Vom Zuner sind es wenige Minuten bis zum Hügel mit dem St.-Andreas-Kirchlein. Es beherbergt ausdrucksstarke Fresken aus dem 15. Jh., die mit Mitteln der Messerschmitt-Stiftung und des Landesdenkmalamts freigelegt und vorbildlich restauriert wurden. Sehenswert sind auch die bemalten, dreieckigen Schlusssteine an den Rippen neben dem Triumphbogen. Der Kirchenschlüssel wird beim Zunerhof verwahrt.

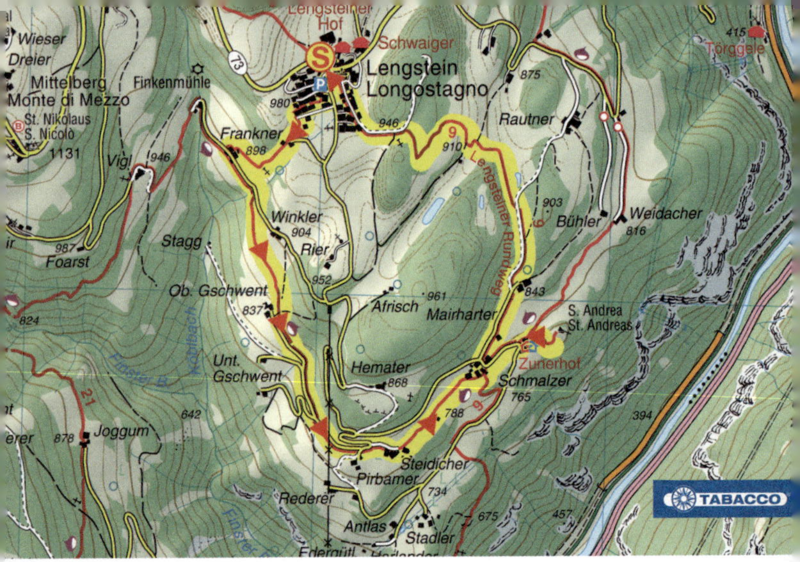

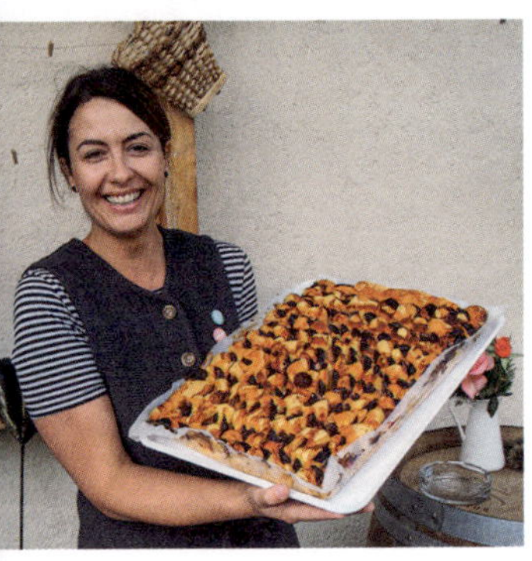

Rippchen vom Rohr zuständig. Als süßen Abschluss gibt es neben verschiedenen Torten Bodenständiges wie Bauernkrapfen oder Knieküchl. In den Weinbergen zum Eisacktal hin wachsen die Trauben für die hervorragenden Eigenbauweine. Besonders im Herbst, zur Törggelezeit, ist ohne Reservierung kein Platz zu ergattern. Am Zunerhof packen alle mit an, Zilli und ihr Mann Thomas werden an den Wochenenden von ihren berufstätigen Kindern Manuela und Robert unterstützt.

☞ Gasthof Zuner, Antlas 17, Lengstein-Ritten, Tel. 0471 349006 und 320 1952291, www.zunerhof.com, ganzjährig 10–18 Uhr geöffnet, warme Küche 11.30–15 Uhr, im Winter nur am Wochenende (Sa. und So.), am Abend Vorbestellung erwünscht.

INFOS IN KÜRZE

2 h 10 min
250 Hm
6,5 km
Lengstein-Ritten, Dorfplatz, 970 m

Von Klobenstein kommend 6,2 km auf der LS bis Lengstein fahren, Parkplatz im Dorf bei der Feuerwehrhalle.

Bus Nr. 165 ab Bozen, Fahrplan: suedtirolmobil.info.

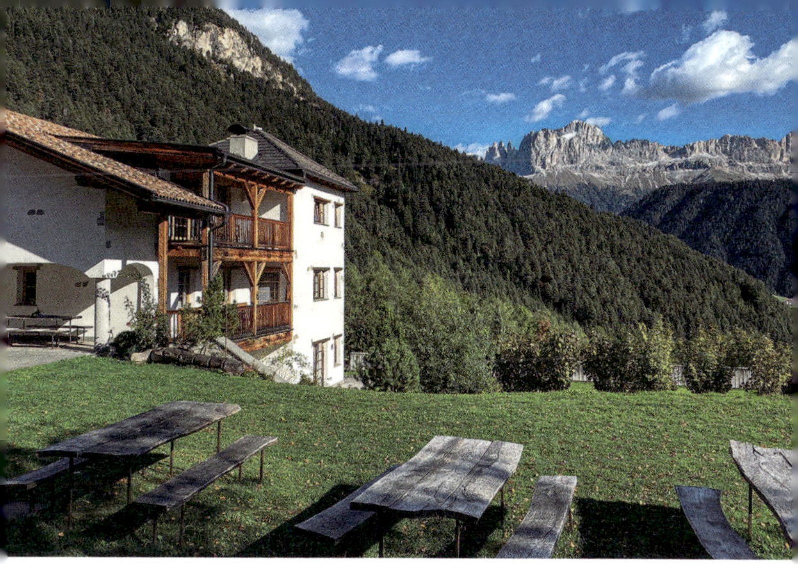

26 Zum Ansitz Velseck in Tiers

Das Tierser Tal, eines der schönsten Täler in Südtirol, zieht sich in West-Ostrichtung vom Eisacktal zu den Dolomiten hin. Das Dorf Tiers trägt zu Recht den Beinamen „am Rosengarten“: Hinter dem Ort, im Talschluss, ragt der Rosengarten, einer der Symbolberge Südtirols, majestätisch in die Höhe. Einen der schönsten Blicke darauf hat man vom Ansitz Velseck aus, unserem Ausflugsziel, das etwas oberhalb des Dorfes auf einer Wiesenlichtung liegt.

Vom Dorfzentrum, zwischen der Grundschule und dem Supermarkt, gehen wir in die Völseggstraße und folgen ihr für fünf Minuten, bei einer Kreuzung biegen wir rechts ab, ein Steig (Markierung Nr. 4, „St. Sebastian“) führt am Bach entlang zügig bergauf. In einer knappen Stunde gelangen wir zu einer Lichtung mit einem Hügel. Auf der Kuppe steht das St.-Sebastian-Kirchlein aus dem 17. Jh., der Heilige wurde als Beschützer vor der Pest und anderen Seuchen angerufen. Etwas oberhalb der Kirche stoßen wir auf

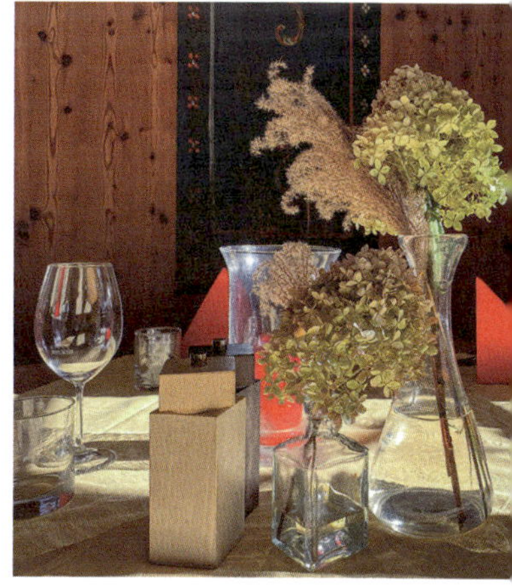

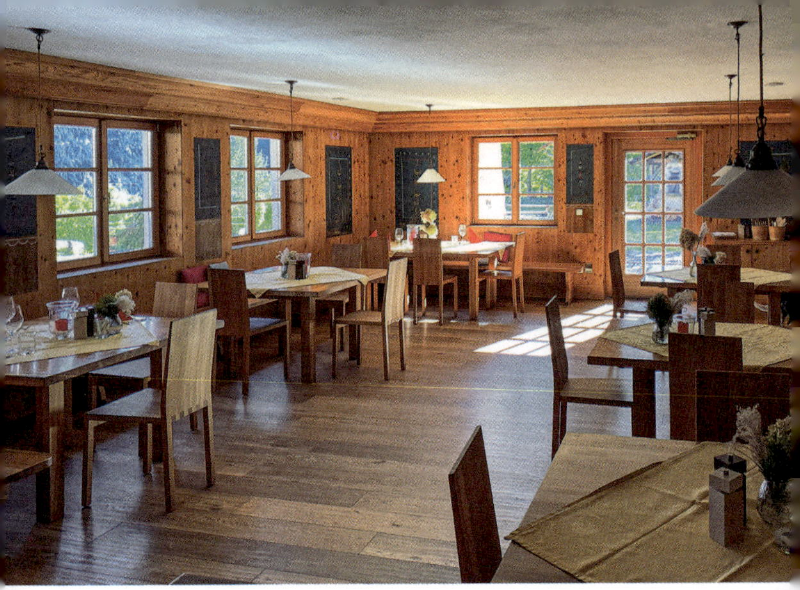

Steig 4B, dem wir westwärts in ebener Hangquerung bis zum Ansitz Velseck folgen. Nach der Einkehr gehen wir auf der asphaltierten, kaum befahrenen Zufahrtsstraße nach Tiers zurück.

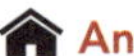

Ansitz Velseck

Der jetzige Ansitz Velseck ist ein Neubau mit Hotel, Restaurant und großzügigen Räumen für Veranstaltungen und ein beliebter Ort für Hochzeitsfeiern. Die neue Hauskapelle wurde den hll. Katharina und Peter geweiht, es sind die Namen der Kinder des Besitzers Friedrich Pircher. Die Restaurantküche ist traditionell-stilvoll, besonderer

ANSITZ VELSECK

Der Ansitz Velseck geht auf eine Burg zurück, die gegen Ende des 12. Jh. an der Schlucht des Ritzbaches von den Herren von Tiers erbaut wurde. Nach mehrmaligem Besitzerwechsel errichtet der damalige Schlossherr, Michael v. Völs-Colonna, im 16. Jh. etwas tiefer, im Dorf Tiers, den Ansitz Neu-Velseck, das Stammschloss verfiel und Teile der Mauern stürzten in die Schlucht. Im 17. Jh. kaufte der Bischof von Brixen das Lehen Tiers samt Burgruine und danebenliegendem Bauernhof mit Wald und Wiesen, der heutige Besitzer erwarb das Anwesen von der Kurie. Der Waldbesitz ist so groß, dass das Recht auf eine Eigenjagd besteht. Von der alten Ruine sind kümmerliche Reste, darunter eine alte Wasserzisterne, erhalten. Das Wappen der Velsecker lebt im Dorfwappen von Tiers weiter.

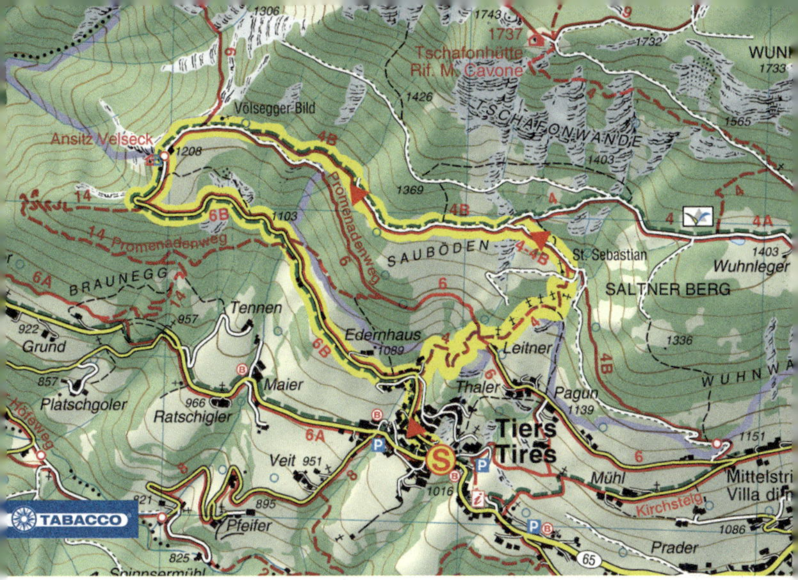

Wert wird auf heimische und saisonale Produkte gelegt, das Brot wird selbst gebacken. Natürlich gibt es auch Speck- und Leberknödel und ein Bauerngröstl mit Krautsalat, aber die Schlutzkrapfen sind u. a. mit Kürbis, Lardo-Krokant und Kürbiskernen gefüllt, das Tartar ist vom Wild aus der Eigenjagd und der Pfifferling-Risotto wird mit rosa gebratenem Rehnüsschen verfeinert – um nur einige der schönen Gerichte zu nennen. Die Weinkarte listet Spitzenetiketten aus Südtirol auf, viele der Spezialitäten gibt es auch glasweise. Der Blick vom Gastgarten zum Rosengarten ist einmalig!

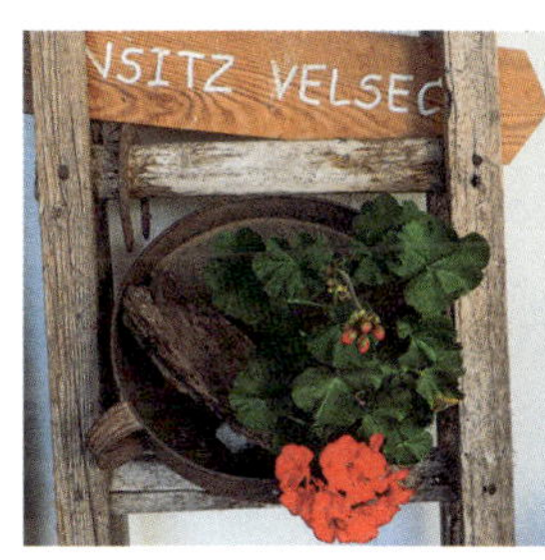

☞ Ansitz Velseck, Völseggerweg 25, Tiers, Tel. 0471 640006, www.velseck.it, ganzjährig geöffnet, warme Küche für Wanderer bis 15 Uhr, Di. Ruhetag.

INFOS IN KÜRZE

- 1 h 40 min
- 280 Hm
- 4,8 km
- Tiers, an der Grundschule, 1.020 m

Von der Brennerstaatsstraße (SS12) in Blumau nach Tiers abbiegen, 14,4 km. Wenige Parkplätze nach der Grundschule, Völsegger Weg

Auch mit dem Linienbus Nr. 185 erreichbar, Fahrplan: www.suedtirolmobil.info.

Für Autofahrer: Bei Schneefall im Winter ist Vorsicht geboten, steile Zufahrt.

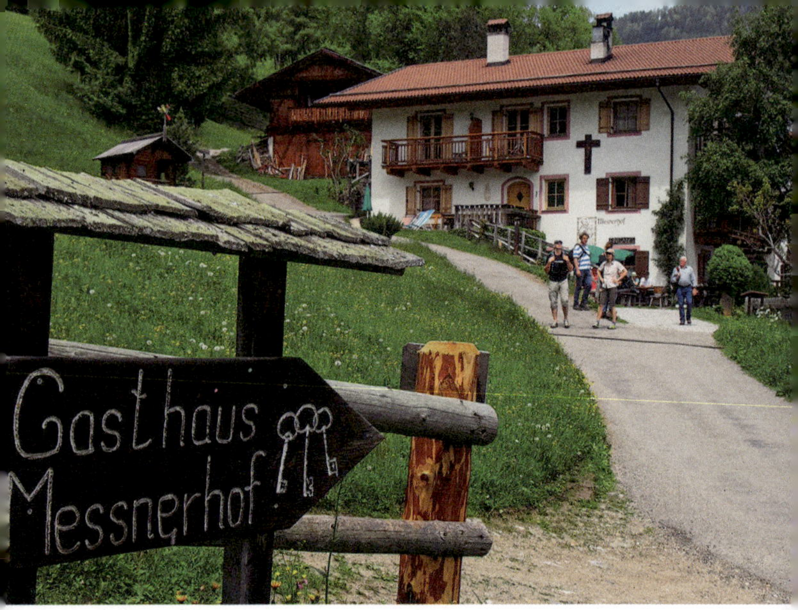

27 Zum Messnerhof in Bad Dreikirchen

Sigmund Freud schrieb über seine Sommerfrische in Bad Dreikirchen: „Es war eine entzückende Einsamkeit, Berg, Wald, Blumen, Wasser, Schlösser, Klöster und keine Menschen …“. Der auf 1.123 m gelegene Weiler gehört zu den idyllischsten Plätzen des Landes. Drei ineinander verschachtelte Kirchlein mit kunsthistorisch wertvollen Fresken, Statuen und Altären, drei Gasthäuser in der Umgebung, architektonisch interessante Ferienhäuser und beschauliche Waldwege machen den Besuch von Dreikirchen zu einem besonderen Erlebnis.

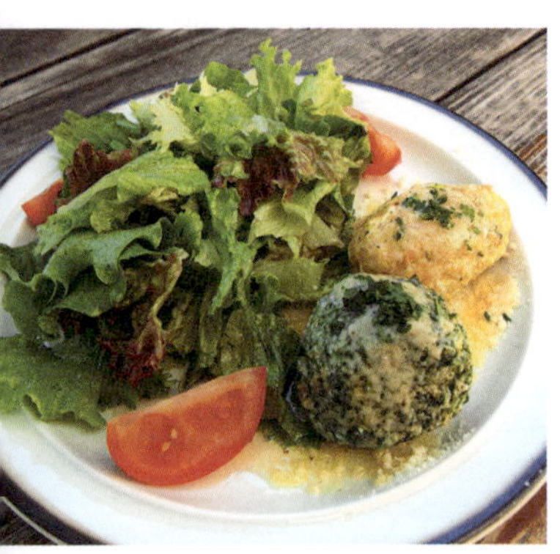

Ausgangspunkt ist der Dorfplatz von Barbian mit der Kirche, die einen so schiefen Turm hat, dass jener von Pisa vor Neid fast erblassen könnte. Am Rösslwirt vorbei folgen wir den Schildern nach Dreikirchen (Weg Nr. 11) zwischen Häusern hindurch bergauf, nach einem Wiesenstück taucht der Weg in den Wald ein und geht promenadenartig zum Fußballplatz. An dessen Bergseite vorbei, geht es durch hellen Föhrenwald zügig

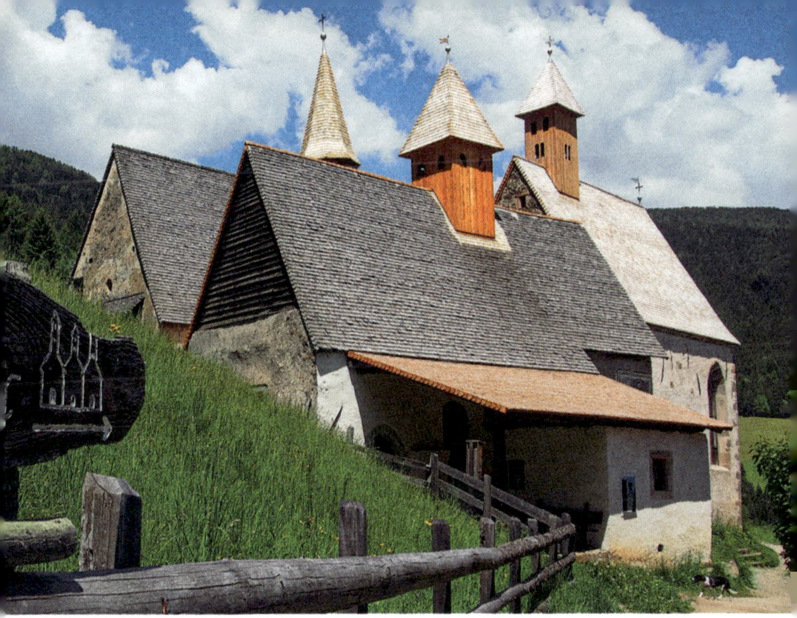

aufwärts bis zur steilen Wiesenlichtung mit den drei Kirchlein. Hier gibt es nicht nur drei Kirchen, sondern auch drei Gasthäuser: das etwas feudale Hotel Bad Dreikirchen, das Hotel Briol, ein architektonischer Leckerbissen im Stil der Wiener Moderne (weitere 20 Gehminuten entfernt) und das rustikale, bodenständige Gasthaus Messner, das sich hinter den Kirchlein versteckt, und heute unser Einkehrziel ist. Der Rückweg verläuft auf dem Waldweg zuerst mit der Nr. 6 bergab, später zweigt links die Nr. 3 ab, die uns zum Ausgangspunkt zurückbringt.

BAD DREIKIRCHEN

Die drei Kirchen, die den hll. Gertraud, Nikolaus und Magdalena geweiht sind, stammen aus der Zeit zwischen dem 13. und dem 16. Jh. Charakteristisch sind die steilen, mit hölzernen Schindeln gedeckten und mit Dachreitern versehenen Dächer. Alle drei sind reich ausgestattet, z. T. mit gotischen Flügelaltären und Fresken, mustergültig restauriert und normalerweise geöffnet, den Schlüssel verwahrt der Messnerwirt. Der Quelle, die bei Dreikirchen entspringt, wurde früher eine heilkräftige Wirkung zugeschrieben, deshalb stieg der Weiler im ausgehenden 19. Jh. zum bekannten Heilbad auf. Zu den Gästen zählten u. a. Sigmund Freud und Christian Morgenstern. Es ist ein Ort mit einer besonderen Ausstrahlung und mit herrlicher Weitsicht, auch heute noch nur zu Fuß oder mit geländegängigem Taxi erreichbar.

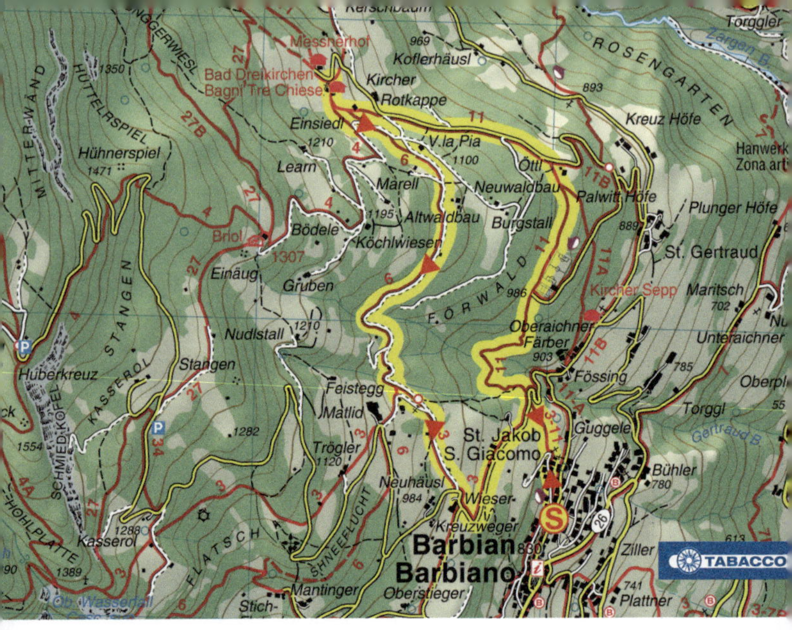

Gasthof Messnerhof

Der Messnerhof ist ein typisches, familiengeführtes Südtiroler Berggasthaus mit angeschlossenem Bauernhof, von dem viele der in der Küche verwendeten Produkte stammen wie Gemüse, Salate und Fleisch, der Speck kommt von den eigenen Schweinen. Entsprechend traditionell sind die Gerichte, die Gottfried Gafriller zubereitet. Weitum bekannt und gelobt sind die Knödel mit Speck, Leber, Spinat, Käse oder Rote Bete, im Angebot sind auch Gulasch, Braten, allerlei Nudelgerichte und gelegentlich Wildgerichte. Zum Nachtisch gibt es Blechkuchen, natürlich Strudel und je nach Saison frische Erdbeeren vom eigenen Garten oder Zwetschkenknödel. Gottfrieds Frau Michaela ist für den Service zuständig, Sohn Lukas hilft überall mit.

☞ Gasthof Messnerhof, Dreikirchen 8, Barbian, Tel. 0471 650059 oder 347 1740775, www.messnerhof-dreikirchen.it, geöffnet Ostern–Anf. Nov. 11–17 Uhr, kein Ruhetag.

INFOS IN KÜRZE

- 2 h
- 290 Hm
- 5,4 km
- Dorfplatz Barbian, 843 m

Von der Brennerstaatsstraße SS12 in Waidbruck nach Barbian abbiegen, 5,3 km. Parkplätze an der Dorfeinfahrt.

Bus Nr. 350. Fahrplan: www.suedtirolmobil.info.

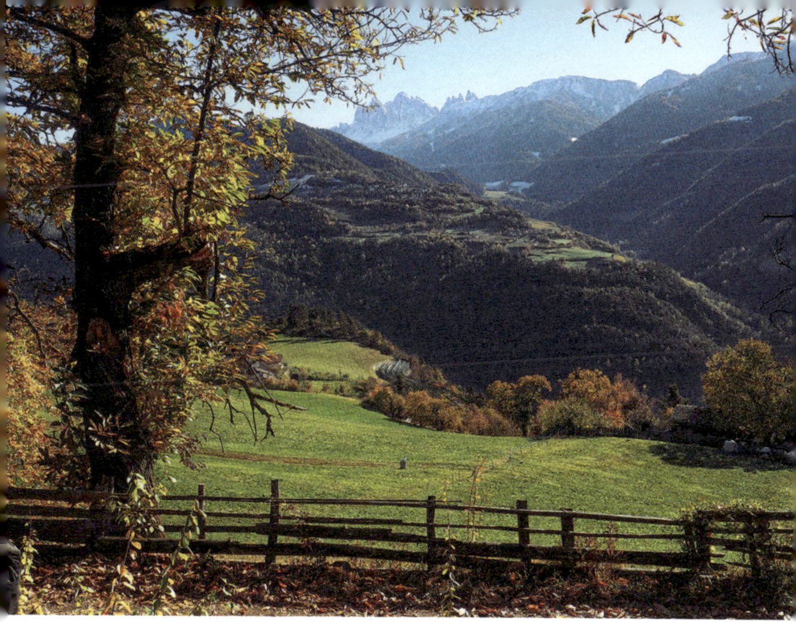

28 Zum Gasthaus St. Valentin in Verdings

Oberhalb von Klausen breiten sich auf der Sonnenseite des Eisacktales etliche Geländeterrassen mit stattlichen Dörfern, Wiesen und Obstanlagen aus, auf den nach Süden ausgerichteten Hängen wachsen Weinreben, die einen vorzüglichen Weißwein liefern, mächtige, uralte Kastanienbäume säumen die Wege und Felder. Die Geislerspitzen auf der gegenüberliegenden Talseite rahmen das Postkartenbild ein. Diese herrliche Landschaft ist besonders im Herbst, zur Törggelezeit, ein beliebtes Ziel sonntäglicher Ausflüge und dementsprechend gut besucht.

Unser einfacher Ausflug geht über den Abschnitt des Keschtnweges von Feldthurns nach Verdings, zum Gasthaus St. Valentin, und auf einem Nebenweg wieder zurück. Der Keschtnweg, benannt nach der Kastanie (im Südtiroler Dialekt heißen die Kastanien „Keschtn"), quert als mehrtägiger Weitwanderweg das Eisacktal von Vahrn bei Brixen bis nach Bozen, wir begehen ein angenehmes, aber kurzes Teilstück. Von Feldthurns folgen wir den Wegweisern mit der Kastanie südwestwärts zum Dorf hinaus. Nach einer kleinen Steigung begleiten uns uralte, knorrige Kastanienbäume und schütterer Föhrenwald bis zu den Wiesen des ausladenden Hofes Moar zu Viersch. Hier biegen wir scharf rechts ab und gehen jetzt bergauf

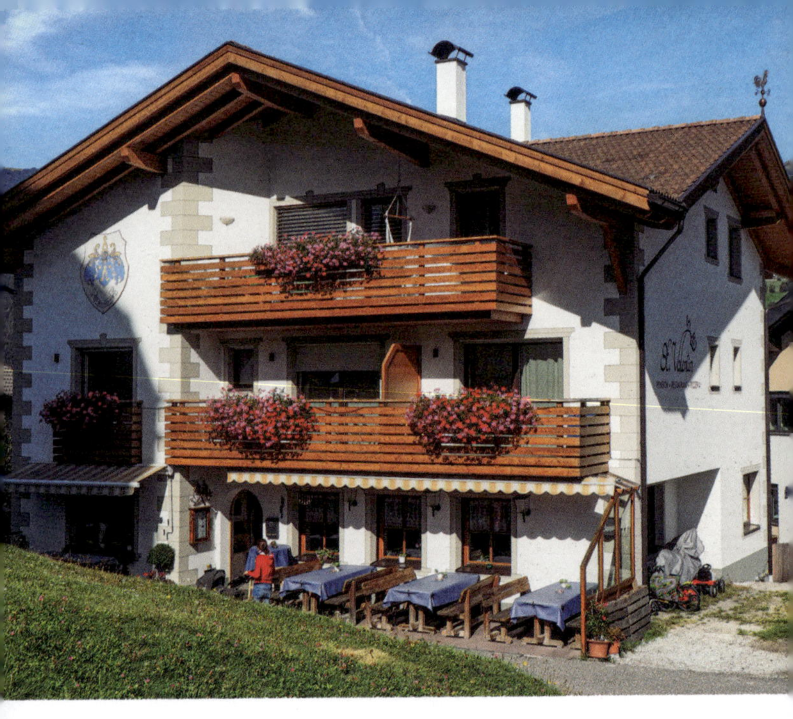

über den alten, gepflasterten Feldweg zum Dörfchen Verdings. Bald sind wir am Verdingser Kirchhügel mit der St.-Valentin-Kirche und dem dahinterliegenden gleichnamigen Gasthaus (957 m) angelangt. Nach der Einkehr gehen wir über die Dorfstraße zum Dorf hinaus, kurz vor der Einmündung in die Landesstraße Feldthurns-Latzfons biegen wir rechts auf einen Wiesensteig ab (Markierung 1B, Feldthurns) der uns nach 20 Gehminuten auf den Keschtnweg zurückbringt. Bald danach sind wir wieder in Feldthurns und am Ausgangspunkt angelangt.

BIRMEHL

In der Nähe von Verdings treffen wir auf Wegweiser mit dem Symbol einer Birne, sie zeigen uns einen Themenweg an: den Birmehlweg. Er erinnert an eine besondere Birnensorte, die hier im Eisacktal wächst. Diese wurde in alten Zeiten nicht als Obst verzehrt, sondern getrocknet und gemahlen. Das süße Birnenmehl war der Zucker der armen Leute und diente als Süßstoff in Speisen. Während es über Jahrhunderte hinweg den teuren Zucker ersetzte, ist das Birmehl heute kaum mehr zu finden. Seit einigen Jahren wird in Verdings dieser altbäuerliche Brauch wiederbelebt.

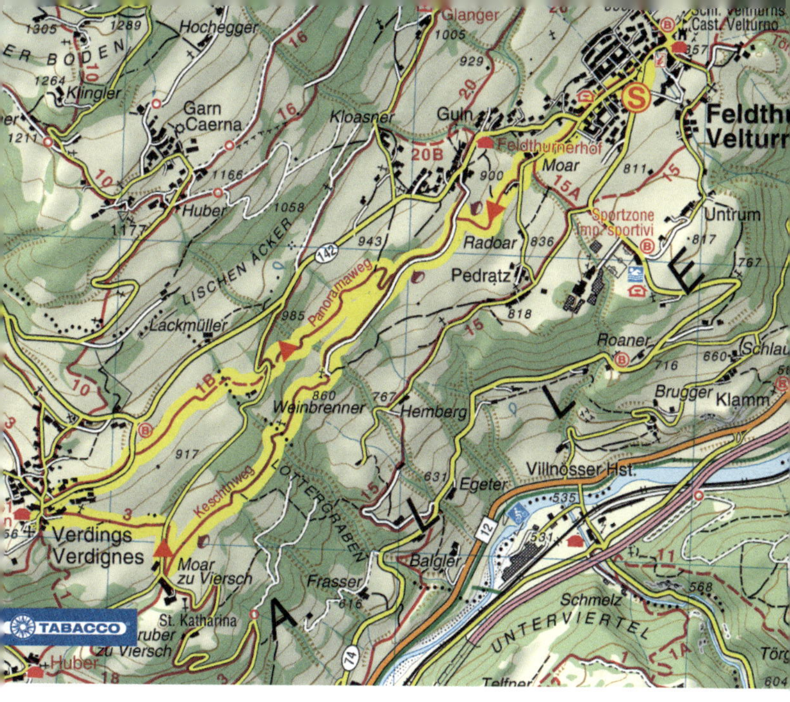

Gasthaus St. Valentin

Das Gasthaus St. Valentin liegt direkt neben der Kirche. Im Familienbetrieb packen alle mit an: Roman Stecher ist in die zweite Reihe getreten, Sohn Hansjörg ist nachgerückt und hat die Küchenführung übernommen, Mutter Hermine ist im Service tätig. Die bodenständige Küche ist bekannt und geschätzt, gern werden die Blattlen mit Sauerkraut gegessen, an Sonntagen steht meist ein Braten auf der Karte. Herrlich sind die Süßspeisen wie die Marillen- oder Zwetschkenknödel im Birmehlmantel oder die Biskuit-Birmehlroulade.

Gasthaus St. Valentin, Verdings 27, Klausen, Tel. 0472 857099, www.stvalentin.net, Do.–Mo. 8–22 Uhr, Di. 8–14 Uhr geöffnet, Mi. Ruhetag.

INFOS IN KÜRZE

2 h
170 Hm
6,4 km
Dorfzentrum Feldthurns

Auf der Brennerstaatsstraße oder Autobahn (Ausfahrt Klausen) nach Feldthurns, großer Parkplatz am südlichen Dorfausgang.

Auch gut mit dem Bus erreichbar. Fahrplan unter www.suedtirolmobil.info.

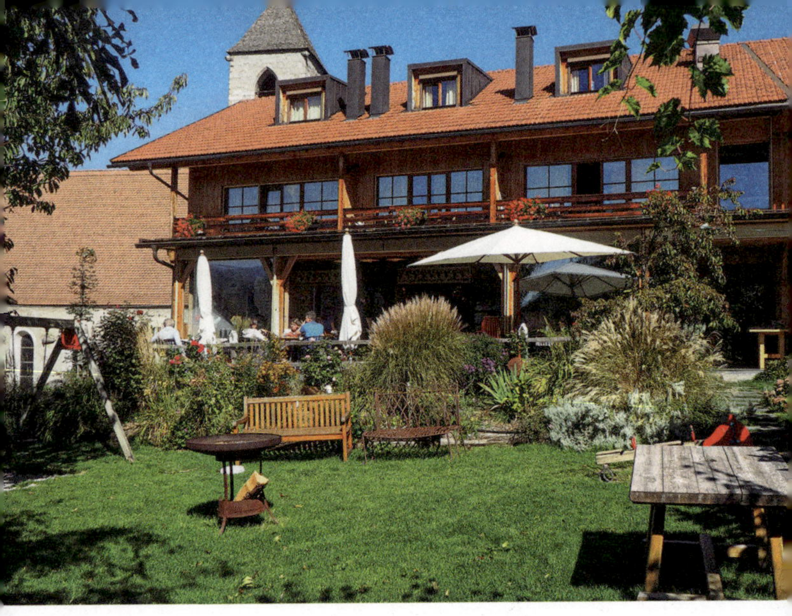

29 Zum Kircherhof in Albeins

Wenige Kilometer südlich von Brixen liegt in einer weiten Mulde, im Norden vom Musberg, einem Ausläufer der Plose, geschützt das kleine Dörfchen Albeins am Aferer Bach. Teile des Dorfkerns mit schönen alten Häusern in den verwinkelten Gassen stehen unter Ensembleschutz. Etwas erhöht am Sonnenhang wacht die große, gotische Dorfkirche über Albeins, während das noch ältere Margarethenkirchlein mit dem gedrungenen Turm am Bachrand liegt. Unmittelbar daneben steht der Kircherhof, unser Einkehrziel.

Vom Dorf aus machen wir einen einfachen Spaziergang südwärts durch das Eisacktal, über Wiesen, Felder und Apfelanlagen bis an den Waldrand. Dazu gehen wir von der kleinen Margarethenkirche auf der Dorfgasse abwärts bis zur Pension Tauber, hier biegen wir links ab, gehen zum Dorf hinaus und folgen dabei den Wegweisern „Nafen", „Untersteiner", Nr. 4. Bei einer Wegkreuzung mit einem großen Kruzifix geht es links, auf einem anfangs asphaltierten, mit Natursteinmauern und Hecken gesäumten Feldweg durch Apfelwiesen, hie und da stehen Bänke am Wiesenrand, Informationstafeln erklären die Natur, die wir antreffen, so auch das Phänomen der Eislöcher, ein kalter Luftzug, der aus Felsspalten am Fuß einer Geröllhalde austritt. Nach einem kurzen Anstieg treffen wir im Wald auf einen markanten Felsblock, den so genannten Totenstein (siehe

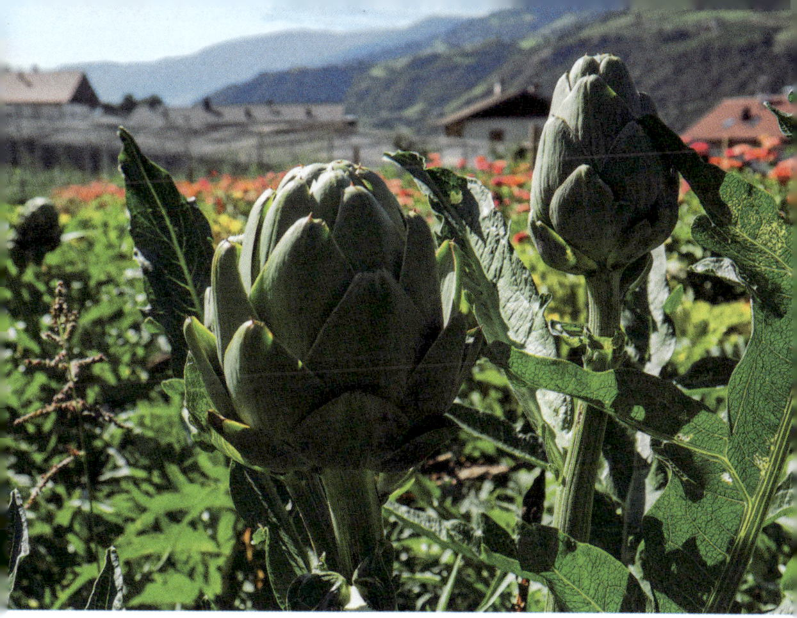

Infobox). Bevor der Weg zum Dörfchen Nafen ansteigt, drehen wir um und gehen zurück.

 Kircherhof

Gemütlichkeit der feinen Art bietet der Kircherhof dank seiner ruhigen und sonnigen Lage inmitten üppiger Obstanlagen bei der Kirche in Albeins südlich von Brixen. Er präsentiert sich als Gasthaus und Bauernhof, natürlich bio, mit großer Gartenterrasse. Das über 500 Jahre alte Haus wurde mustergültig renoviert, viel alte Bausubstanz blieb erhalten, helles Holz und Glas geben den Räumen Licht. Der von der Familie Noflatscher geführte Gasthof ist für Familienfeiern, Feste und Firmenessen beliebt, die gute Küche unter der Regie von Wolfgang Schmiedl trägt das ihre dazu bei. Es wird verfeinerte

DER TOTENSTEIN

In alten Zeiten mussten die Toten auf ihrer „letzte Reise" von den Nachbargemeinden zum Friedhof nach Albeins gebracht werden. Auf dem alten Brennerweg, der von Klausen nordwärts führte, ein Teilstück unseres Spazierweges, liegt etwas südlich von Albeins noch heute der sogenannte Totenstein, eine „Totenrast". Hier konnten die Bahrenträger den Sarg auf dem stufenförmigen Einschnitt des großen Steines zur Rast abstellen. Von diesem Stein soll der nahe gelegene Untersteinerhof seinen Namen haben.

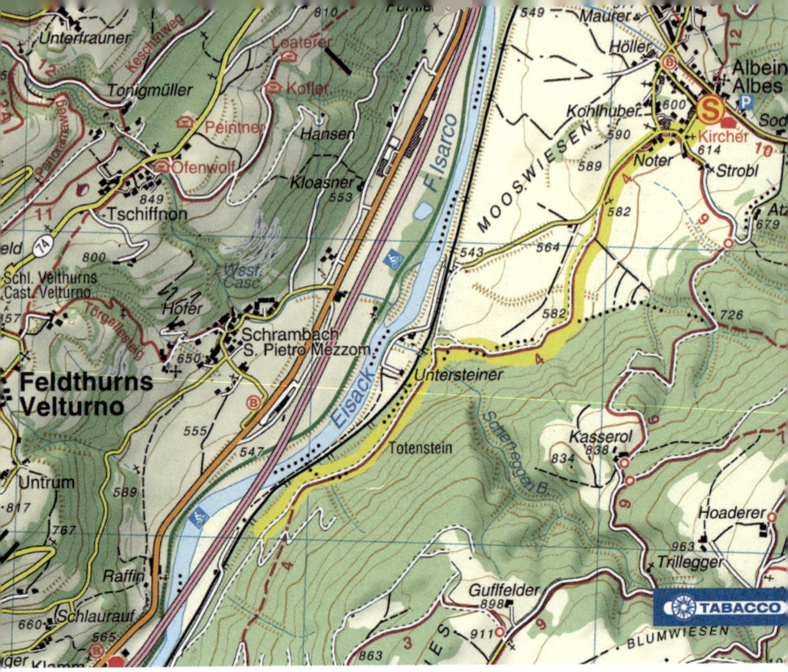

Tiroler Kost mit italienischem Einschlag angeboten, viel Obst und Gemüse stammt vom eigenen Bauernhof, das Fleisch von heimischen Tieren. Das schätzen die vielen Tagesgäste der Betriebe aus der nahen Brixner Gewerbezone, die hier neben dem Essen ihre Geschäfte anbahnen. Dass die Noflatschers Weinliebhaber sind, zeigt sich an der gut sortierten Weinkarte und am schönen Weinkeller. Im Untergeschoss ist ein Hofladen eingerichtet mit eigenen Erzeugnissen sowie sorgfältig ausgewählten Produkten von Partnerbetrieben. Auf dem großzügigen Kinderspielplatz fühlen sich die Kleinen wohl.

☞ Kircherhof, Margarethenplatz 3, Albeins, Tel. 0472 851005, www.kircherhof.it, im Jan. geschlossen, warme Küche 10.30–14, 18.30–20 Uhr, So. abends und Mo. Ruhetag, an Feiertagen geöffnet.

INFOS IN KÜRZE

40 min (Hinweg)
55 Hm
2,3 km (Hinweg)
Kircherhof, 550 m

Vom Kreisverkehr an der SS12 nach Albeins abfahren, 1,9 km nach Albeins. Parken bei der Kirche oder dem Kircherhof

Citybus 320.1 ab Brixen.
www.suedtirolmobil.info

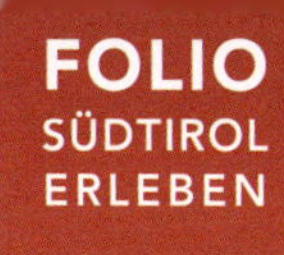

Südtirol verstehen? Nur mit Folio!

Zwei weitere Bücher aus unserem Programm, die Ihnen augenzwinkernd und humorvoll Insiderwissen über das Land vermitteln.

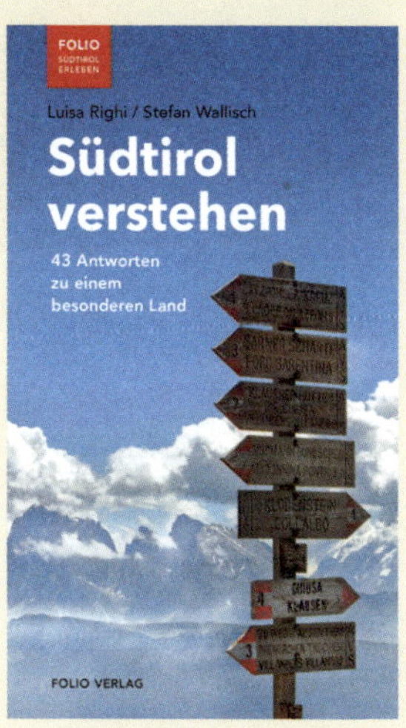

Luisa Righi / Stefan Wallisch
Südtirol verstehen
43 Antworten zu einem besonderen Land
96 S., ISBN 978-3-85256-722-8

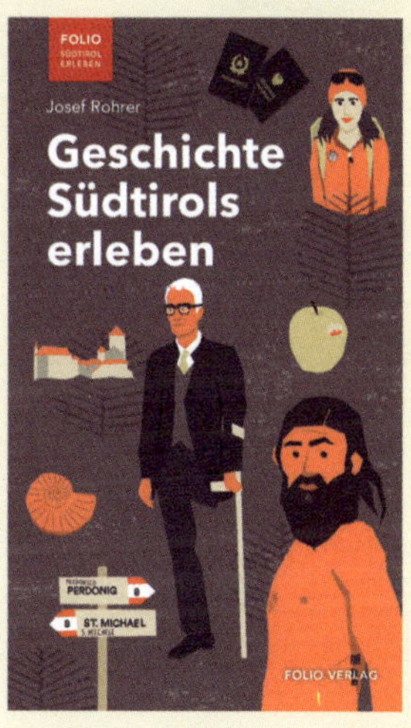

Josef Rohrer
Geschichte Südtirols erleben
108 S., ISBN 978-3-85256-843-0

www.folioverlag.com

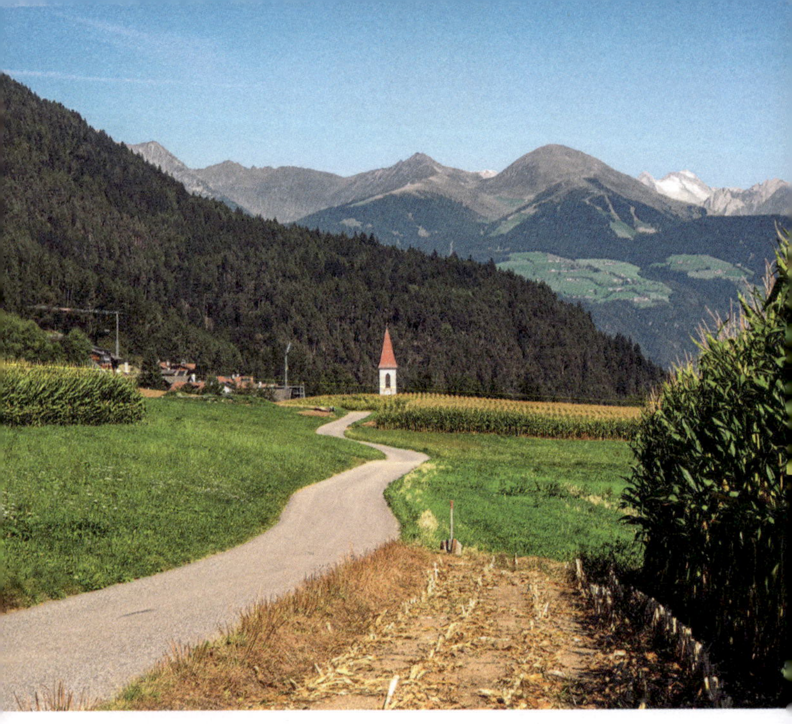

30 Zur Alpenrose in Pinzagen

Im Südwesten von Brixen erstreckt sich das kleine Hochplateau Pfeffersberg. Auf 700 bis 900 m Höhe liegen umgeben von Wiesen, Kastanienhainen und den letzten Weinreben eine Reihe von kleinen Weilern. Es ist ein ideales Ausflugsgebiet, da es von einem Netz von Wanderwegen durchzogen ist. Im Dörfchen Pinzagen liegt der Gasthof Alpenrose, den wir als Ziel ansteuern.

Wir starten am Gasthof Alpenrose, gehen nordwärts in die Dorfstraße, nach dem Lindenhof biegt links der Steig (Nr. 20, „Tils") ab, er geht durch Wiesen zügig bergauf und erreicht die Autostraße bei einem großen hölzernen Wetterkreuz. Auf der kaum befahrenen Straße gehen wir in Richtung Tils, kurz vor der Gerätehalle der Feuerwehr biegen wir scharf links in einen Feldweg ein (Markierung 10, „Tötschling"). Durch weite ebene Felder schlängelt sich das Sträßchen südwärts, mit prächtiger Aussicht über den Talkessel. Nach dem großen Bauernhof Sader biegen wir links auf den Keschtnweg ein, er bringt uns durch Felder, ein Wäldchen und zuletzt auf asphaltiertem Höfeweg bergab nach Pinzagen zur Alpenrose zurück.

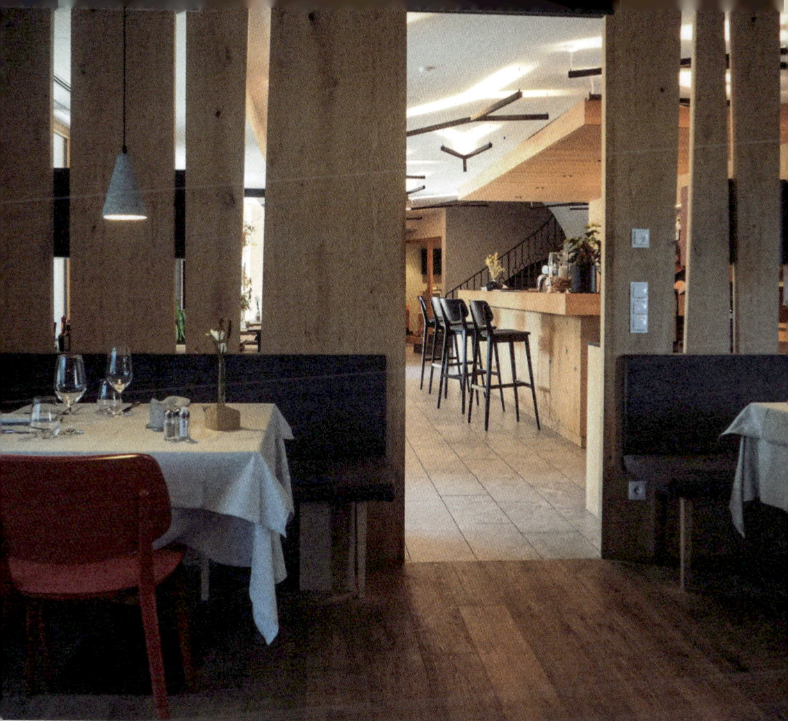

Gasthof Alpenrose

Der Gasthof Alpenrose heißt nach einem kürzlich erfolgten Umbau Dining & Living Alpenrose. Geblieben sind der Rosskastanienbaum auf der windgeschützten Sonnenterrasse, die gemütlichen, holzgetäfelten Stuben und natürlich die gute Küche. Neu sind die großzügigen Innenräume und die Appartements im Obergeschoß. Rosa und Alois (Luis) Baldauf haben den guten Ruf des Restaurants aufgebaut,

ST. CYRILL BEI TILS

Keine 20 Gehminuten vom Gasthof Alpenrose entfernt liegt auf einem Hügel mit schönster Aussicht das Kirchlein St. Cyrill. Das Langhaus und der Chorraum stammen aus dem 17. Jh., die Ursprünge der Kirche reichen aber in die Romanik zurück. Besonders sehenswert sind die Holzdecke, das Kreuzgratgewölbe sowie die Innen- und Außenfresken. Beim hl. Cyrill handelt es sich nicht um den Vater der kyrillischen Schrift, sondern um den Kirchengelehrten Cyrill von Alexandrien, einem Einsiedler und dem späteren Patriarchen von Alexandrien. Mit ihm setzte sich die Bezeichnung Marias als „Gottesgebärerin“ durch.

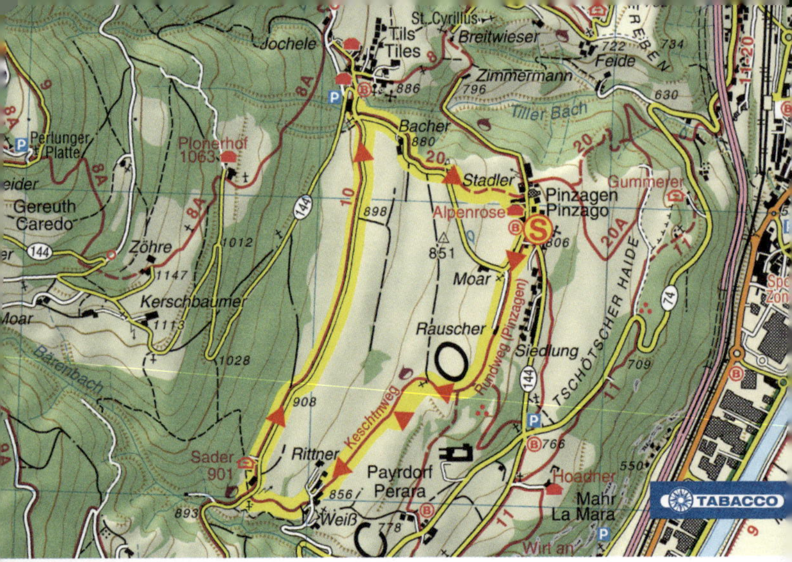

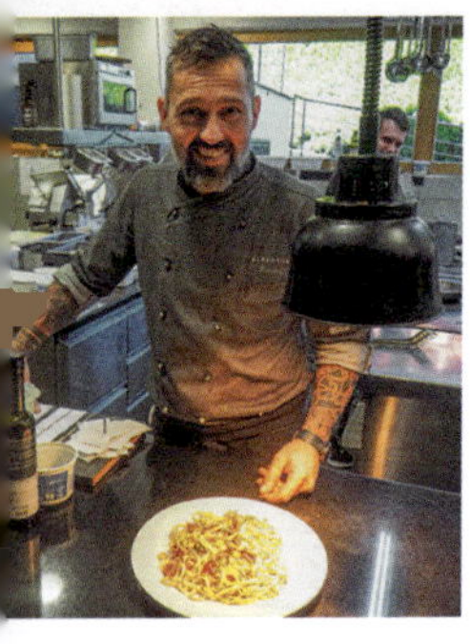

nun hat Sohn Jürgen als Chefkoch das Zepter bzw. den Kochlöffel übernommen und führt die Küchentradition weiter. Zu den Südtiroler Klassikern gesellen sich auch mediterrane Gerichte, bei den Grillabenden kommen Fisch- und Fleischspezialitäten auf den Rost und die Teller. Wer Süßes liebt, wird an den raffinierten Nachspeisen seine Freude haben. Einladend ist auch die Weinkarte, neben den Südtirolern werden auch Etiketten aus anderen Weinregionen gelistet. Die Kleinen freuen sich über eigene Kindergerichte, den Spielplatz und ein Spielzimmer.

☞ Gasthof Alpenrose (Dining & Living Alpenrose), Pinzagen 24, Brixen, Tel. 0472 694947, www.alpenroses.com, geöffnet 12–14, 18–20 Uhr, Brunch ab 9 Uhr (außer So. und Feiertag), Mo. und Di. Ruhetag, 6. Jan.–Ende Feb. geschlossen, am Abend Reservierung erwünscht.

INFOS IN KÜRZE

1 h 10 min
110 Hm
4 km
Beim Gasthof Alpenrose

In Brixen am Kreisverkehr in die Bahnhofstraße Richtung Feldthurns fahren, nach 2,8 km rechts abbiegen (Richtung Pinzagen). Freie Parkplätze 100 m vom Gasthof Alpenrose entfernt.

Auch mit Bus (Linie 344) erreichbar, Fahrplan siehe www.suedtirolmobil.info.

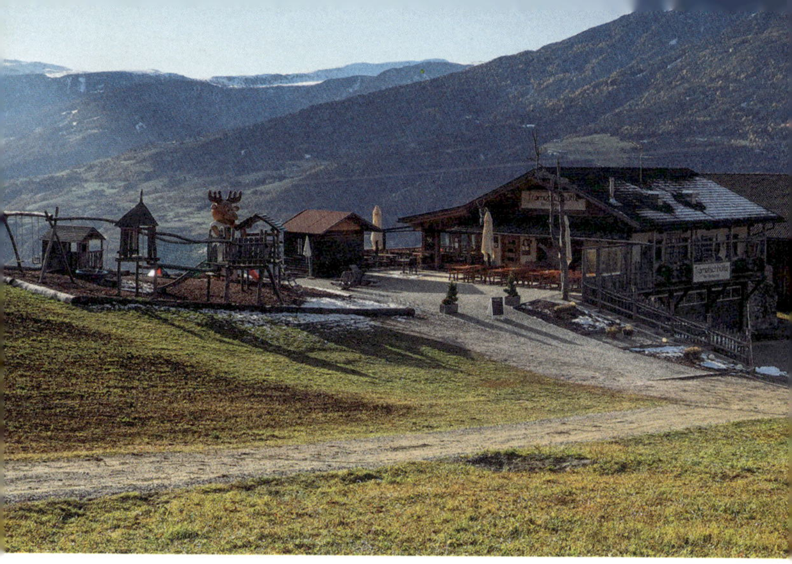

31 Zur Trametschhütte bei St. Andrä

Oberhalb der Bischofsstadt Brixen ist dem Ploseberg ein Mittelgebirgsplateau vorgelagert. Auf den weiten, sonnigen Wiesenterrassen liegt der Hauptort St. Andrä, im Dorf und den Nachbarsiedlungen ragen große und kleine Kirchtürme auf und zeugen von Besiedlung und Volksfrömmigkeit. Durch diese sonnige Mittelgebirgslandschaft unternehmen wir eine leichte, aussichtsreiche Rundwanderung. Wenig oberhalb von St. Andrä startet die Kabinenbahn auf die Plose, ganz in der Nähe der Talstation liegt die Trametschhütte, unser Einkehrziel.

Von St. Andrä aus queren wir den Berghang zum Nachbardorf St. Leonhard. Dazu starten wir in St. Andrä an der Infotafel beim Parkplatz. Es geht am Gehsteig der Straße nach St. Leonhard nordwärts eben zum Dorf hinaus. Bereits nach wenigen Minuten, bei einem hölzernen Wegkreuz biegen wir von der Autostraße links bergab auf den Kreuzwegsteig zum Weiler Karnol mit dem Hügelkirchlein. Nun geht es durch Wiesen kräftig bergauf zur Kirche von St. Leonhard und dem oberhalb liegenden Hofschank Aichnerhof, auf der kaum befahrenen Asphaltstraße wandern wir nach St. Andrä zurück. Dazu biegen wir beim Gostnerhof (ab St. Leonhard 15 Min. Gehzeit) an einer Wegteilung links ab (Markierung „Rutzenberg"), nach weiteren 500 m zweigt vom Asphaltweg rechts ein markierter Waldsteig ab, der uns in einer langen Hangquerung zur Talstation der Plose-Kabinenbahn bringt. Hier steigen wir in wenigen Gehminuten zu unserem

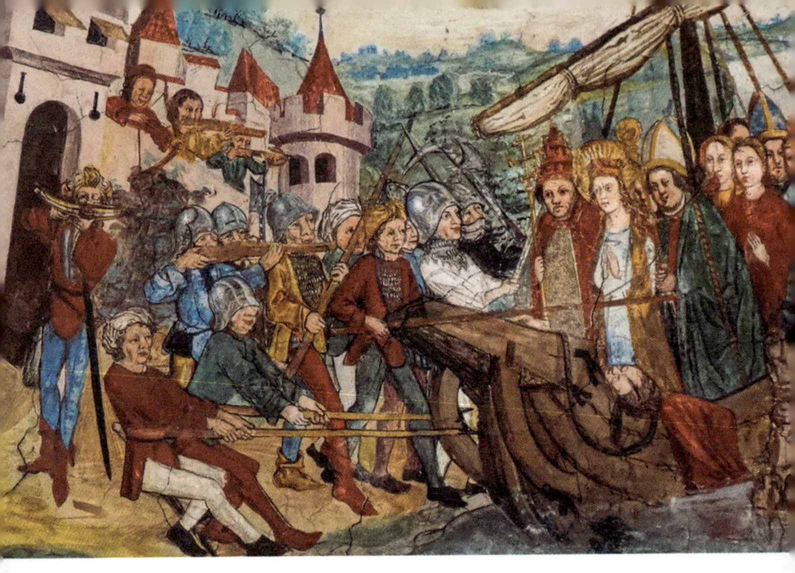

Enkehrziel, der Trametschhütte, auf. Am Parkplatz der Bahn zurück, nehmen wir den mit einem Überkopf-Schild beschrifteten Fußweg, der uns in 10 Minuten nach St. Andrä bringt.

Trametschhütte

Das oberhalb der Talstation der Plose-Kabinenbahn gelegene große Bergrestaurant liegt an einem einmaligen Aussichtsplatz. Der Betrieb ist Teil des darunterliegenden Bauernhofes Niederrutzner und wird von Roswitha und Andreas Ellemund geführt. Roswitha steht mit ihrem Team in der Küche und sorgt für die herzhafte Südtiroler Küche. Neben den Klassikern ist bei der Jugend besonders der Trametschburger mit Fleisch vom hofeigenen Rind und Pommes frites beliebt. Gegen Vorbestellung wird ein Brunch serviert, unter

ST. JOHANN IN KARNOL

Das alte, bereits im 12. Jh. erwähnte Kirchlein St. Johann erhebt sich neben dem malerischen Holderer-Hof auf einem Hügel. Die Vermutung liegt nahe, dass es sich hier um einen alten Kultplatz handelt. Die Fresken im Inneren der Kirche sind aus dem 15. und 16. Jh., dramatisch die Darstellung des Martyriums der hl. Ursula am Rhein. Wir sehen, wie ihr Schiff gekapert wird und die Soldaten mit Armbrüsten zielen. Bemerkenswert ist das Bild des hl. Leonhard im Mönchsgewand, es soll Kardinal Nicolaus Cusanus darstellen. Den Kirchenschlüssel verwahrt die Familie Prosch vom Baumannhof am Kirchhügel.

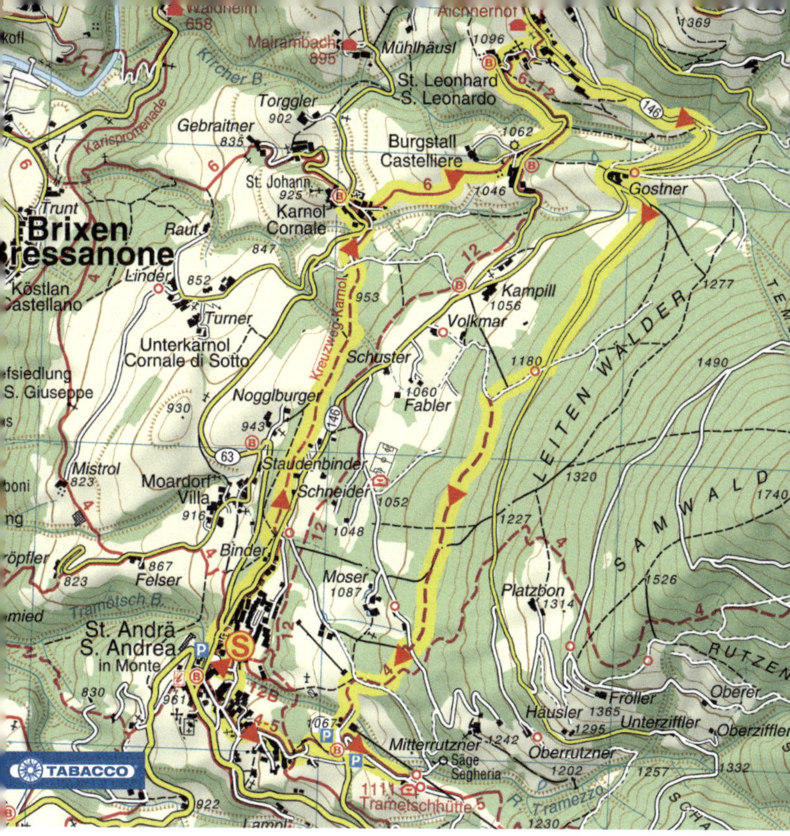

dem sich der Tisch ob der vielen Leckereien fast biegt. Für Kinder gibt es eigene Menüs wie den Gockel-Teller, Rudi Run, Trametsch Rocker und andere. Noch mehr Freude haben die Kleinen mit dem Riesenspielplatz mit Rutsche und Baumhaus.

☞ Trametschhütte, Seilbahnstr. 10, St. Andrä-Brixen, Tel. 0472 850039 oder 340 1218101, www.trametsch-huette.com, geöffnet Mai–Nov. 9–21 Uhr, Mi. Ruhetag.

INFOS IN KÜRZE

2¾ h
350 Hm
8,4 km
Parkplatz in St. Andrä, an der Informationstafel.

Von Brixen den Schildern „Plose" folgen, Parkplätze am nördlichen Ortsrand von St. Andrä.

Mit Bus ab Brixen (Linie 321), Fahrplan unter www.suedtirolmobil.info.

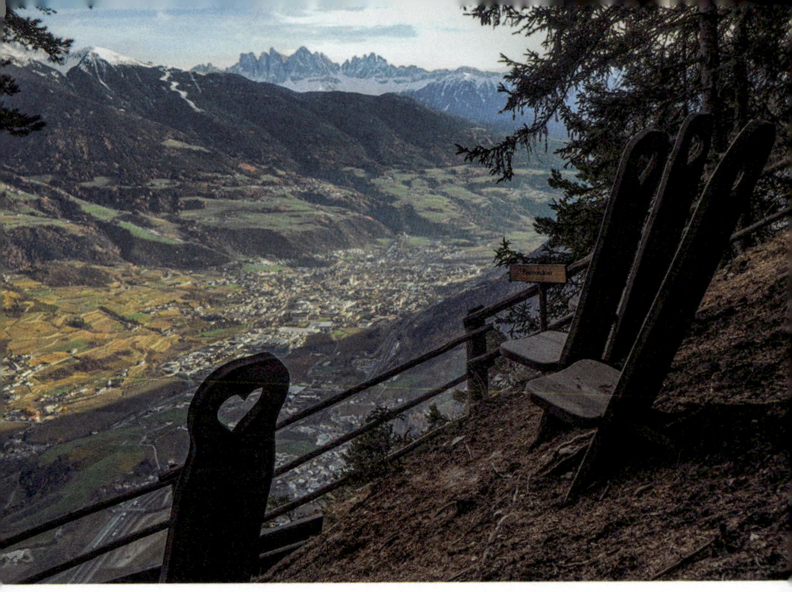

32 Zum Ortner in Spiluck und zum Panoramakino

Auf den steilen, sonnigen Hängen oberhalb von Vahrn, gegen Norden von hohen Bergen geschützt und nach Süden zum Brixner Talkessel hin offen, liegen die wenigen Bauernhäuser des Weilers Spiluck und unser Einkehrziel, der Ortnerhof. Der kurze Rundweg verläuft abwechslungsreich durch Wiesen und Wald, ebene Stücke wechseln mit kräftigen Steilstücken ab, am Scheitelpunkt gelangen wir zu den Sesseln des Panoramakinos.

Vom Ortner gehen wir wenige Minuten auf der schmalen Asphaltstraße bergauf, bis uns in einer Kehre rechts die Wegweiser „Scheibenberg" (Nr. 2B) und „Panoramakino" (20 Minuten Gehzeit

DAS PANORAMAKINO

Die Projektanten vom Panoramakino waren möglicherweise vom vielbesuchten Knottnkino bei Vöran inspiriert, jedenfalls wurden auch in Spiluck eine Reihe von robusten Holzstühlen aufgestellt. Wer hier sitzt, kann in diesem originellen „Kino" mit Blick auf das Eisacktal, den Brixner Talkessel und die Dolomitenzacken das sich je nach Wetter, Jahres- und Uhrzeit ändernde Kinoprogramm genießen.

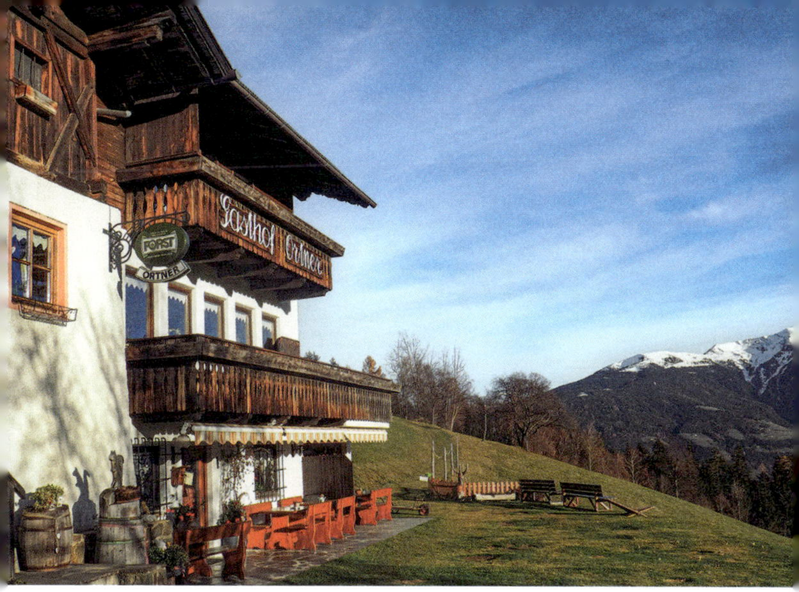

sind angegeben) zum Abbiegen auffordern. Die rot-weiße Markierung bringt uns auf einem abwechslungsreichen Steig durch Wiesen und Wald, über einen mit Felsblöcken durchsetztem Hang und auf dem letzten Stück im Zickzack steil bergauf zu den Stühlen des Panoramakinos. Auf dem Rückweg bleiben wir bei einer Wegteilung links, die Markierung bringt uns zu einer großen Wiese. Nun geht es bergab – der Ortner ist bereits in Sichtweite – zu einem Rastplatz mit Bank am Waldrand. Von hier wandern wir nach rechts und auf einem Wiesenweg in wenigen Minuten zum Gasthof und zum Ausgangspunkt zurück.

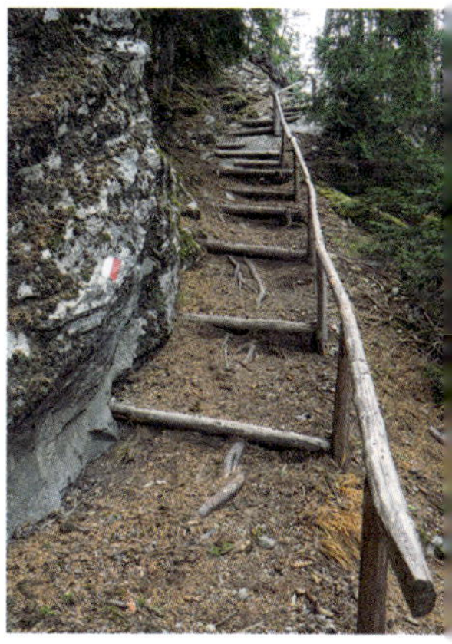

DIE SPILUCKER PLATTE

Von Spiluck aus ist ein weiterer schöner Aussichtspunkt leicht zu erreichen, die Spilucker Platte. Bei einem der ersten Häuser von Spiluck, der Pension Hauserhof, zweigt rechts ein ebener, beschilderter Wanderweg ab, der in wenigen Gehminuten zur Platte führt. Auf dieser Geländeverebnung ist ein kleiner Festplatz mit Bänken, Tischen und einer Kochhütte eingerichtet – ein hervorragender Ort, um zu faulenzen oder eine Jause zu verzehren.

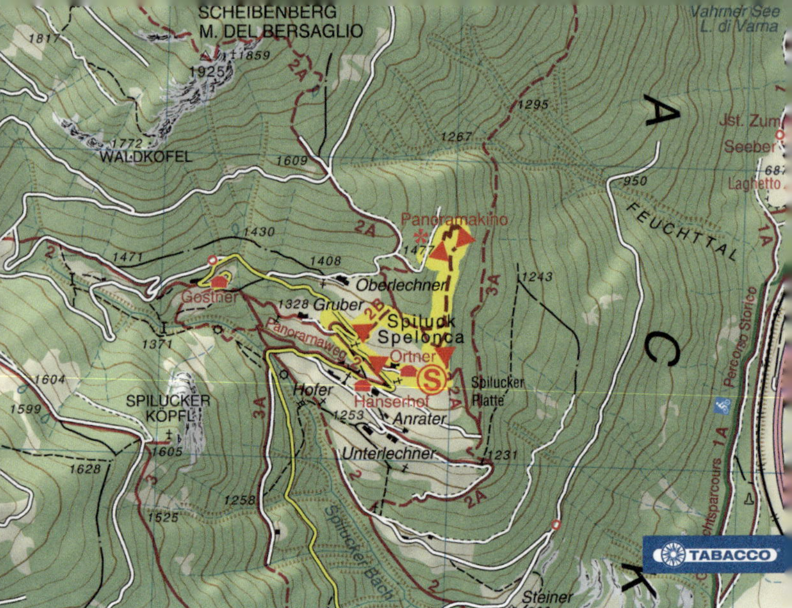

Gasthof Ortner

Auf einer Wiesenterrasse liegt der Ortner, ein Bauernhof, dessen Geschichte einige Jahrhunderte zurückreicht. Vor Jahren erweitert, wird er jetzt auch als Gasthaus geführt. Im Einsatz ist die Familie Tratter, Frau Anna ist die gute Seele von Haus und Küche, mittlerweile wird sie von ihren Töchtern Barbara und Marie tatkräftig unterstützt. Gemütlich ist es in der holzgetäfelten alten Stube, am schönsten aber auf der sonnigen Terrasse vor dem Haus, wo bei Dolomitenblick die solide, einfache Hausmannskost besonders gut schmeckt. Es ist ein Ausflug für das ganze Jahr, denn im Winter lockt Rodelspaß auf dem 2 km langen Weg vom Klosterwald zum Gostnerhof, wenig oberhalb vom Ortner. Auch die Skitourengeher kehren auf dem Rückweg von ihren Touren gerne ein.

Gasthof Ortner, Spiluck, Vahrn, Tel. 0472 834708, www.ortner.it, ganzjährig geöffnet, Di. Ruhetag, im Dez. zwei Wochen geschlossen.

INFOS IN KÜRZE

1 h
150 Hm
2,3 km
Beim Ortnerhof

Ab Vahrn, an der Brennerstaatsstraße, 6 km bis zum Ortnerhof, dabei den Schildern „Schalders“ und „Spiluck“ folgen. Parkplatz beim Ortnerhof.

Bus N. 329 Vahrn–Spiluck, Fahrplan: www.suedtirolmobil.info

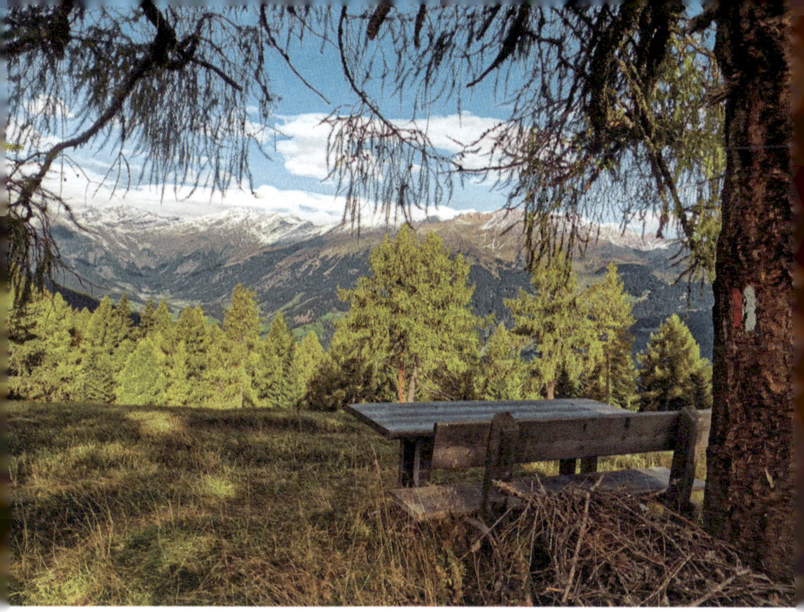

33 Zum Ungererhof in Schluppes im Jaufental

Vom Sterzinger Talkessel zieht sich das Jaufental gegen Westen zur Jaufenspitze hin, an deren Fuß auf 1.540 m der Ungererhof liegt. Hier, bei den Häusern von Schluppes, ist die Straße zu Ende, somit ist das Jaufental eines der ruhigsten Seitentäler des Eisacktales, Fuchs und Hase sagen sich gute Nacht – und das ist gut so! Nur Fußwege und Steige führen weiter zum Jaufenpass, die Autostraße, die das Eisacktal mit Passeier verbindet, nimmt etwas nördlicher einen anderen Verlauf.

Wir gehen in Schluppes los, nehmen den Forstweg (Markierung Nr. 12), nach 15 Minuten Gehzeit biegen wir rechts ab (Nr. 17B), der Weg quert jetzt den Sonnenhang des Tals und führt in angenehmer Steigung auf den Kamm zum Platschjoch. Hier breitet sich eine Hochfläche mit herrlichen Lärchenwiesen aus. Am grasigen Kamm führt der Weg in ebener Wanderung an vereinzelten Almhütten vorbei und in südöstliche Richtung bis zum Gostjöchl (1.799 m), von wo sich schöne Blicke bis in den Sterzinger Talkessel öffnen. Rückweg wie Hinweg.

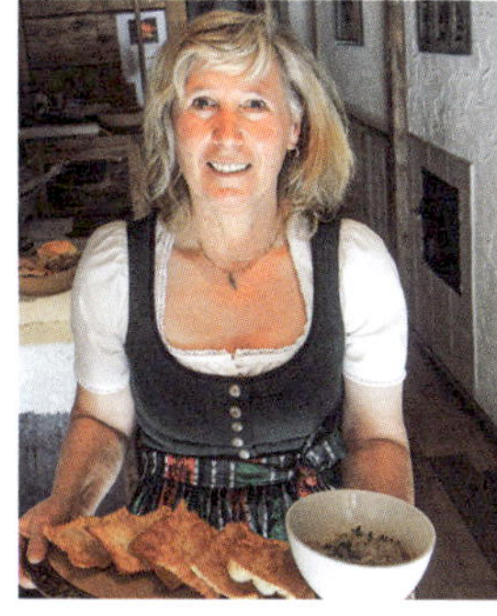

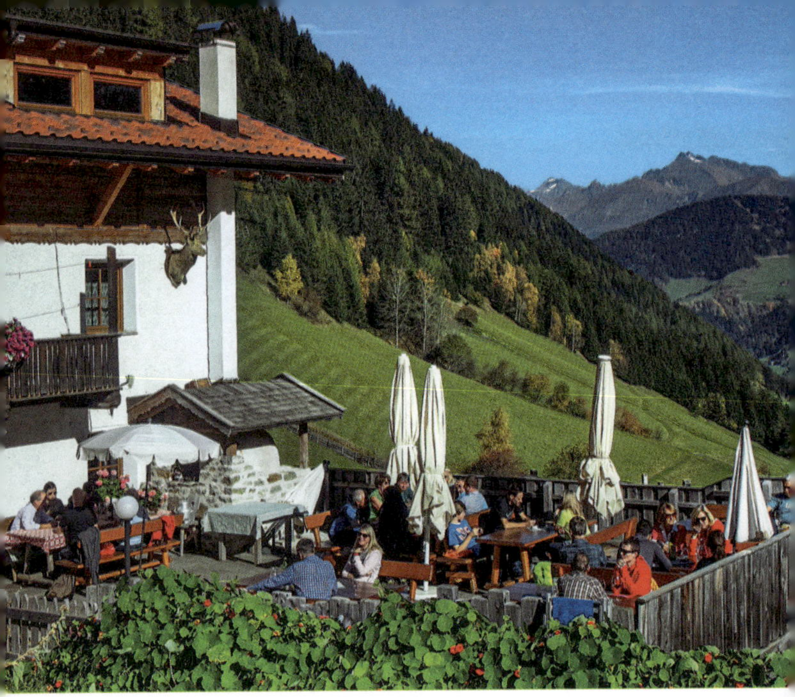

Ungererhof

Beim Ungererhof im Weiler Schluppes, wo die Autostraße endet, beginnt die kulinarische Reise durch die einfachen, herzhaften und fantasievollen Gerichte, die Walter und Klaus Rainer in der Küche zaubern. Viele Jahre lang hat Vater Walter gemeinsam mit seiner Frau Maria die Kalcheralm im nahen Skigebiet geführt, 1981 hat er den Ungererhof übernommen und 2010 den Hofschank eröffnet, der sich mittlerweile zu einem wahren Schmuckstück entwickelt hat. Vor kurzem hat Sohn Klaus die Zügel am Hof übernommen und führt ihn in der Tradition der Eltern und mit ihrer Unterstützung weiter. Viele Produkte für die Küche wie Milch, Eier, Käse, Lamm-, Kalb-, Rind- und Schweinefleisch kommen vom eigenen Hof, Wild liefern die nahen Wälder, Salate, Kräuter, Gemüse und die Beeren für die Säfte wachsen im Garten. Alle Weine und Destillate kommen aus Südtirol, Grau- und Bergkäse werden so wie das Brot, der Speck, die Kaminwurzen, das Rindsgeselchte und die Haus-

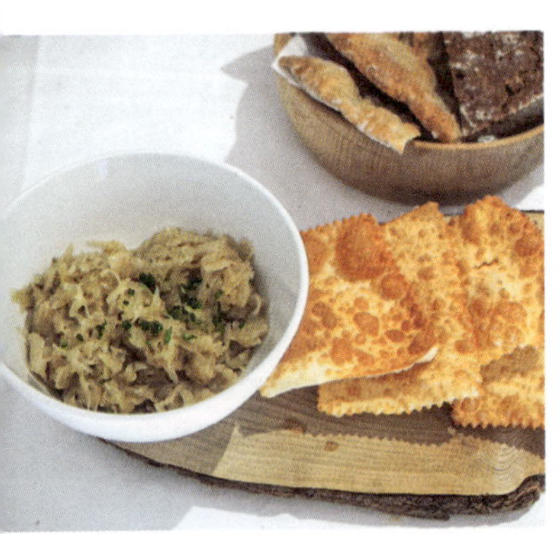

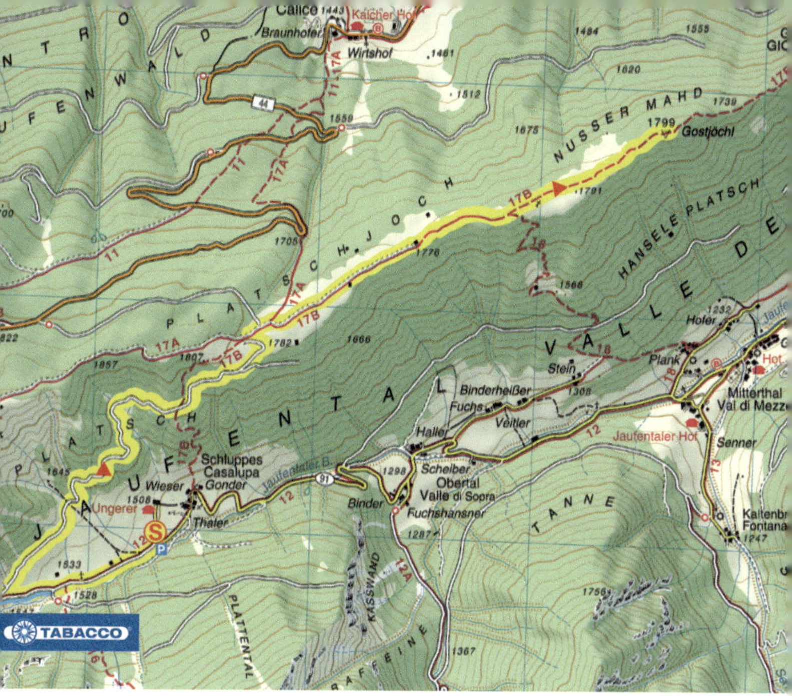

würste selbst hergestellt. Herzhaft sind die Jausen: Hirschwurst mit Preiselbeermeerrettich, Dreierlei aus der Räucherküche, die Hofmarende mit etwas von allem, dazu sauer eingelegtes Gemüse. Die Teigtaschen werden je nach Jahreszeit mit Sauerampfer, Brennnesseln, Kraut, Kürbis, Käse und Spinat gefüllt, auch die Knödelvarianten sind vielfältig. Beliebt sind die „Blattlar" mit Kraut, der Gerstenrisotto mit Steinpilzen, die hausgemachten Bandnudeln mit Wild- oder Hasenragout und der Lammbraten. An Sonntagen gibt es Kirchtagskrapfen und herrliche Torten.

☞ Ungererhof, Schluppes 6, Ratschings, Tel. 0472 766468 und 333 4001926, www.ungerer.bz.it, Ostern–6. Jan geöffnet, Mo. und Di. Ruhetag, Vorbestellung, besonders am Abend, ist angeraten.

INFOS IN KÜRZE

- 1 h 45 min
- 300 Hm
- 5,2 km
- Schluppes, Parkplatz Ungerer

Von Sterzing Richtung Ratschings fahren, nach 3 km, in Gasteig, der Beschilderung ins Jaufental und weiter bis Schluppes und dem Ungererhof für 7 km folgen. Parkplatz kurz vor dem Ungererhof.

Bus Nr. 314 bis Jaufental, www.suedtirolmobil.info

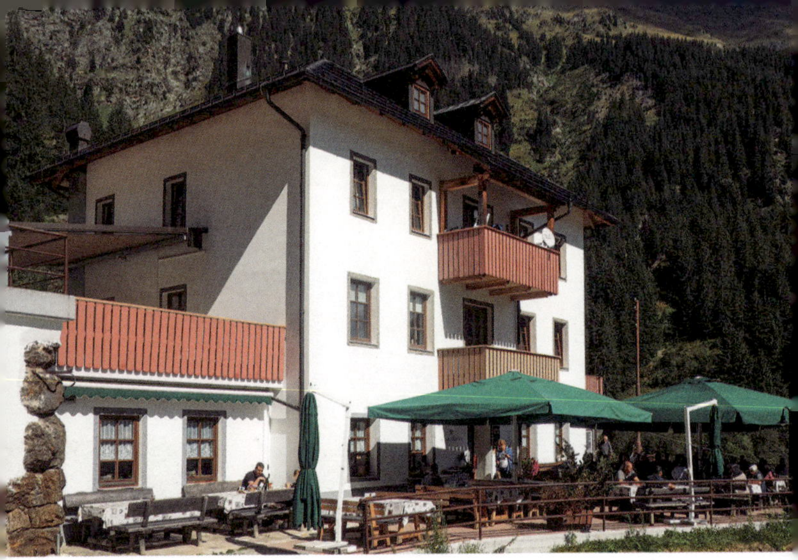

34 Zur Knappenstube in Ridnaun

Nahe Sterzing zieht sich das Ridnauntal zum Alpenhauptkamm hin. Im Schaubergwerk bei Maiern im Talschluss erzählen die beeindruckenden Reste der Anlagen vom Leben der Knappen, der mühevollen Arbeit unter Tage und der über 800-jährigen Bergbaugeschichte am Schneeberg. Auf der Fahrt ins Tal geht es am prächtigen Schloss Wolfsthurn vorbei, es zeigt den Glanz der einstigen Bergwerksbesitzer. Am Talschluss beginnen auch die vielen Wanderwege in die imposante Berg- und Gletscherwelt der Stubaier Alpen. Ehrfürchtig stehen die Halbschuhtouristen am Beginn der Steige, wo auf den Wegweisern die Gehzeiten zur Müllerhütte (6 Stunden) und zum Becherhaus, auf immerhin 3.195 m, (6 Stunden 15 Minuten) angegeben sind.

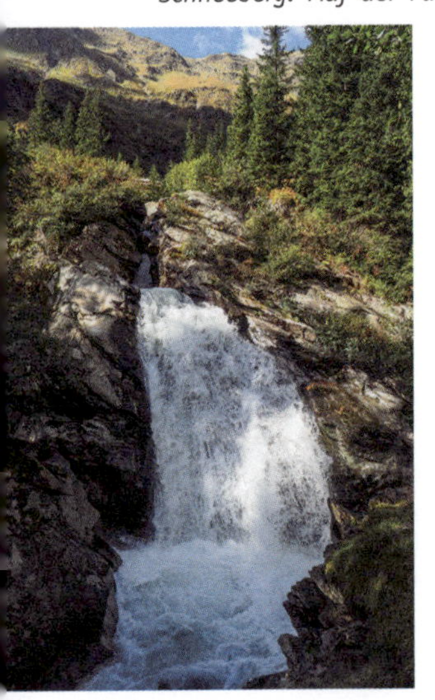

Wir hingegen unternehmen eine kleine Wanderung in die Burkhardklamm. Bereits 1899 wurde die enge Schlucht erschlossen, nach dem Ersten Weltkrieg verfielen Brücken und Leitern, der Weg wurde unpassierbar. Seit einigen Jahren ist er wieder instand gesetzt, er lässt die Naturgewalt des tosenden Wassers

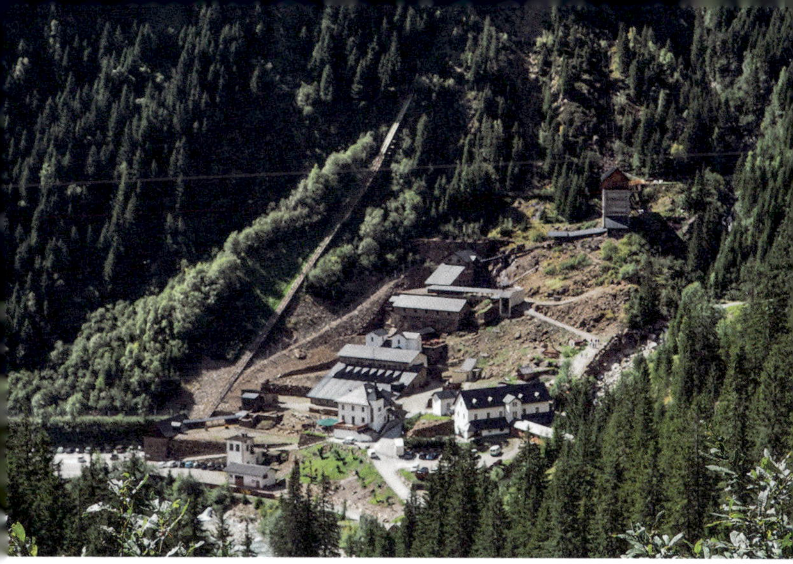

hautnah erleben. Start ist beim Museumsgelände. Die Markierung Nr. 9 folgt durch Wald und über einen zwar gut ausgebauten, aber holprigen steilen Steig dem Fernerbach. Benannt wurde die Schlucht übrigens nach dem Vorsitzenden des Deutsch-Österreichischen Alpenvereines (DÖAV) in den Jahren 1898–1900, Wilhelm von Burkhard. Nach einer guten halben Stunde wechselt der Weg die Talseite, nun geht es spektakulär neben Wasserfällen und über Stege, die durch Geländer gesichert sind, bergauf. Nach einer Stunde Gehzeit drehen wir um, für den Rückweg bleiben wir auf einem breiten Forstweg (Nr. 8, „Maiern"), der uns wieder zum Ausgangspunkt zurückbringt.

Knappenstube

Die Knappenstube ist eine urige und gemütliche Einkehr direkt beim Bergbaumuseum, von der Terrasse geht der Blick übers Bergwerksgelände zum Tal und zu den Bergen. Christian Rainer, der Pächter,

BERGBAUWELT RIDNAUN

Wer Zeit, Lust und die nötige Fitness hat, für den sind die geführten Tagestouren im Bergwerksgelände zu empfehlen: Da geht es auf über 2.000 Metern Höhe auf alten Erzwegen zur ehemaligen Knappensiedlung und mit der Grubenbahn durch den Berg und die Stollen.
Landesmuseum Bergbau Ridnaun, Tel. 0474 656364, www.bergbaumuseum.it, geöffnet Mitte Apr.–Anf. Nov. Di.–So. 10–17 Uhr, Mo. Ruhetag (außer an Feiertagen).

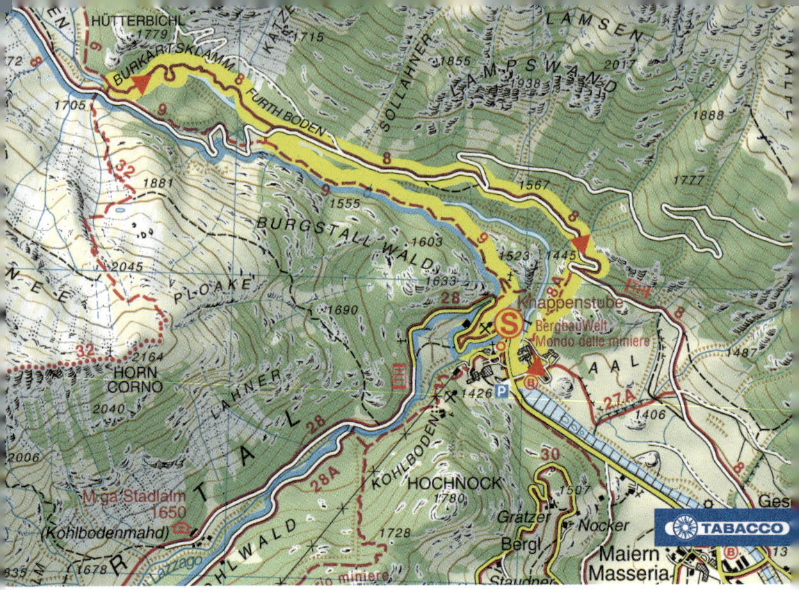

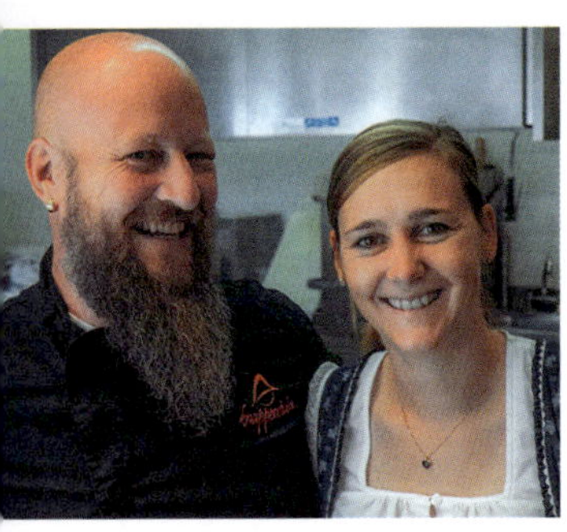

ist leidenschaftlicher Koch und verwöhnt seine Gäste – Fleischtiger kommen bei Tartar, Carpaccio und Tagliata auf ihre Kosten. Lobenswert ist die sehr gut sortierte Weinkarte mit vielen exzellenten Südtiroler Etiketten. Das hat sich bei den Einheimischen herumgesprochen, das Restaurant ist immer gut besucht: im Sommer von Museumsbesuchern und Wanderern, im Winter von Schneeschuhwanderern, Rodlern und Skitourengehern.

Knappenstube, Maiern 48, Ratschings, Tel. 366 6258363 oder 349 3172043, www.knappenstube.com, Di.–So. 11.30–14 Uhr, Do.–Sa. 18.30–20.30 Uhr, Mo. Ruhetag, außer ein paar Ferienwochen im Jan. und Ende Nov. ganzjährig geöffnet.

INFOS IN KÜRZE

2 h
300 Hm
5,4 km
Parkplatz Museumsgelände

Von der Autobahnausfahrt Sterzing oder der SS12 Brennerstaatsstraße ab Sterzing über die SS48 für 15,1 km nach Maiern im Talschluss fahren.

Bus Nr. 312, Fahrplan: www.suedtirolmobil.info

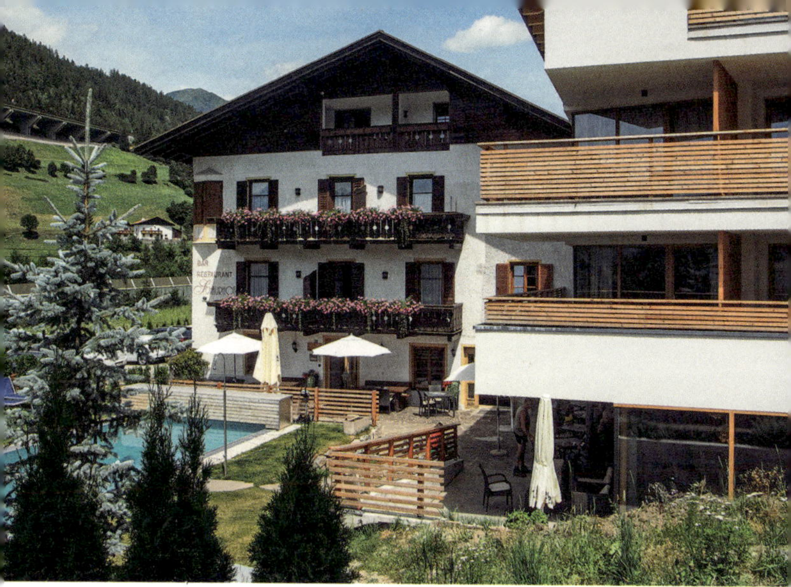

35 Zum Schaurhof in Ried bei Sterzing

Das Eisacktal war schon immer ein Durchzugsgebiet, Transitstrecke für Reisende von Norden nach Süden und umgekehrt: Römische Heere, germanische Stämme, Könige, Kaiser und Truppen aus allen Staaten zogen durch. Ried bei Sterzing liegt an der alten Brennerroute, ein wenig abseits des Verkehrsstroms, hier finden wir ein gepflegtes Restaurant und einfache Wege, um einen Spaziergang zur Burgruine Straßberg zu unternehmen.

Für unseren kurzen Spaziergang sind wir auf kaum befahrenen, asphaltierten Flurwegen unterwegs. Wir gehen vom Schaurhof auf dem schmalen Sträßchen nordwärts leicht bergauf, kommen zu den Häusern von Oberried und weiter, immer mit der Markierung 21, zur

BURGRUINE STRASSBERG

Die Burg aus dem 13. Jh. liegt abseits der neuen Routen an der Ostseite des Tales auf einem schmalen Höhenrücken, sie bewachte einst den bedeutenden Durchzugsverkehr. Burgherren waren Dienstleute der Brixner Fürstbischöfe, später auch die Fugger, zeitweise diente Straßberg als Gerichtssitz. Der hohe Bergfried ist noch gut erhalten, ansonsten sind nur mehr kümmerliche Mauerreste übrig.

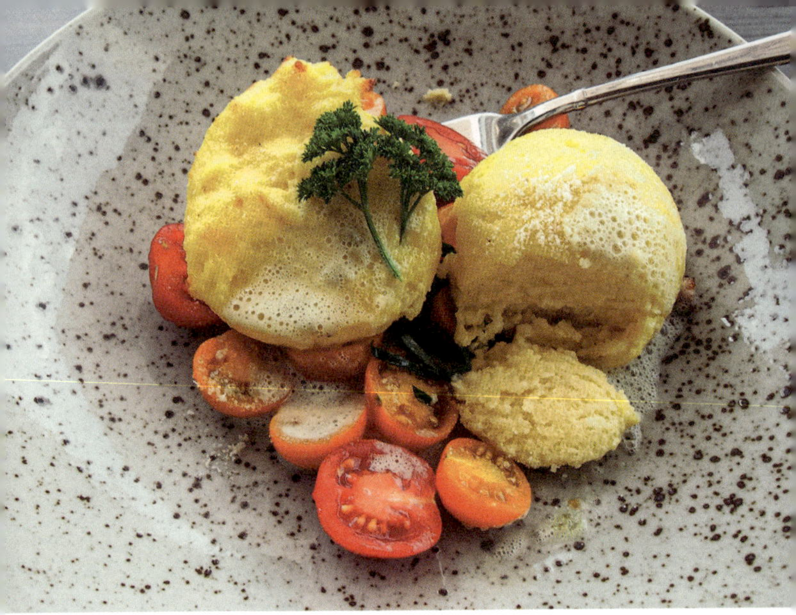

Ruine Straßberg, unserem Zwischenziel. Hier drehen wir um und gehen wieder zurück, bei einer Wegteilung bleiben wir links (Markierung 21A, „Unterried"), gehen wenige Minuten bergauf und dann in einer langen ebenen Hangquerung, durch Wiesen und mit schönster Aussicht nach Süden. Nach einer Rechtsschleife kommen wir nach Unterried mit der barocken St.-Stephans-Kirche und sind in wenigen Minuten wieder beim Schaurhof angelangt.

Restaurant Schaurhof

Vor den Toren Sterzings liegt inmitten schöner Wiesen das kürzlich erweiterte Hotel-Restaurant Schaurhof. Das Haus hat Tradition: Bereits im 16. Jh. urkundlich erwähnt, ist es ab 1800 sowohl Bauernhaus als auch Gasthof. 1809 wurde es von den Soldaten Napoleons niedergebrannt. Der Besitzer, Georg Steurer, war viele Jahre als Koch im In- und Ausland tätig, seit mehr als zehn Jahren steht er in der Küche des Heimathauses. Der Betrieb ist Mitglied der Gemeinschaft „Südtiroler Gasthaus", ein Garant für gutes Essen gemäß der Maxime: regional, saisonal und nachhaltig. Natürlich stehen Süd-

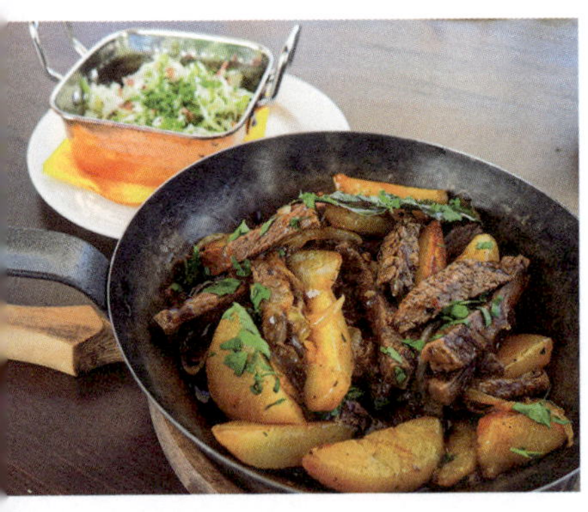

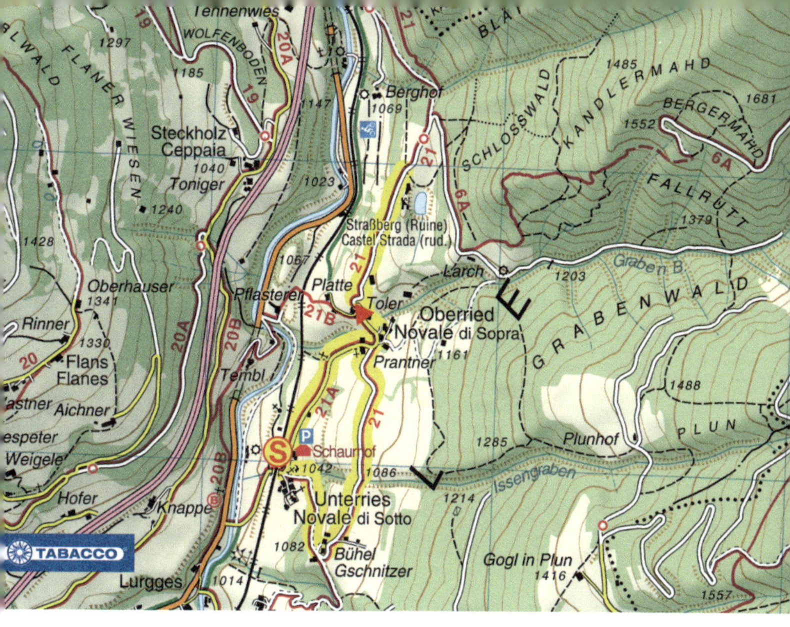

tiroler Klassiker wie Knödel und Schlutzkrapfen am Programm, aber nicht nur, wie ein Blick auf die Speisekarte verrät: Es gibt Hirschcarpaccio mit marinierten Pfifferlingen, Selleriecremesuppe mit schwarzem Sommertrüffel, Risotto oder Polenta mit Steinpilzen, Geschmorte Rinderbacke mit Brezelserviettenknödeln und Kartoffelknödel gefüllt mit Südtiroler Camenbert. Feinschmecker genießen das mehrgängige Degustationsmenü. Auch die Dessertkarte ist vielversprechend, Topfen-Nougatknödel mit Kirschen und Sauerrahmeis seien hier als Beispiel genannt. Die Weinauswahl ist raffiniert und lässt kaum Wünsche offen. Für Kinder gibt es eigene Menüs sowie ein Spielzimmer und Geräte im Freien. Zwei urige Tiroler Stuben mit Kachelöfen aus dem Jahr 1809 und der Saal mit Gewölbe laden zum Verweilen ein.

☞ Hotel-Restaurant Schaurhof, Ried 20, Sterzing, Tel. 0472 765366, www.schaurhof.it, Küche 12–14 Uhr und 17–21 Uhr, kein Ruhetag.

INFOS IN KÜRZE

1 h 20 min
175 Hm
4,2 km
Beim Hotel-Restaurant Schaurhof, 1.012 m

Vom Ortsende von Sterzing auf der SS12 nach 2,1 km zum Schaurhof (Ortsschild Ried) rechts ab. Parkplatz am Haus.

Bus Nr. 313, Haltestelle an der Staatsstraße, Fahrplan: www.suedtirolmobil.info

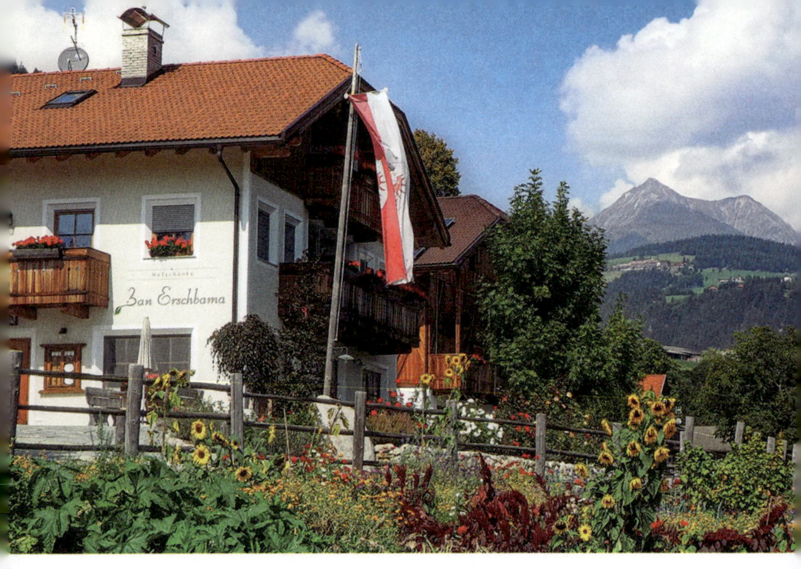

36 Zum Hofschank Ban Erschbama in Spinges

Bei Mühlbach liegt auf einem sonnigen Bergrücken das Dörfchen Spinges, allgemein bekannt wegen der Bauernmagd Katharina Lanz. Nur mit einer Heugabel bewaffnet, stieß sie am 2. April 1797 die anstürmenden Franzosen von der Friedhofsmauer und wurde so zur Symbolgestalt für den Tiroler Freiheitswillen, man nannte sie „das Mädchen von Spinges" oder „Jeanne d'Arc Tirols". Von Mühlbach aus bringt uns ein Wald- und Wiesenweg zum Erschbamerhof, einem typischen Hofschank in schöner, freier Lage.

Unser Ausgangspunkt ist Mühlbach. Über die Katharina-Lanz-Straße spazieren wir westwärts (Markierung Nr. 7, „Spinges") über den munteren Valler Bach, dann ein kurzes Stück am Valserweg taleinwärts, biegen nun scharf links ab und gehen bergauf durch die Straßhofsiedlung bis zum Waldrand. Dort verlassen wir die breite Straße und wandern, immer der Markierung 7 nach, bergauf nach Spinges. Hier folgen wir den Wegweisern „Rundweg Spinges", gehen durch die Lechnergasse zur Landesstraße, überqueren sie und wandern zum großen „Spingeser Kreuz" auf einer Wiesenkuppe, das schon von Weitem sichtbar ist. Hinter einer Hecke stehen Tisch und Bank und laden zum Verweilen ein. Zurück an der Landesstraße, gehen wir beim großen Ortsschild Spinges über Steig 7A westwärts und schneiden eine Straßenkehre ab. Wir folgen der Landesstraße wenige Minuten links bergab bis zur Kehre 4 und biegen hier wieder

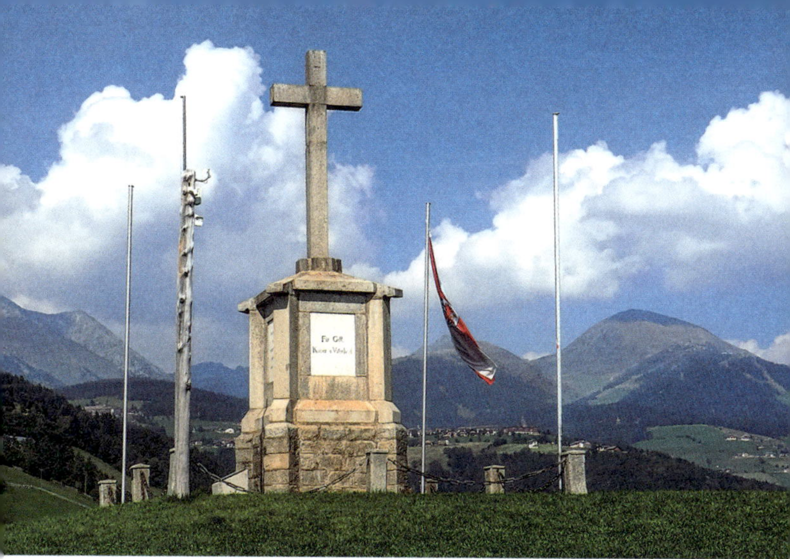

links in den Waldsteig ein, der den Hügel umrundet. Der Steig mündet unterhalb des Sportplatzes in den Weg zum nahen Erschbamerhof ein, der wenig unterhalb des Dörfchens liegt. Für den Rückweg nach Mühlbach nehmen wir vom Hofschank aus den Weg Nr. 7, der uns in einer knappen halben Stunde wieder zum Ausgangspunkt zurückbringt.

Hofschank Ban Erschbama

Auf den nach Südosten geneigten Wiesen unterhalb von Spinges liegt der Erschbamerhof, mit Blick ins Pustertal und zu den Bergen hinter Vintl. Das Gehöft wurde 1797 von den Franzosen im Zuge einer kriegerischen Auseinandersetzung niedergebrannt. Vor wenigen Jahren wurde an der alten Hofstelle ein schmucker Neubau errichtet und 2014 ein Hofschank eröffnet, das Getäfel in der großen Stube stammt zum Teil noch aus dem alten Bauernhaus. Es gibt

DAS SPINGESER KREUZ

Das steinerne Denkmal mit dem Granitkreuz an der Dorfeinfahrt erinnert an die 57 hier in der Schlacht bei Spinges gefallenen Tiroler. Am 2. April 1797 wollten die französischen Truppen unter General Jaubert durch Tirol in Richtung Wien vorstoßen, wurden aber hier von Tiroler Schützen aufgehaltenen und in einer verlustreichen Schlacht zurückgedrängt. Tags darauf kamen die Franzosen mit einer Übermacht zurück, sammelten ihre Toten ein und brannten den Erschbamerhof nieder.

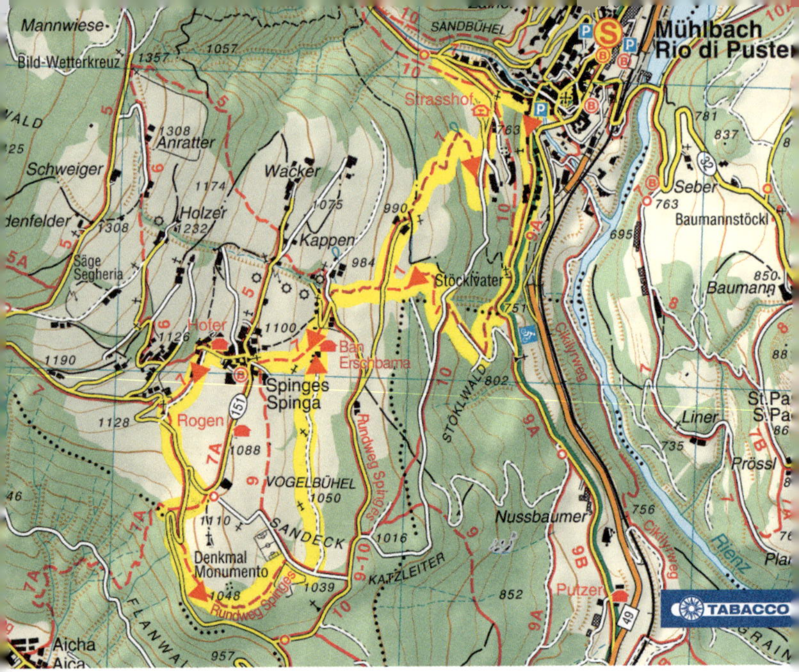

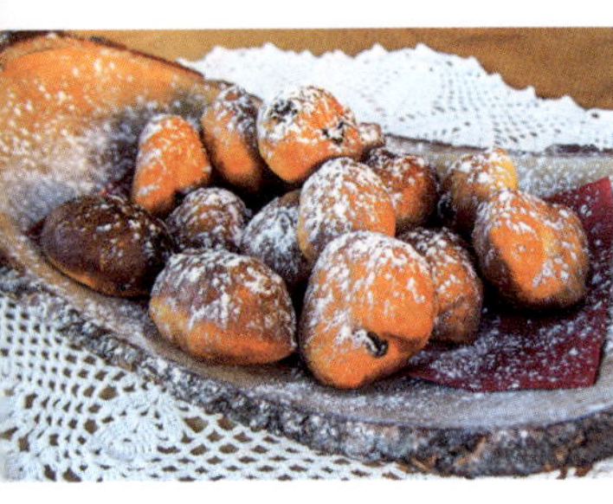

einheimische Spezialitäten, auf der Tageskarte finden sich abwechselnd so typische Speisen wie Blattlen mit Kraut, je nach Saison Pilze und Kürbis, im Herbst die Törggelegerichte. Die vielen Säfte sind hausgemacht, im Sommer kommt das Gemüse aus dem großen Garten. Verführerisch sind auch die Nachspeisen, darunter die lokaltypischen Miggilan.

☞ Ban Erschbama, Ölberg 3, Spinges, Tel. 348 3396714, Mo. und Di. geschlossen, Mi., Do. 10–17 Uhr, Fr.–So. 10–22 Uhr, Reservierung für Gruppen erwünscht.

INFOS IN KÜRZE

2¾ h
370 Hm
7,9 km
Mühlbach, Maria-Hilf-Kapelle, beim Tourismusbüro

Von der Pustertaler Staatsstraße nach Mühlbach ausfahren. Parkplatz am westlichen Dorfrand, an der alten Landstraße, bei der Brücke über den Valler Bach

Bahn und Bus (Linie 401), www.suedtirolmobil.info

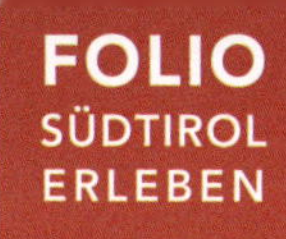

Mit Folio Südtirols schönste Seiten erleben!

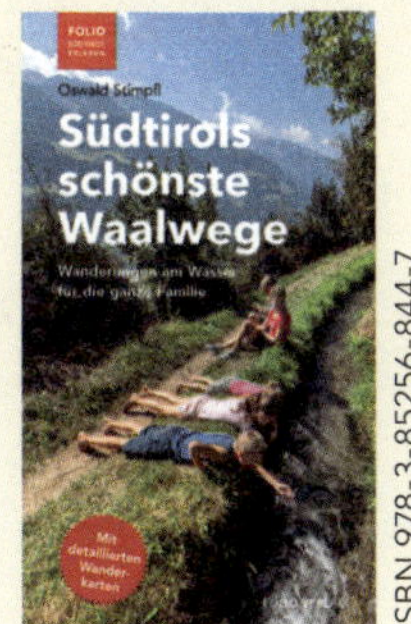

ISBN 978-3-85256-844-7

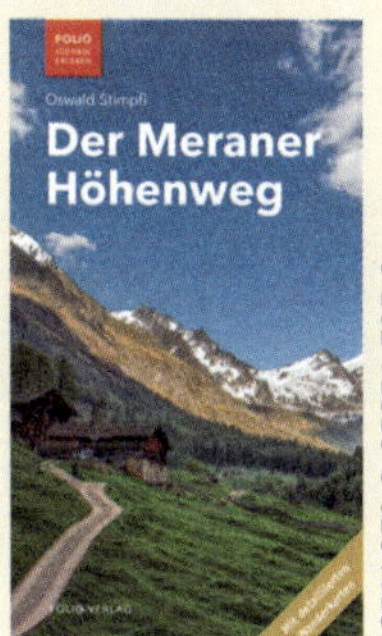

ISBN 978-3-85256-785-3

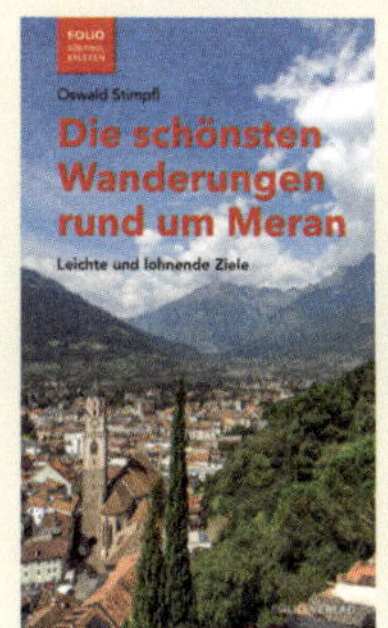

ISBN 978-3-85256-808-9

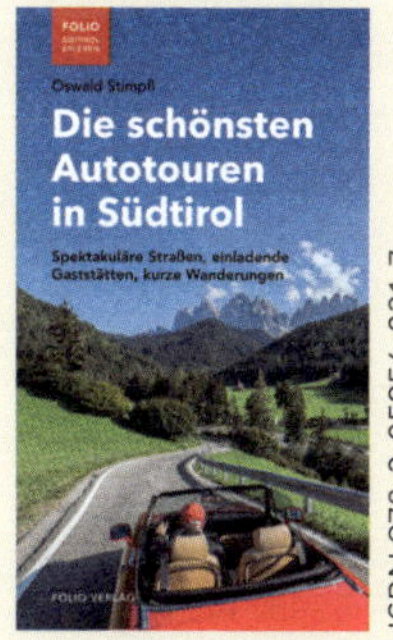

ISBN 978-3-85256-831-7

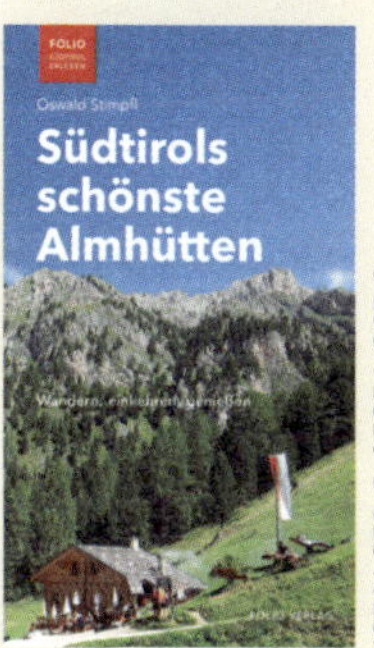

ISBN 978-3-85256-807-2

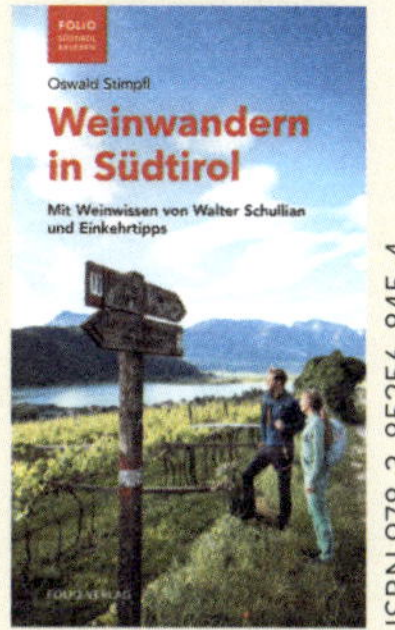

ISBN 978-3-85256-845-4

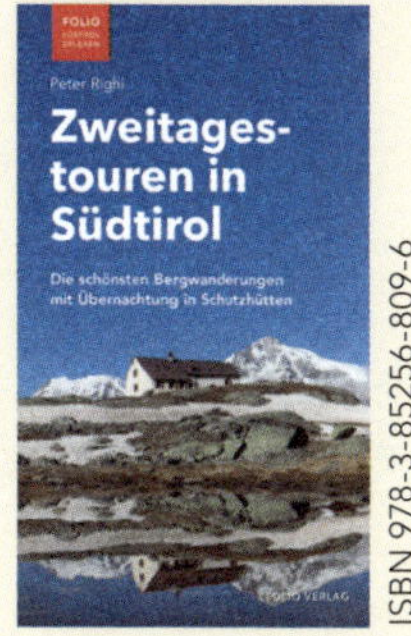

ISBN 978-3-85256-809-6

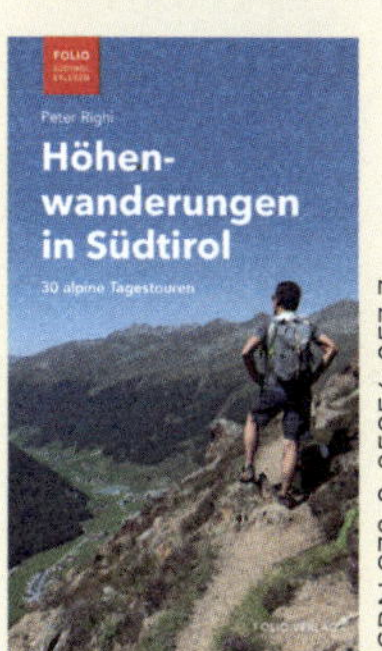

ISBN 978-3-85256-857-7

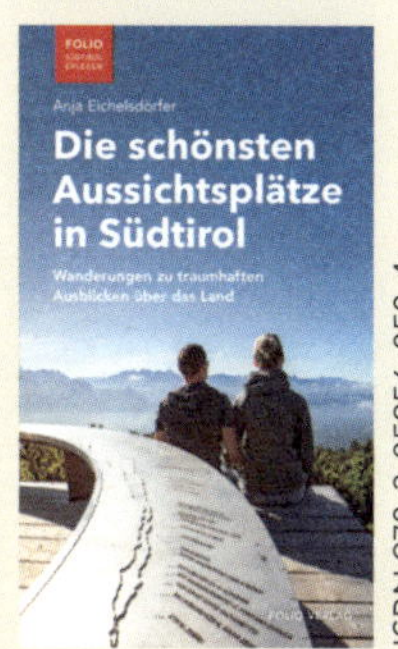

ISBN 978-3-85256-858-4

www.folioverlag.com

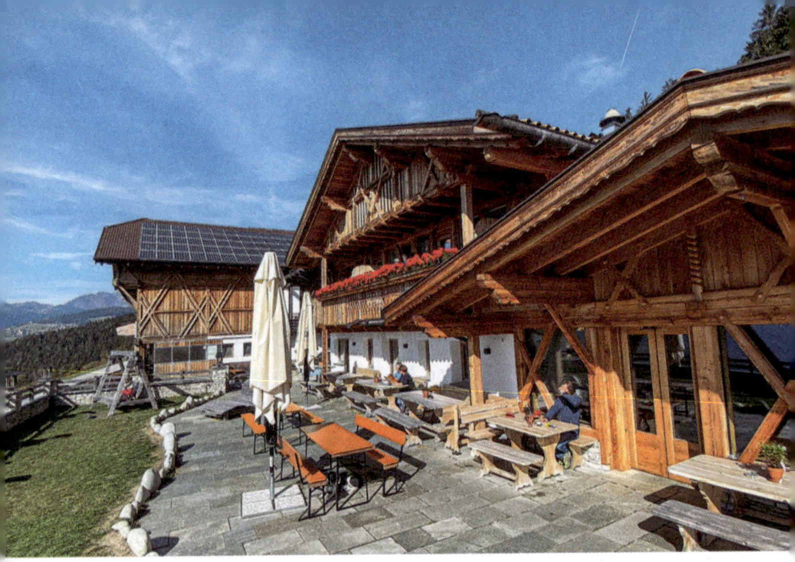

37 Zum Ahner oberhalb von Rodeneck

Im Norden des Brixner Beckens liegt das Hochplateau mit den Dörfern Elvas, Raas und Natz-Schabs. Durch die hohen Berge des Alpenhauptkammes geschützt, öffnet es sich nach Süden, der Sonne entgegen. Im Osten, vom Graben der Rienzschlucht getrennt, setzt sich die wellige Hochfläche fort, um im Rücken des Dorfes Rodeneck allmählich anzusteigen. Dort, wo in der Höhe die Wiesen enden und der Waldgürtel beginnt, liegen auf 1.350 m die verstreuten Höfe vom Ahnerberg mit dem Ahnerhof.

Am Haus startet ein gemütlicher Rundweg, das erste Stück ist auch mit Kinderwagen befahrbar. Er ist als „Ahners Naturerlebnisweg" ausgeschildert, rot-weiß markiert und führt am Wald- und Wiesenrand zuerst eben nordwärts, bis er rechts abbiegt. Wir sind jetzt auf dem Rückweg, es geht zuerst bergauf in den Wald, unterhalb eines kleinen Waldteiches vorbei und zur asphaltierten Straße zur Rodenecker Alm. Wir folgen dieser nun bergab und kommen allmählich wieder zum Ahner zurück.

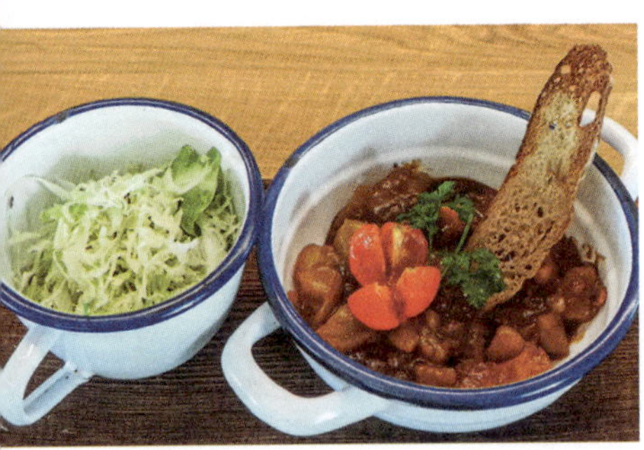

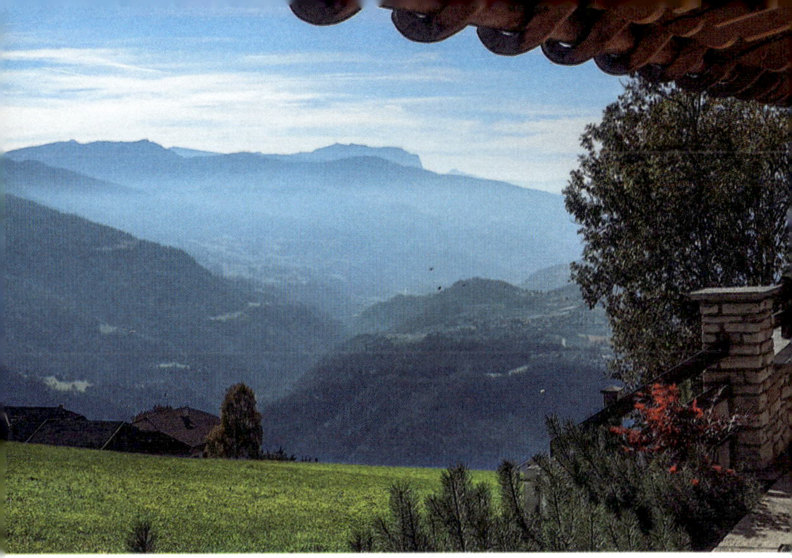

Ahner-Berghof

Unser Ziel ist der große, vor einigen Jahren großzügig ausgebaute Ahner, Bauernhof und Gastwirtschaft, am Ahnerberg nahe der Straße zur Rodenecker und Lüsner Alm gelegen. Der Hofschank thront am Sonnenhang in schönster Aussichtsposition mit Prachtblick zu den umliegenden Bergketten und übers Eisacktal. Es ist eine uralte Hofstelle, bereits vor vielen Jahrhunderten stand hier ein Bauernhof, der dem Klarissenkloster von Brixen zinspflichtig war. Seit dem 18. Jh. wird er von derselben Familie bewirtschaftet. 2002 übernahm Armin Klammer, erst 18-jährig, das Ruder. Der Hof wurde Zug um Zug modernisiert und präsentiert sich jetzt als stattliches Landhotel mit Terrassen, Badeteich, Liegewiese und großem Kinderspielplatz. Armins Frau Simone stammt aus einer Hoteliersfamilie und kann ihre Erfahrung im Hofschank und dem Bauernladen vom Ahner gut einsetzen. Vieles für die Küche, hauptsächlich Fleisch,

TIERWOHL BEIM AHNER

Um sich dem zweiten Standbein, dem Tourismus, besser widmen zu können, ließ Armin den alten Stall ausbauen und um eine große Halle erweitern, die als Laufstall für 35 Milchkühe dient. Die Tiere haben viel Platz und eigene Liege-, Fress- und Bewegungsbereiche. Sie sind mit einem Chip ausgestattet, ein Melkroboter übernimmt das Melken, so haben Armin und Simone mehr Zeit, sich den Gästen zu widmen. Bei Hofführungen können sich Besucher ein Bild vom Wohlbefinden der Tiere machen.

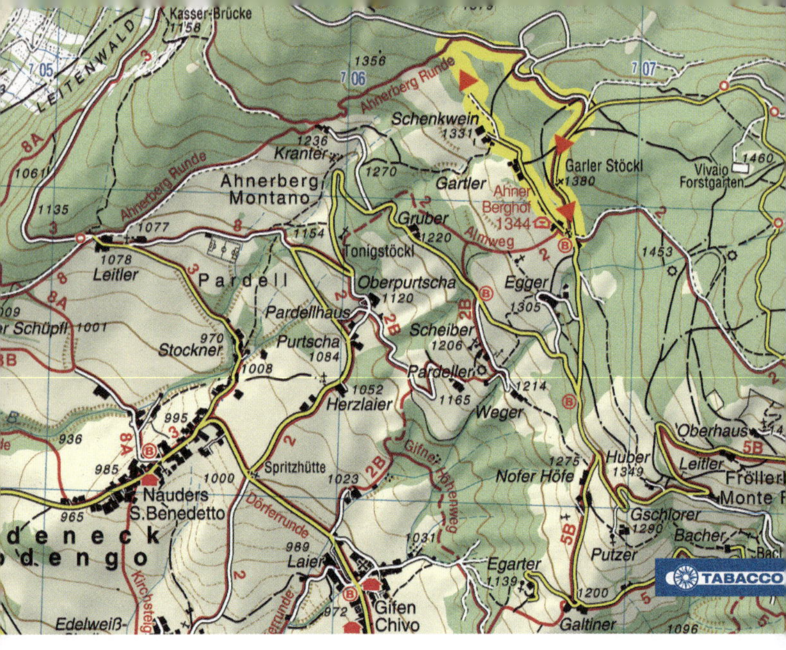

kommt vom eigenen Hof. Die Speisekarte mit den traditionellen Südtiroler Speisen wie Schlutzkrapfen, Kartoffelteigtaschen und Knödel wird je nach Jahreszeit und Verfügbarkeit um Pilz- oder herbstliche Kürbisgerichte erweitert. Im Spätherbst sind Selchfleisch, Hauswurst und Rippchen angesagt, auch gibt es Gulasch und Burger. Beliebt ist die Brettlmarende mit hauseigenem Speck, Kaminwurzen, Grau- und Frischkäse. Das Kräuterbrot und die Eierbandnudeln sich ebenfalls hausgemacht, Sirupe und Säfte können im Hofladen erworben werden.

☞ Ahner-Berghof, Ahnerberg 106, Rodeneck, Tel. 0472 454158 oder 348 7447690, www.ahner-berghof.com, ganzjährig geöffnet, warme Küche 11–14, 18–20 Uhr, im Winter Mo. und Di. Ruhetag, Vorbestellung erwünscht.

INFOS IN KÜRZE

40 min
65 Hm
2 km
Beim Ahner
In Mühlbach, am Eingang des Pustertales, von Brixen oder der Autobahnausfahrt Brixen-Pustertal kommend rechts in Richtung Rodeneck abbiegen, dabei die Rienz überqueren. Nach ca. 2 km links abbiegen und der Beschilderung nach Nauders und Rodenecker Alm bis zum Ahner-Berghof folgen.

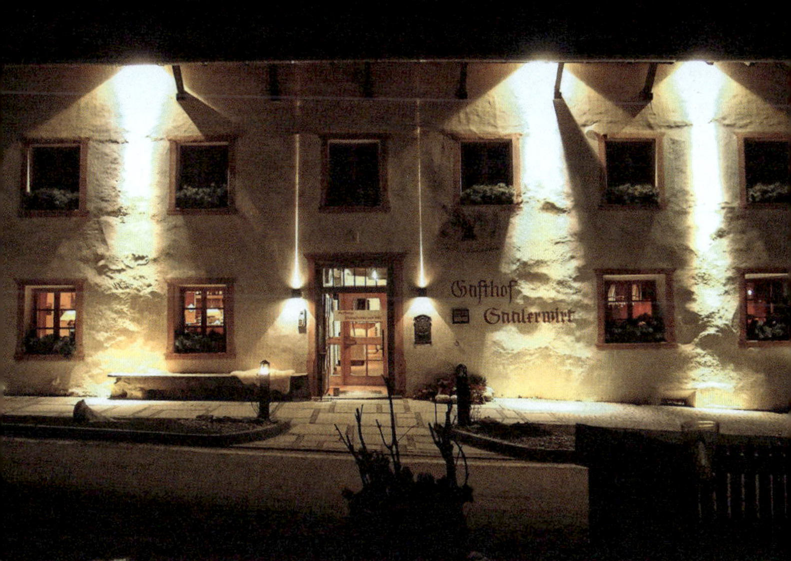

38 Zum Saalerwirt in Maria Saalen

Am Eingang zum Gadertal liegt der verträumte Weiler Maria Saalen, ein wunderbares Ensemble von wenigen Bauernhöfen, einer barocken Wallfahrtskirche und einem stattlichen Landgasthof. Von St. Lorenzen bei Bruneck führt unser Weg dorthin, mit schönen Ausblicken auf den Brunecker Talkessel und die Gipfel des Alpenhauptkammes im Norden, vorbei an einer wehrhaften Burg.

Vom Dorfplatz in St. Lorenzen gehen wir südostwärts über die J.-Renzler-Straße zum Dorf hinaus, unter der Bahnunterführung durch und – Achtung! – nach links. Nach 50 Metern zweigt der Steig Nr. 1 ab, er geht am Waldrand über den Stefansdorfbach und die Klamm. Über Wiesen und durch lockere Siedlungen gehen wir auf die stolze Michlsburg (1091 erbaut, privat, nicht zu besichtigen) zu und umgehen sie auf der Südseite. Nach einer kleinen Senke geht es nun durch Wald bergauf, bei den Wiesen des Birchhofes wandern wir hinab zur Häusergruppe von Maria Saalen. Kirche und Gasthof liegen direkt an der alten, einst viel begangenen und befahrenen Straße ins Gadertal, die an der Bergflanke die Dörfer verband. Heute verläuft eine moderne, breite Autostraße im Talgrund. Nach der Überquerung der Straße bringt uns der Waldweg Nr. 9 beim Gasthaus zügig bergab zur Gader, wir folgen der rechten

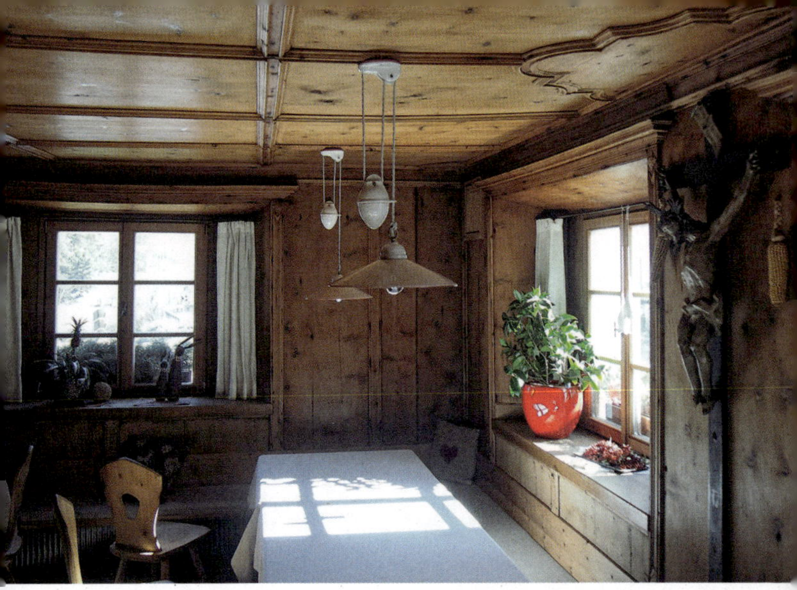

Bachseite, bei der Brücke verlassen wir den Weg Nr. 9 und gehen nun (Nr. 1) durch die Gewerbezone zum Dörfchen Pflaurenz und weiter nach St. Lorenzen zurück.

 **Saalerwirt**

Im einstigen Gasthof und Hospiz kehrten früher fromme Pilger und Fuhrleute ein, heute versorgen tüchtige Wirtsleute im gemütlichen Gasthaus und Hotel die Gäste. Die Speisekarte verbindet hervorragend die italienische mit der verfeinerten regionalen, bodenständigen Küche, die Mitgliedschaft in der Vereinigung „Südtiroler Gasthaus" ist eine zusätzliche Qualitätsgarantie. Senior Hans Tauber hat

WALLFAHRTSKIRCHE MARIA SAALEN

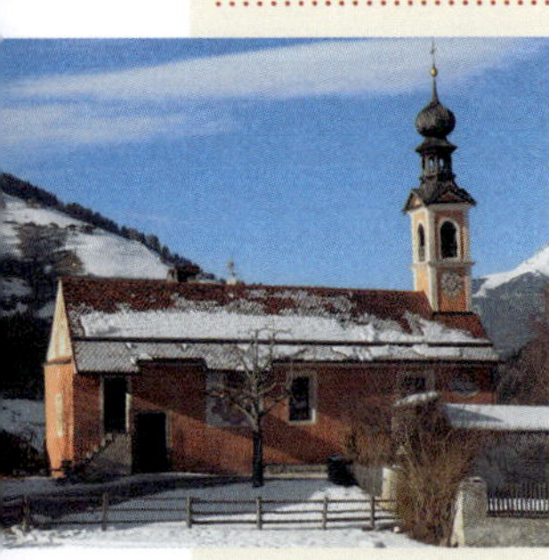

Die Kirche Maria Saalen zählt zu den bedeutendsten Wallfahrtsorten des Pustertals, sie birgt als Sehenswürdigkeit die Nachbildung der schwarzen Muttergottes mit dem Christuskind von Loreto. Gleichzeitig wird der hl. Silvester verehrt, er war für die Gesundheit des Viehs zuständig. Seine Statue steht neben dem Altar, zu seinen Füßen befindet sich der Kopf eines Stiers, sein Symboltier. Auf den Votivbildern sind neben der Muttergottes auch Haustiere zu sehen.

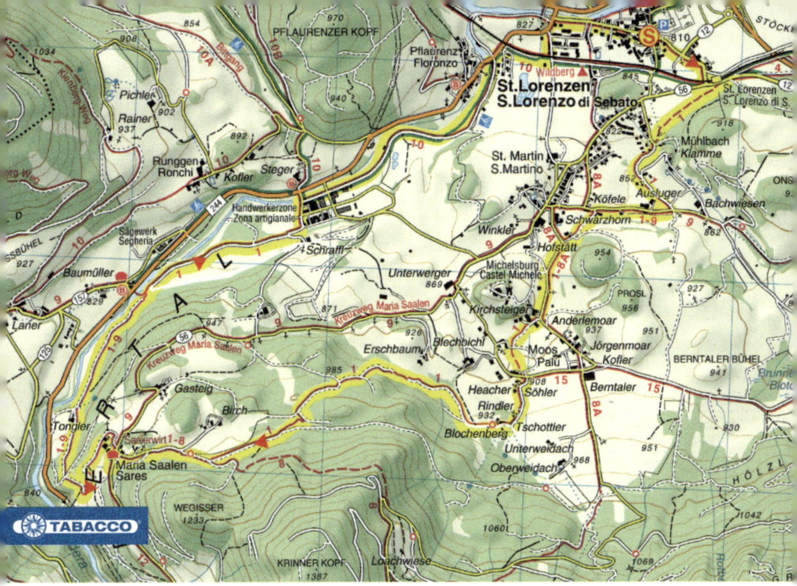

die Aufsicht über die Küche, Sohn Gabriel ist als Sommelier für die Weine zuständig, die Hauskonditorei liefert herrliche Mehlspeisen. Zum Gasthaus gehört auch ein Bauernhof, das meiste Fleisch stammt von den eigenen Tieren, es werden möglichst alle Teile verwertet, so gibt es nicht nur Schnitzel, Gulasch und Braten, sondern auch Leber, Bries oder Beuschel.

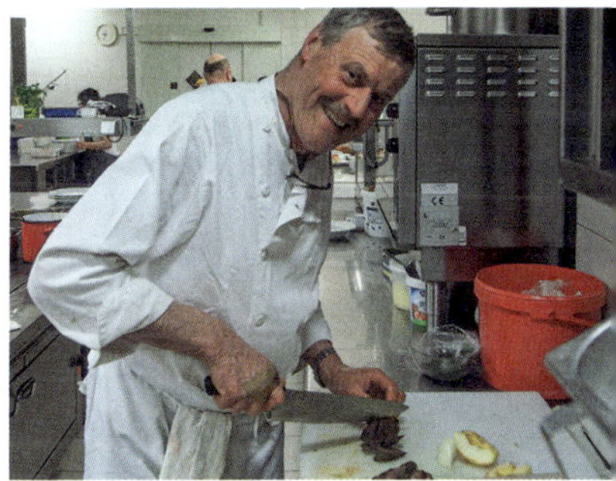

☞ Saalerwirt, Saalen Nr. 4, St. Lorenzen, Tel. 0474 403147, www.saalerwirt.com, Restaurant mittags 12–14 Uhr, abends 18.30–20 Uhr geöffnet, Di. und Mi. Ruhetag.

INFOS IN KÜRZE

3 h 10 min
265 Hm
10,6 km
St. Lorenzen, 803 m
Anfahrt über die Pustertaler Straße SS49 bis St. Lorenzen. Parkplatz beim Bahnhof.
St. Lorenzen ist gut ans Bahn- und Busnetz angebunden, Fahrplan: www.suedtirolmobil.info.
Wer mit dem Auto zum Kirchlein fahren möchte, folgt ab dem Bahnhof für 4,1 km den Schildern der LS56 nach Maria Saalen.

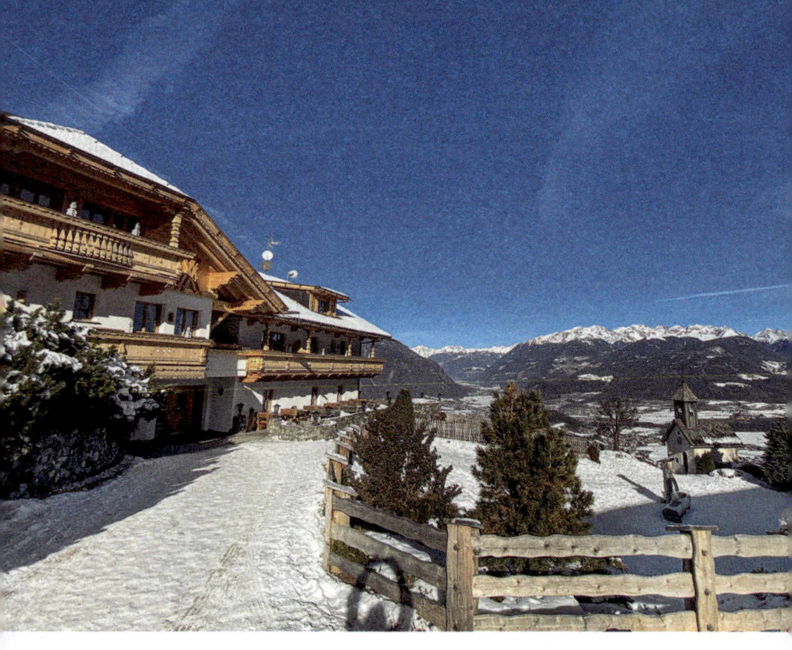

39 Zum Almdorf Haidenberg am Kronplatz

Auf dem Nordhang vom Kronplatz liegt auf einer Geländeschulter ein Bauernhof, der von den Besitzern großzügig umgebaut und erweitert wurde und jetzt den Namen Almdorf Haidenberg trägt. Man darf sich keine kleine, urige, rustikale Alm mit Weidevieh, Hirten und Senner erwarten: Wir treffen hier auf einen touristisch hoch entwickelten Betrieb mit mehreren schindelgedeckten Holzhütten, Haupthaus, Bar und Restaurant, Gäste-Appartements, Wellnessbereich und einer Reihe von Chalets mit Ferienwohnungen. Alles ist im alpin-barocken Stil eingerichtet, mit viel Holz, Türmchen und viel Dekoration.

Ausgangspunkt der Wanderung ist das Dörfchen Stefansdorf am Fuß des Kronplatzes. An der Kirche vorbei geht der Wanderweg (Nr. 4) über die Wiesen auf den Wald zu, wird steil, stößt auf die Autozufahrt nach Haidenberg und folgt ihr ein gutes Stück. Er verlässt die Autostraße wieder, biegt rechts in den Wald ein und kürzt so zwei Kurven ab. Nun geht es zügig bergauf durch den dunklen Fichtenwald. In Sichtweite des Almdorfes führt das letzte Stück über die Wiesen, die zum Bauernhof gehören, erst jetzt öffnet sich der wirklich beeindruckende Weitblick über den Brunecker Talkessel und den hohen Bergen des Alpenhauptkamms.

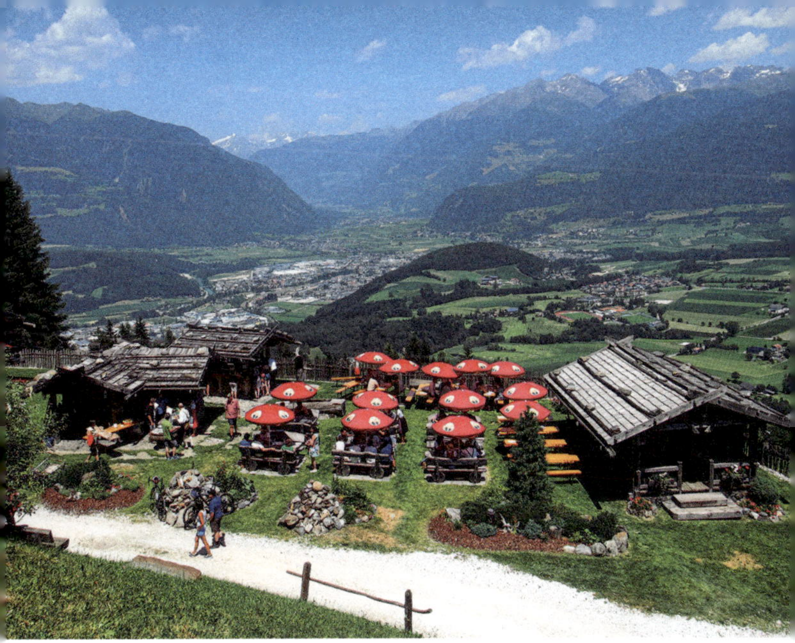

Almdorf Haidenberg

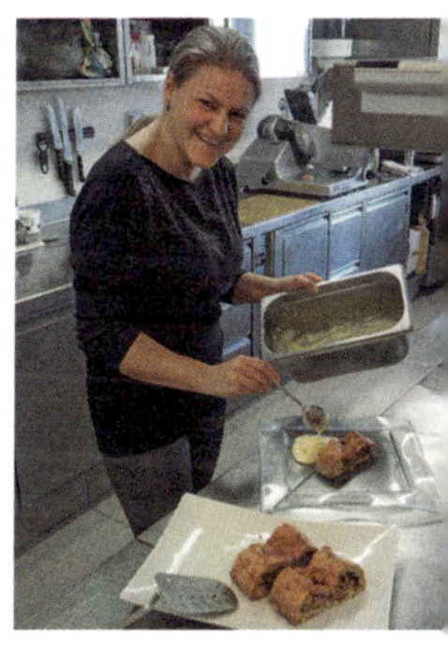

Haidenberg ist eine alte Hofstelle, in den 1950er-Jahren ist der Bauernhof abgebrannt, die Besitzer zogen daraufhin weg. Die Familie Dorfmann aus Feldthurns hat den Hof erworben, wieder aufgebaut und den Gastbetrieb eröffnet. Die Aufsicht in der Küche hat Gerda, gelernte Köchin, ihr Mann Robert ist für die Landwirtschaft und für die musikalische Unterhaltung der Gäste mit der Ziehharmonika zuständig. Musik war jahrelang sein Metier, er tourte mit einer Band durchs Land, ehe er am Heimathof sesshaft wurde. Roberts Schwester Annemarie ist

DIE HAUSKAPELLE

Etwas unterhalb des Hauses steht die kleine Hauskapelle, im 18. Jh. von dem damaligen Besitzer André Falkensteiner für die tägliche Andacht erbaut und Maria der Schmerzensreichen geweiht. Nach der Renovierung in den 1980er-Jahren erstrahlte das Mini-Kirchlein in neuem Glanz, Fresken von Christian Renzler, einem Mitglied der bekannten Malerdynastie aus St. Lorenzen, schmücken es aus. Im Tonnengewölbe ist Maria, die mit ihrem Mantel die Besitzerfamilie mit ihren vielen Kindern beschützt, dargestellt.

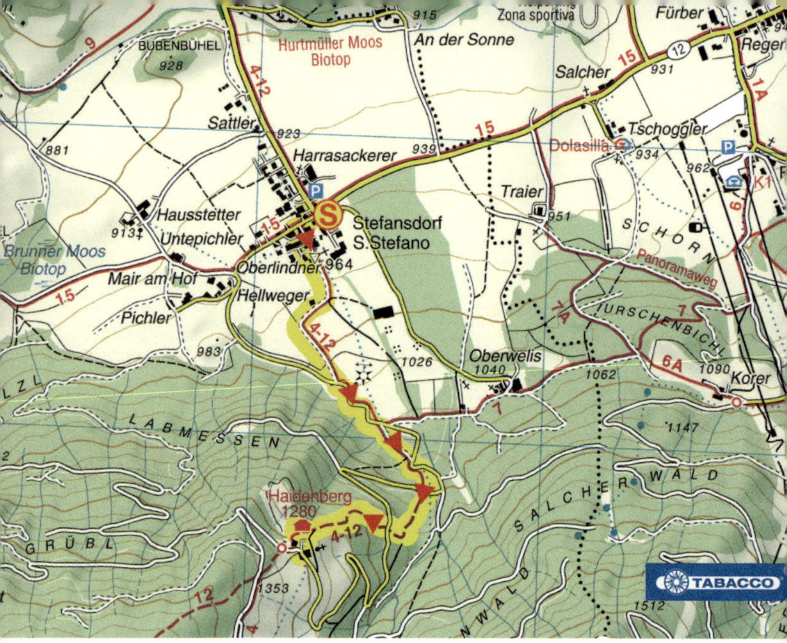

die gute Seele und hat alles im Blick. Da Haidenberg nicht an den Skipisten liegt, herrscht im Sommer Hochsaison mit vielen Tagesgästen. Aus der Küche kommen traditionelle, bodenständige Gerichte: Knödel, Schlutzkrapfen, Kaiserschmarrn, Omelettes, Strudel, Gulasch, Gegrilltes, Wild. Italienische Gäste lieben die Polenta, sie wird im großen Kupferkessel gekocht, dazu werden natürlich Pilze gereicht. Die Einheimischen loben die üppigen Grillgerichte. Alle schätzen den schönen Platz, das alpin-rustikale Ambiente und die prächtige Aussicht. Jeden Mittwoch werden die „Pustra Breatln", ein Roggenbrot, nach Familienrezept im alten Steinofen gebacken. Zwei der Hütten können für Hochzeiten, Jahrgangs- und Familienfeiern gemietet werden.

☞ Almdorf Haidenberg, Stephansdorf 35, St. Lorenzen, Tel. 0474 548062, www.haidenberg.it, Apr. und Nov. geschlossen, kein Ruhetag.

INFOS IN KÜRZE

1 h (Hinweg)
360 Hm
2,2 km (Hinweg)
Stefansdorf, bei der Kirche, 950 m

Von der Pustertaler SS49 in Bruneck-Süd ausfahren, den Schildern Kronplatz und dann Stefansdorf für 3,7 km folgen. Parkplatz im Dorf, nahe dem Kindergarten.

Bus Bruneck Reischach Gondelbahn, Fahrplan: www.suedtirolmobil.info.

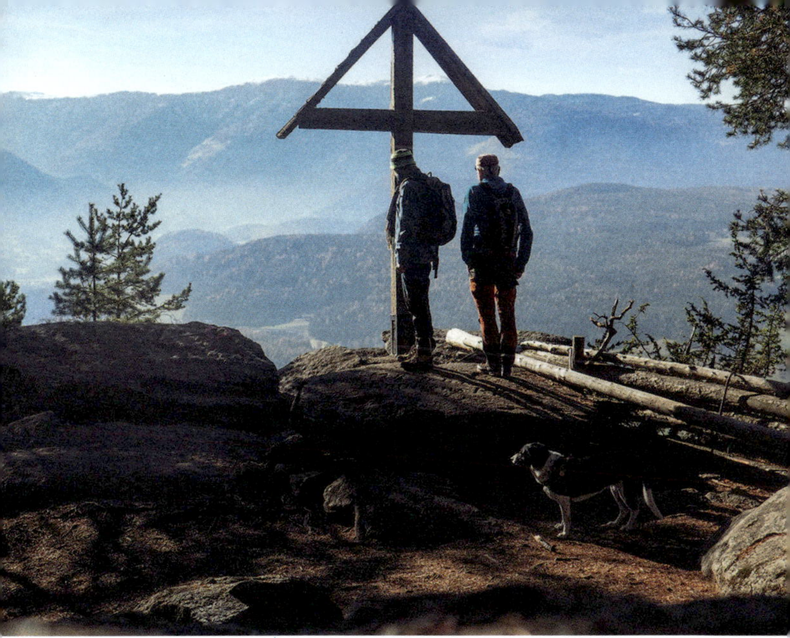

40 Zum Gasthof Oberraut in Amaten

Auf der Sonnenseite des Brunecker Talkessels schmiegt sich der Weiler Dietenheim in günstiger sonniger Lage an den Bergfuß. Etwas erhöht breitet sich eine kleine Wiesenterrasse mit den Einzelhöfen von Amaten aus, einer davon, der Oberraut, ist ein Gasthaus mit bekannt guter Küche und unser Ziel.

Am Sportplatz in Dietenheim beginnt unsere Wanderung, wir folgen der Markierung Nr. 4. Nach wenigen Minuten zeigt ein Pfeil zum geheimnisvollen Franzosenfriedhof im Wäldchen unterhalb der Straße, den wir kurz besichtigen. Wieder zurück am Weg geht es

DER FRANZOSENFRIEDHOF

Neben dem Aufstiegsweg erinnert ein kleiner Waldfriedhof mit Holzkreuzen und Gedenktafeln an ein kriegerisches Ereignis von 1809, als sich hier im Dezember Tiroler Schützen ein Gefecht mit den Soldaten des französischen Heeres lieferten. Anzahl und Namen der Toten sind nicht bekannt, es sollen hier neun oder elf Gefallene – Franzosen, Bayern oder Sachsen – begraben worden sein.

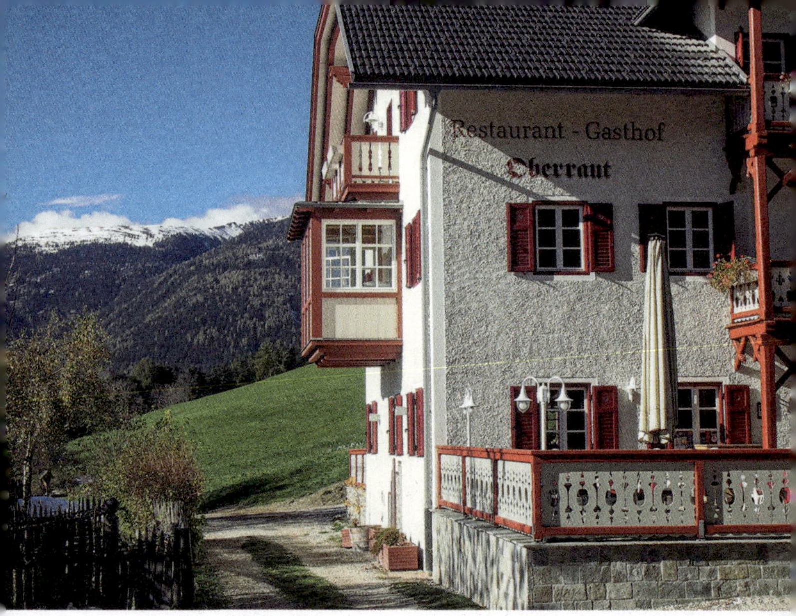

kräftig bergauf. Auf der Höhenterrasse mit den weiten Wiesen beim Gasthof Oberraut angelangt, genießen wir die prächtige Aussicht. Nach der Einkehr queren wir den Wiesenhang (Markierung 5A), der Weg taucht in den Wald ein und geht bergab, die Richtungsschilder geben Gais als Ziel an. Bei einer Weggabelung treffen wir auf die Markierung „Aufhofener Kofel", Nr. 4A, wir folgen ihr in südwestliche Richtung bis zum Aussichtspunkt bei einem markanten Felsvorsprung mit großem Holzkreuz und einem unglaublichen Panorama über den Brunecker Talkessel. Ein Steig führt nun in östliche Richtung und mündet in den Wanderweg Nr. 4A, der durch den Wald, zum Huber-Hof und nun auf kurzer Asphaltstraße über weite Wiesen zum Ausgangspunkt beim Sportplatz zurückführt.

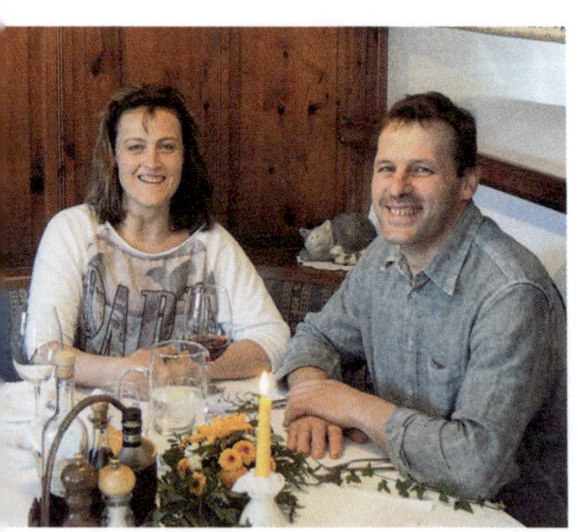

Gasthof Oberraut

Der Oberraut liegt inmitten großer Wiesen, eine Insel der Ruhe, wenige Minuten vom Trubel des Städtchens Bruneck entfernt. Chef Christof Feichter ist ein Quereinsteiger, der als gelernter Schmied die Werkstatt mit der Küche vertauscht hat und sich in die Riege der Top-Köche Südtirols gekocht hat. So manches Rezept, wie jenes der Pusterer Tirtlan, die in einer Mini-

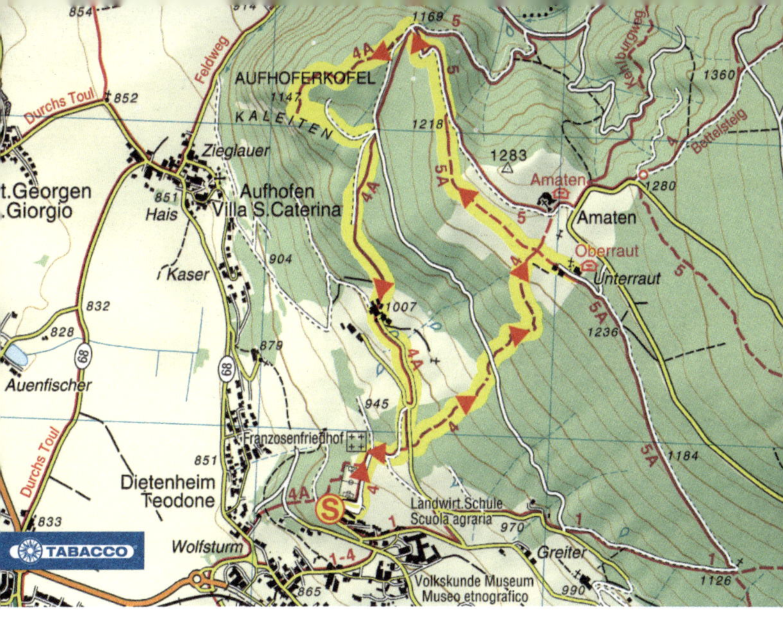

Version als „Gruß aus der Küche" auf die feinen Menüs einstimmen, geht auf seine Mutter Martha, Jahrgang 1932, zurück. Gattin Theresia kümmert sich „ein bissl um alles", Tochter Evelyn, mit solider Kochausbildung und Auslandserfahrung, ist dabei, die Fußstapfen ihres Vaters zu verlassen und einen eigenen Stil durchzusetzen. Sohn Philipp, Kochlehrer an der nahen Fachschule, hilft, wenn Not am Mann ist. Konsequent werden nur eigene Hofprodukte oder von bewährten Lieferanten aus der Nähe verarbeitet. Vom eigenen Garten, Acker oder aus dem Glashaus kommen Gemüse, Salate, Kräuter und Getreide. Die Weinkarte ist beachtlich und lässt kaum Wünsche offen. Die Mitgliedschaft im Verbund „Südtiroler Gasthaus" verpflichtet außerdem zu originaler Genusskultur.

☞ Gasthof Oberraut, Amaten 1, Bruneck, Tel. 0474 559977 oder 348 2290615, www.oberraut.it, Do. Ruhetag, Mitte Nov.–Mitte Dez. geschlossen.

INFOS IN KÜRZE

2 h
325 Hm
5,1 km
Sportplatz in Dietenheim

Auf der Brunecker Nordumfahrung bei Dietenheim ausfahren, den Schildern zum Sportplatz folgen, dort Parkplatz.

Busverbindung bis Dietenheim, Citybus Bruneck Linie 420, Fahrplan unter www.suedtirolmobil.info.

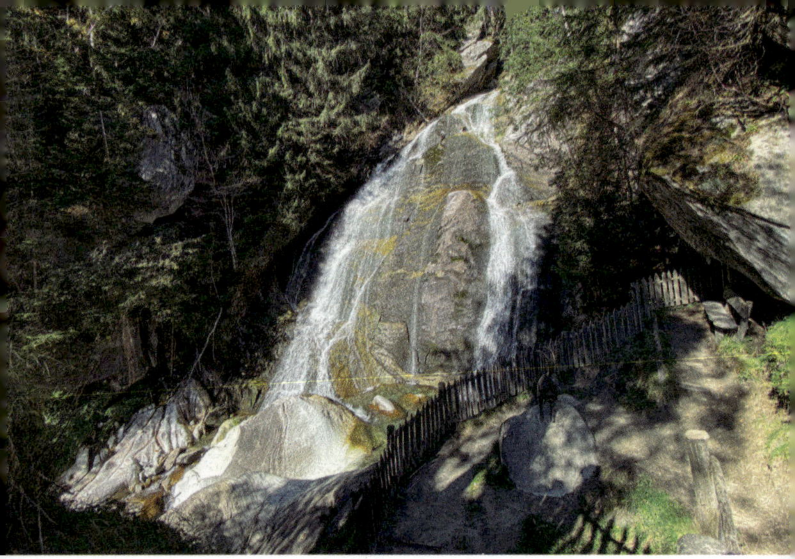

41 Zum Platterhof in St. Johann im Ahrntal

Das Ahrntal schiebt sich wie ein Finger in den Hauptkamm der Zillertaler Alpen vor und wird flankiert von mächtigen Dreitausendern. Auf der sonnigen Talseite bewirtschaften Bergbauern in mühevoller Arbeit die steilen Hänge. Ein hangquerender Wanderweg verbindet die einzelnen Höfe und Siedlungen auf dieser im Dialekt „Sunnsat“ genannten Sonnenseite. Vom Talgrund aus steigen wir zum oberhalb von St. Johann auf einer schmalen Geländeterrasse gelegenen Platterhof auf und erleben dabei hautnah die Einmaligkeit dieser Landschaft.

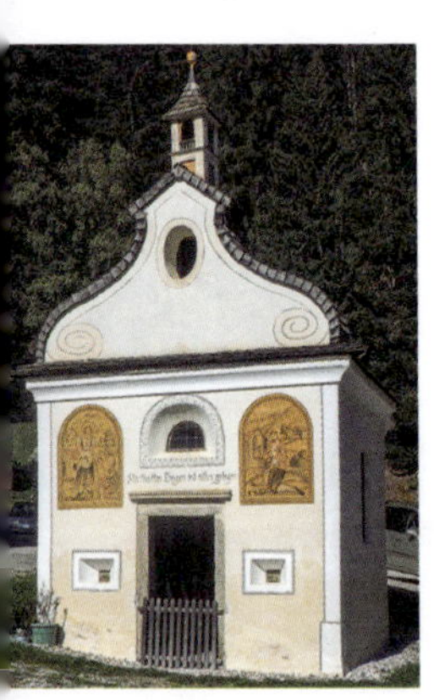

In Steinhaus beginnt an der Talstraße der Wanderweg Nr. 8, der uns stetig leicht bergauf zum Sunnsatweg bringt. Er geht an der Schule und hinter der Kirche vorbei zu den Mairhöfen und weiter zum Taleinschnitt des Frankbaches, hier bestaunen wir den mächtigen Frankbach-Wasserfall. Zurück am Aufstiegssteig erreichen wir nach einem kurzen Waldstück die Wiesen des Platterhofes auf 1.200 m. Der wieder breite Weg verläuft jetzt neben der mächtigen Felswand, der Platte, sie gab dem Hof den Namen. Kümmerliche Mauerreste weisen auf alte Kalkbrennöfen hin, das Gestein der Umgebung ist marmorartiger Kalk, der hier durch die Gebirgsbildung neben den Zentralgneisen des Hauptkammes zutage tritt. Nach der Einkehr und der Besichtigung der Hofkapelle treten wir den Rückweg über den Aufstiegsweg an.

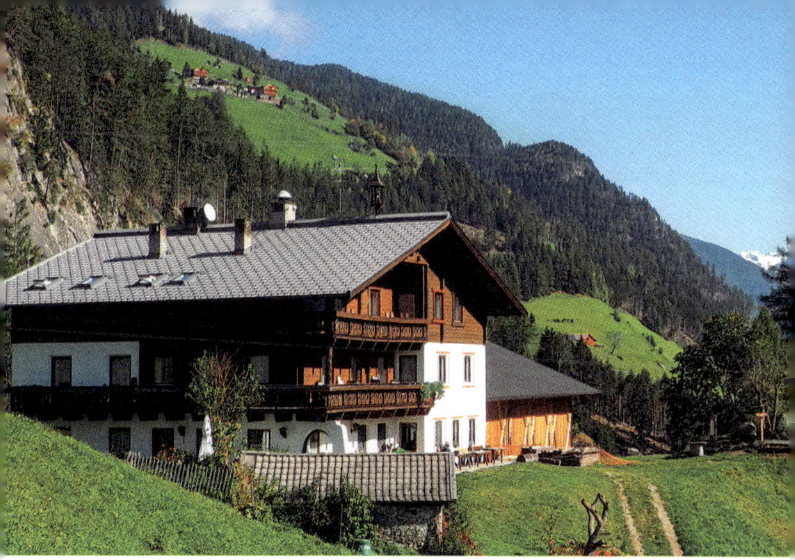

Berggasthof Platterhof

Der Platterhof, die Hofstelle stammt aus dem 15. Jh., ist ein richtiger Familienbetrieb, wo alle mit anpacken, um die Hotel- und die Tagesgäste, die bei ihren Wanderungen gern hier einkehren, zu versorgen. Vom eigenen Bauernhof kommt das Lamm- und das Rindfleisch, das in der traditionellen Küche verwendet wird. Mountainbiker greifen gern zum Kräutersmoothie, dem Frucht-Milchshake oder dem Sportlerjoghurt. Auf den

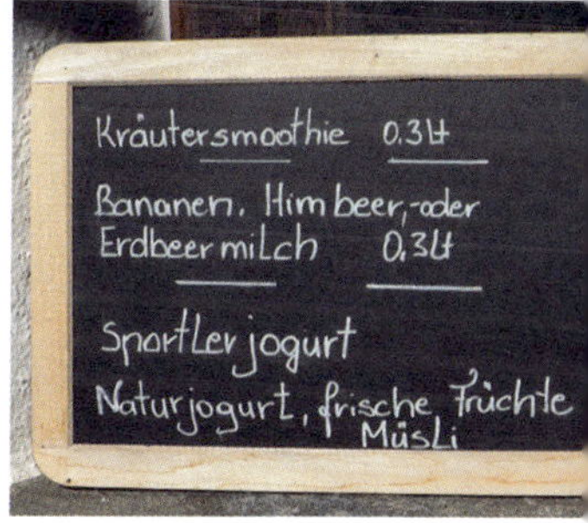

DER AHRNER HANDEL

Es ist augenscheinlich, dass die rosa getünchten Steinhäuser (daher der Dorfname) und die Kirche von Steinhaus etwas Besonderes sind. Es ist keine Bauernsiedlung, sondern war über ein halbes Jahrtausend der Handels- und Verwaltungssitz des weiter hinten im Tal gelegenen Kupferbergwerks. In Steinhaus waren Lager, Verwaltung und die herrschaftliche Residenz der Bergbauunternehmer untergebracht, das Gesamtunternehmen hieß Ahrner Handel.

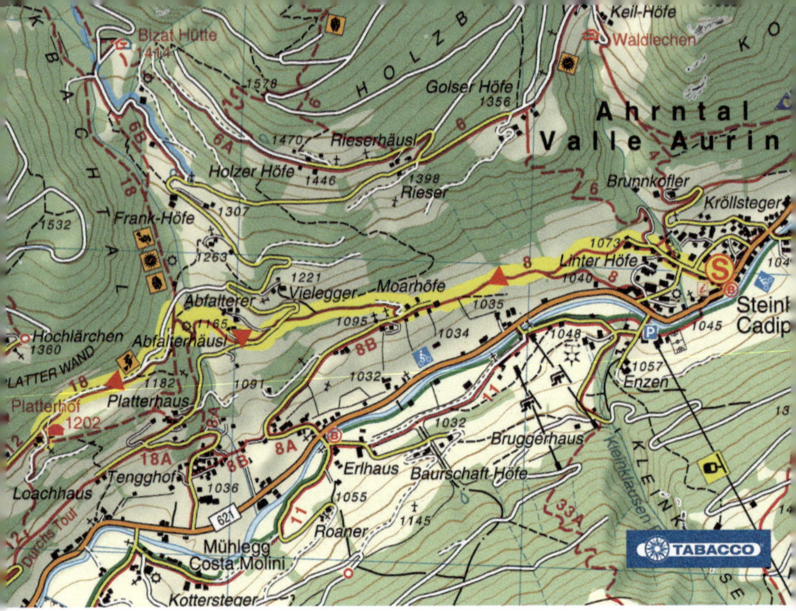

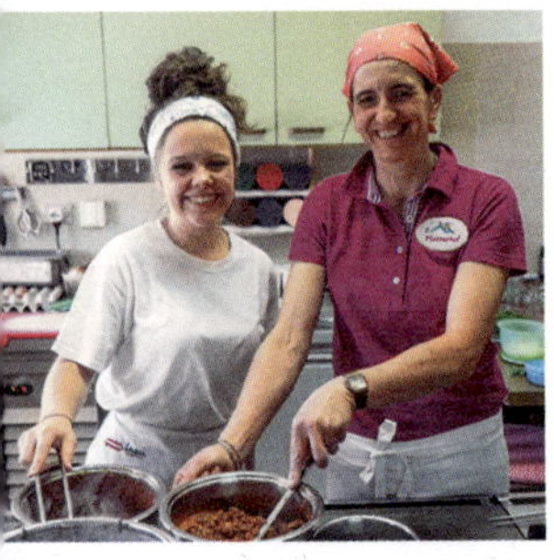

deftigen Jausentellern darf der lokale Graukäse mit Butter und Zwiebel nicht fehlen, bei den Nachspeisen ist der Apfelstrudel mit Mürbteig und besonders vielen Pinienkernen weitum bekannt. Der Gasthof ist auch ein beliebter Platz für Familienfeiern aller Art. Beim Haus steht eine kleine, mustergültig restaurierte Hauskapelle mit interessanten Fresken und wertvollen Statuen. Fragen Sie den Hausherrn Hans Hofer, Sie werden staunen, was er Ihnen alles dazu erzählen wird – das allein lohnt schon den Ausflug zum Platterhof!

☞ Berggasthof Platterhof, Bloßenberg 49, St. Johann, Tel. 0474 671255, www.platterhof.info, geöffnet 25. Dez.–Okt. täglich durchgehend warme Küche bis 19,30 Uhr, Mo. Ruhetag.

INFOS IN KÜRZE

1 h (Hinweg)
150 Hm
3 km (Hinweg)
Steinhaus, an der Talstraße, bei der Kirche

Auf der SS621 bis Steinhaus im Ahrntal. Parkplatz am südlichen Dorfrand, an der Talstation der Liftanlagen.

Bus der Linie Bruneck-Kasern, Fahrplan unter www.serbus.it.

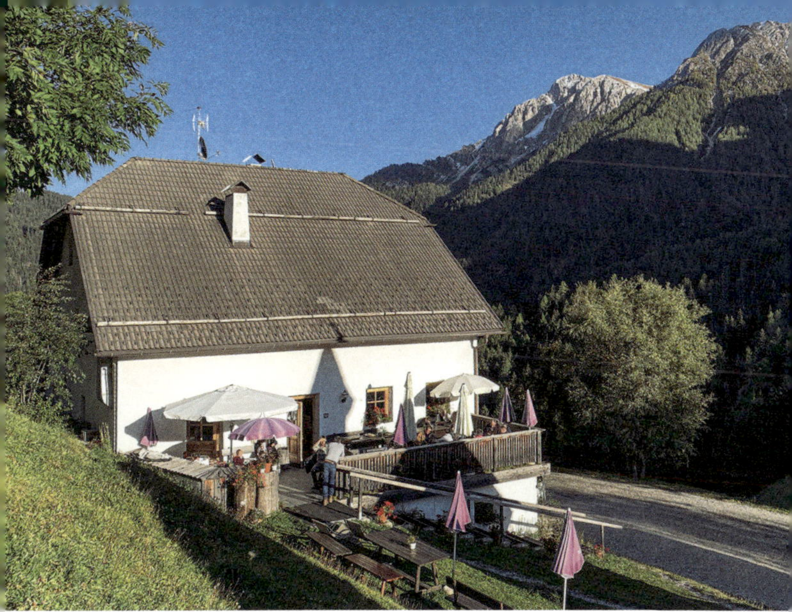

42 Nach Geiselsberg zum Gasthaus Trattes

Vom Osthang des bekannten Skiberges Kronplatz bietet sich ein schöner Blick auf den weiten Olanger Talkessel. In dieser Bergkulisse unternehmen wir eine Wanderung etwas abseits des Trubels des Tourismuskarussells mit Seilbahnen, Pisten und Hotelburgen. Dabei entdecken wir einen authentischen Berggasthof und einen bereits den Römern bekannten Ort mit besonderer Heilkraft, das „Bad Bergfall".

Ausgangspunkt der Wanderung ist Bad Bergfall. Wir schauen uns das schöne Ensemble aus Badehaus, Hotel, Kapelle, Naturkegelbahn, Gastgarten und Kinderspielplatz etwas genauer an. Dann geht unser Weg am Bach entlang und auf einer breiten Forststraße (Markierung mit Nr. 3, „Schwefelquelle") leicht bergauf. Nach einer halben Stunde liegt die Schwefelquelle am Weg, eine Tafel erzählt über Wirkung und Bedeutung des Heilwassers. Wir überqueren den Bach, die Trasse schwenkt nach rechts und geht über Felder auf das Berggasthaus Trattes zu. Nach der Einkehr wandern wir eben bis zum Anschluss an die Autostraße, folgen bergab ganz kurz den Leitplanken und biegen dann rechts ab (Markierung 4, „Bad Bergfall", „Hof Gruns"). Durch Wiesen und ein Wäldchen geht es flott hinab zum Ausgangspunkt am Bad Bergfall, das bereits in Sichtweite ist.

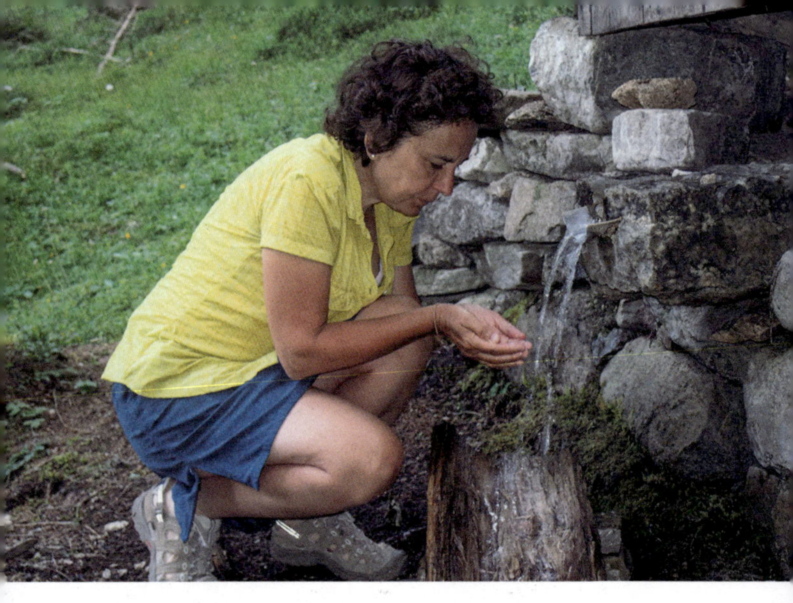

Berggasthof Trattes

Der Bauernhof geht auf das 18. Jh. zurück, 1987 wurde der Gastbetrieb eröffnet. Seit 2012 sind die „Jungen" der Familie Oberhauser am Zug, Franz-Josef steht in der Küche, Barbara kümmert sich um den Service. Es ist ein traditionelles Tiroler Gasthaus, ganz so, wie es sich die Gäste wünschen: mit gemütlicher, getäfelter Gaststube und bodenständiger Hausmannskost samt regionalen Köstlichkeiten

WO DIE RÖMER BADETEN

Vor Jahrhunderten war das Heilbad Bad Bergfall weit über Olang hinaus bekannt. Archäologische Funde von römischen Münzen und Schmuckstücken aus der Zeit Kaiser Vespasians (1. Jh. n. Ch.) belegen, dass dieser Ort auch zur Zeit der Römer aufgesucht wurde. Nun wurde das Badehaus umgebaut und der Betrieb wieder aufgenommen. Das Quellwasser zeichnet sich durch einen besonders hohen Mineralgehalt aus und hat anerkannt heilende Wirkung. Neben dem Gastbetrieb und dem Badehaus wurde einst auch für das seelische Wohl gesorgt: Vor ca. 200 Jahren wurde eine kleine, dem hl. Theobald geweihte Kapelle errichtet.

Gasthof und Badbetrieb Bad Bergfall, Bad Bergfallweg 5, Olang-Geiselsberg, Tel. 0474 592084, www.badbergfall.com, ganzjährig geöffnet, Badebetrieb ist auch für Tagesgäste möglich, am besten melden Sie sich zu Beginn der Wanderung für eine wohltuendes Bad auf dem Rückweg an!

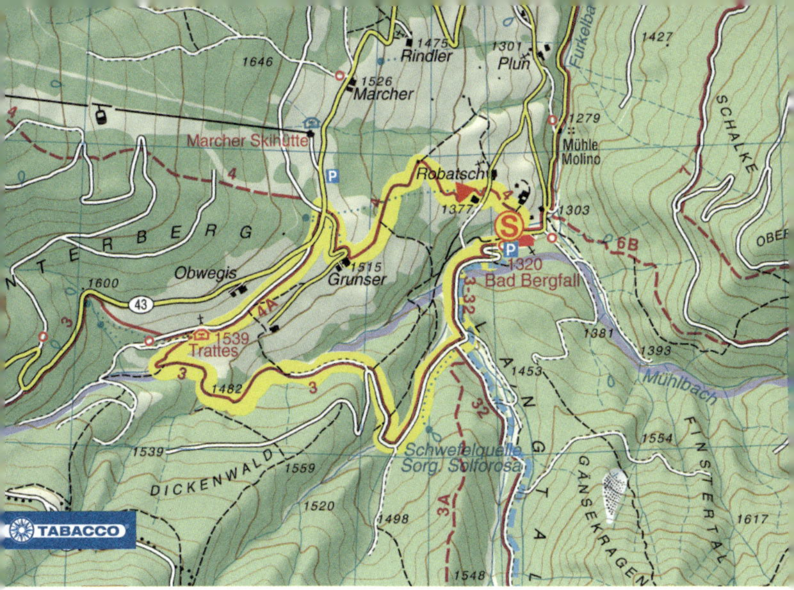

vom Chef persönlich zubereitet. So gibt es Klassiker wie Gulasch, Schlutzkrapfen, Speck- und Leberknödel, Nocken oder Kaiserschmarrn, geradezu berühmt sind die Wiener Schnitzel.

Sehenswert ist die kleine Kapelle nebenan, die dem Gedächtnis der sieben Schmerzen Mariens geweiht ist. Sie wurde in den 1980er-Jahren vom Besitzer wegen eines Gelöbnisses, das erhört wurde, erbaut.

☞ Berggasthof Trattes, Furkelstraße 24, Geiselsberg-Olang, Tel. 0474 592010, www.trattes.it, Sa., So. und an Feiertagen geöffnet, mittags 12–14 Uhr, abends 18–20 Uhr (ausschließlich auf Vormerkung).

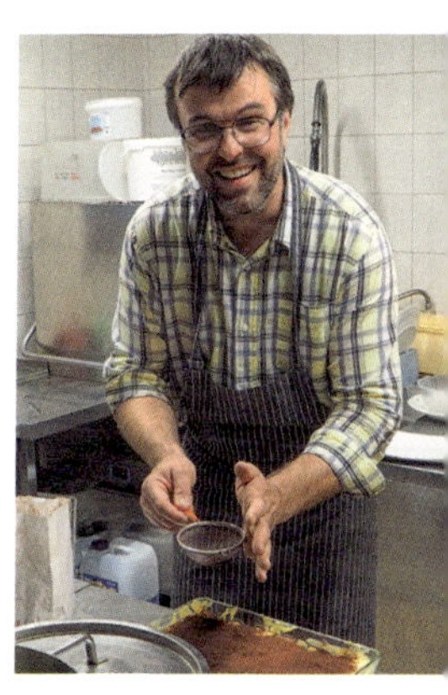

INFOS IN KÜRZE

- 1½ h
- 235 Hm
- 4,3 km
- Beim Bad Bergfall
- Von der Pustertaler Staatsstraße bei Olang abbiegen und den Hinweisschildern zu den Liftanlagen Kronplatz folgen. Am Parkplatz der Kronplatz-Seilbahn „Gassl" vorbei, am Furkelbach entlang in Richtung Süden 1 km zum Bad Bergfall fahren. Parkplatz beim Hotel Bad Bergfall.
- Citybus Nr. 435 von Olang bis Gassl, Talstation Gondelbahn. Fahrplan: www.suedtirolmobil.info.

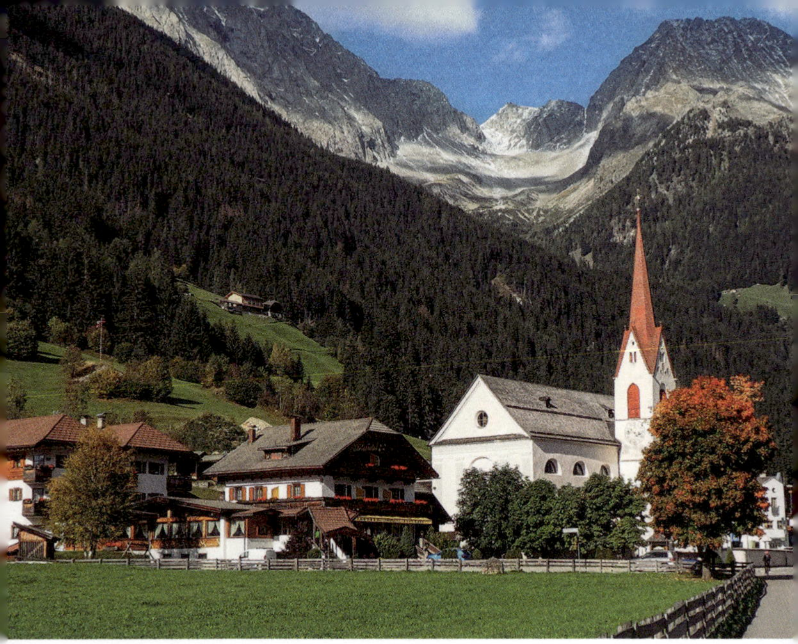

43 Zu den Eggerhöfen in Antholz

Das idyllische, waldreiche Antholzer Tal wird am Alpenhauptkamm von der mächtigen Rieserfernergruppe mit Hoch- (3.436 m) und Wildgall (3.273 m) nach Norden hin abgeschirmt. In der Talmitte, zwischen dem Antholzer See am Talschluss und Niedertal am Eingang des Tales liegt Antholz-Mittertal, die größte der drei Antholzer Ortschaften und gleichzeitig der Hauptort. Am nördlichen Dorfrand, am Fuße der bewaldeten Bergflanken und inmitten fruchtbarer Wiesen befindet sich die Häusergruppe der Eggerhöfe, unser Ziel.

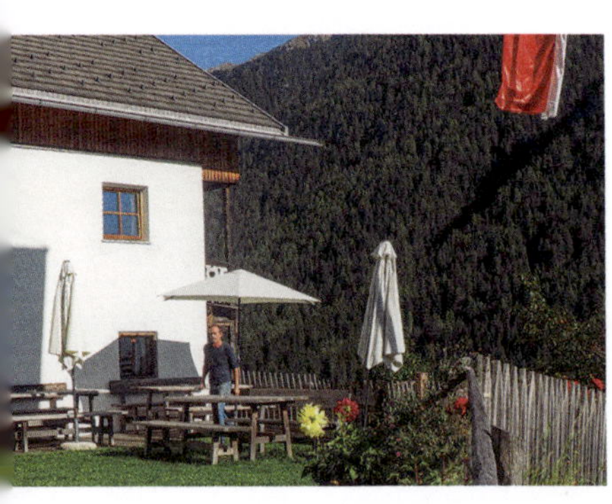

Für unsere Rundwanderung starten wir am großen Parkplatz bei der Sportzone, ein Knoten- und Startpunkt für einige Wanderwege. Wir orientieren uns an der Panoramatafel und folgen den Wegweisern „Dorfrunde". Auf der schmalen, kaum befahrenen asphaltierten Höfezufahrt geht es in Kurven bergauf, eine der Kehren kann abge-

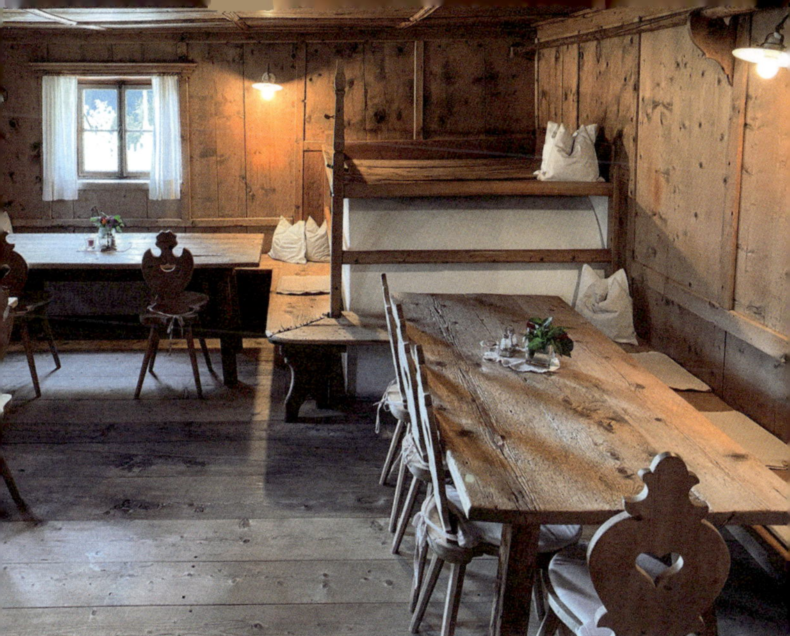

kürzt werden, nach 20 Minuten erreichen wir das kleine Plateau mit den Eggerhöfen, einer Häusergruppe mit alten Wirtschaftsgebäuden und einem modernen Neubau, wo wir einkehren. Hier haben wir fast die Höhe erreicht, nun biegt unser Weg nach links ab, überquert den Bach und geht in ebener Hangquerung, über dem Talgrund erhöht am Waldrand durch Wiesen zum Klammerhof, danach über einen Wiesensteig, der wieder in eine Höfezufahrt mündet. Es geht nun leicht bergab, die Straße biegt nach links ab und mündet in die Alte Landstraße, die durchs Dorf hindurch und zum Parkplatz am Nordende führt.

BIATHLON

Antholz gilt als eine der internationalen Hochburgen des Biathlonsports, die jährlichen Weltcuprennen ziehen Zehntausende von Zuschauern an. Das Wettkampfstadion in der Nähe des schönen Antholzer Sees kann besichtigt werden und bietet die Möglichkeit, sich im Schießen zu erproben. Christian Leitgeb, der Hausherr der Eggerhöfe, ist Langlauf- und Biathlonlehrer, Besseres kann Ihnen nicht passieren! Auch im Sommer ist das Gelände der Sportanlagen für Besichtigungen geöffnet.

☞ Südtirol Arena, Obertalerstr. 33, Rasen-Antholz, Tel. 0474 492390, www.biathlon-antholz.it.

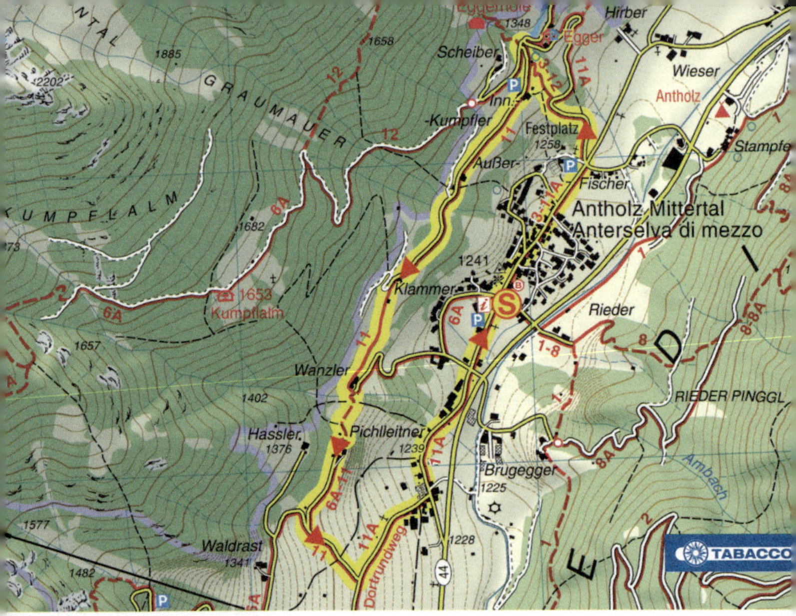

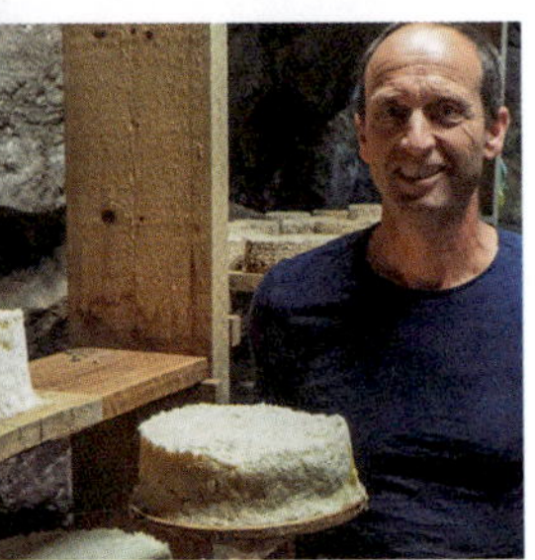

Eggerhöfe

Das stilvoll ausgebaute Bauernhaus bietet eine heimelige Stube und eine Sonnenterrasse mit toller Aussicht übers Tal. Es gibt einheimische Spezialitäten wie hausgemachten Speck, Schlutzkrapfen, Speck- und Pressknödel, Graukassuppe und verschiedene Nocken, zum Dessert werden Kaiserschmarrn, Mohn- und Schokoladekuchen gereicht. Als Besonderheit wird außerdem der selbst gemachte und in einem Felsenkeller gelagerte Graukäse verkauft – solange der Vorrat reicht. Zum Anwesen gehört auch ein moderner Zubau mit Ferienwohnungen.

☞ Eggerhöfe, Sunnseitnweg 10, Antholz Mittertal, Tel. 0474 493030, www.eggerhoefe.it, warme Küche bis 14 Uhr, abends ab 18.30 Uhr.

INFOS IN KÜRZE

1 h 20 min
120 Hm
4,5 km
Parkplatz bei der Sportzone

Von der Abzweigung an der Pustertaler Talstraße SS49 für 10 km auf der SP44 bis Antholz-Mittertal zum Sportplatz auf 1.259 m. Parkplatz bei den Sportanlagen.

Antholz-Mittertal ist auch mit dem Bus gut erreichbar, Fahrplan unter www.südtirolmobil.info.

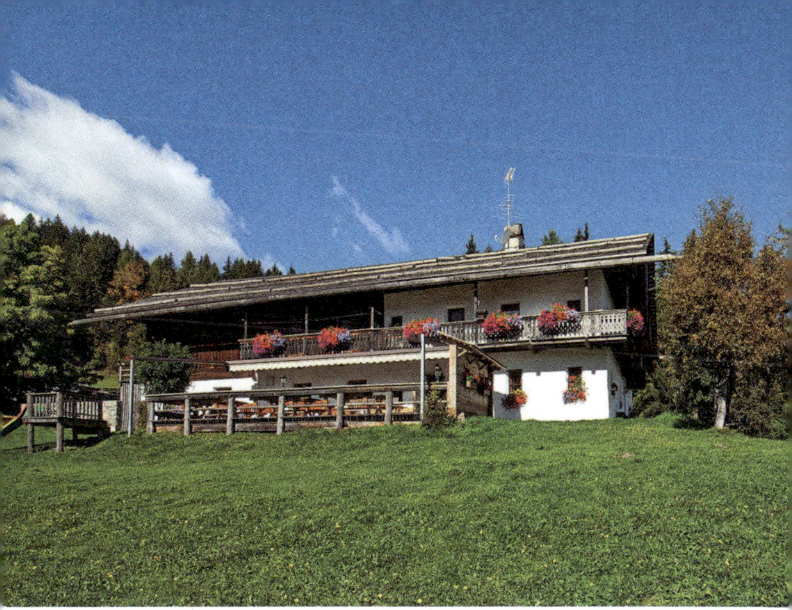

44 Zur Waldealm bei Welsberg

Auf der bewaldeten Schattenseite des Pustertales bei Welsberg wurden in der Pionierzeit des Wintertourismus ein Schlepplift gebaut und eine Skipiste sowie eine Rodelbahn angelegt, damals lag die Waldealm also direkt im Skigebiet, im Winter war Hochsaison! 30 Jahre war der Dorflift in Betrieb, dann war es aus mit den Skifahrern, notgedrungen wurde auf Sommerbetrieb umgestellt. Wo jetzt das Berggasthaus steht, war einst eine alte Hofstelle inmitten einer großen Rodungsinsel. Der Urgroßvater von Karl Schmid hat diese vor über einem Jahrhundert gekauft, 70 Jahre lang stand sie leer, bis der Skibetrieb begann. Jetzt ist die Waldealm ein beliebtes Ausflugziel, das auch mit dem Auto gut erreichbar ist.

Von der Bahnhofstraße biegen wir rechts in die Rienzstraße ab, folgen ihr und den Wegweisern (Nr. 57) in Flussrichtung bis zu den letzten Häusern, wo wir die Rienz auf einer kleinen Brücke überqueren. Es geht über die Bahngleise und am Wiesenrand bergauf auf die kleine Siedlung Ried zu. Wir treffen auf die Autostraße, folgen ihr kurz, bei der nächsten Kehre geht es jetzt in den Wald, wir stoßen wieder auf die Straße und erreichen nun Wiesen und einen Bauernhof. Oberhalb der Wiesen, auf einer weiten Lichtung am Waldrand, liegt unser Ziel, die Waldealm (für den Aufstieg brauchen wir eine gute Stunde ab Welsberg).

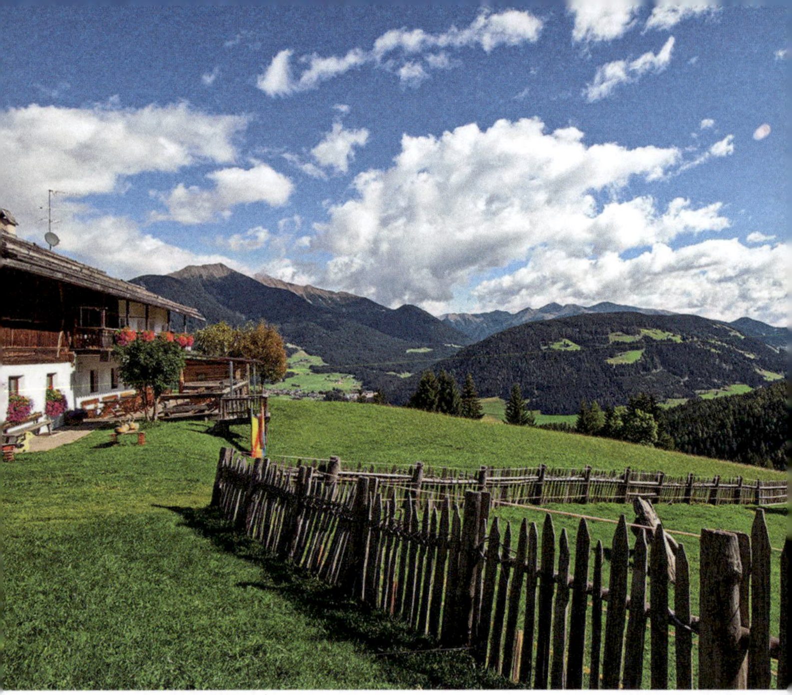

Berggasthaus Waldealm

Die Waldealm ist keine typische Alm, wo im Sommer das Vieh auf die Weide getrieben wird, der Name trügt ein wenig. Vielmehr ist es ein uriges, rustikales und im Sommer sehr gut besuchtes Berggasthaus. Die vielen Tiere rund ums Haus wie Pferde, Ziegen, Schafe, Hasen und Enten werden zum Vergnügen der Gäste, besonders der Kinder, gehalten. Das Obere Pustertal ist eine Hochburg des italienischen Gästetourismus, entsprechend sind die Speisekarte und die Gerichte, die Küchenchef Karl Schmid, gelernter Koch, und sein Team servieren, darauf ausgerichtet: So gibt es zum Gulasch keine Knödel, sondern Polenta, dann Kartoffelgnocchi mit Wildragout, Spätzle mit verschiedenen Soßen, Kartoffel-Pilze-Gröstl mit Krautsalat, auch zum Schnitzel werden Pilze gereicht. Auf Bestellung gibt es Kalbs- oder Schweinshaxen. Die Weinkarte ist ausgewogen, sie listet vorwiegend Südtiroler Etiketten, der Apfelstrudel ist die erste Wahl bei den Nachspeisen.

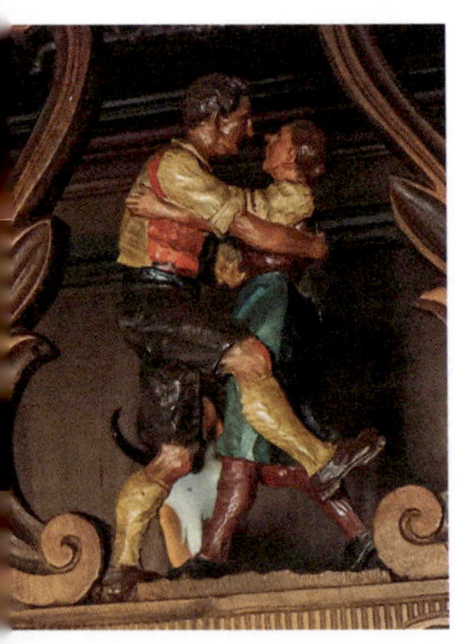

☞ Restaurant Waldealm, Ried 14, Welsberg, Tel. 0474 944004, www.waldealm.it, Mitte Juni–ca. Mitte Sept. geöffnet, Mo. Ruhetag.

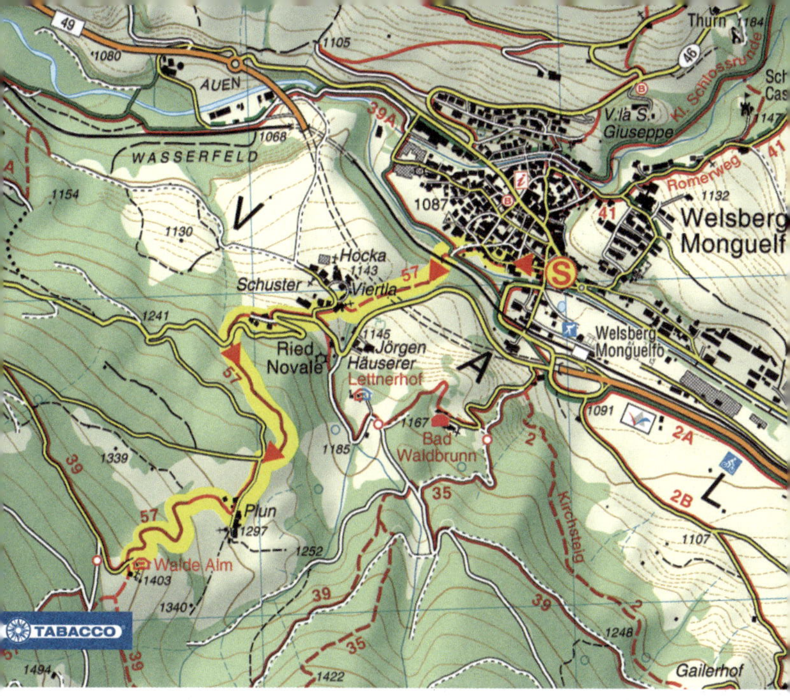

PFARRKIRCHE ZUR HL. MARGARETH

Ein Besuch der Margarethenkirche im Dorf sollte sich ausgehen. Welsberg ist der Geburtsort von Paul Troger (* 1698 Welsberg, † 1762 Wien), einem der bedeutendsten österreichischen Maler des Barocks. Seine Werke finden sich in vielen Klöstern, u. a. in Melk, Zwettl, Göttweig und Altenburg. Nach Lehrjahren in Venedig, Rom und Neapel arbeitete er in Wien und wurde dort Rektor der Akademie der bildenden Künste. Eines seiner späten Hauptwerke schuf er für den Brixner Dom, der Kirche seiner Heimatgemeinde schenkte er das Hochaltarbild mit der hl. Margareth und die Seitenaltarbilder, datiert 1737.

INFOS IN KÜRZE

1 h 10 min
330 Hm
2,6 km
Welsberg, Bahnhofstraße, 1.080 m

Von der Pustertaler Straße (SS49) von Bruneck kommend, nach dem langen Tunnel ins Dorf abfahren. Parkplatz am Bahnhof.

Anfahrt auch mit Bus und Bahn, Fahrplan: www.suedtirolmobil.info.

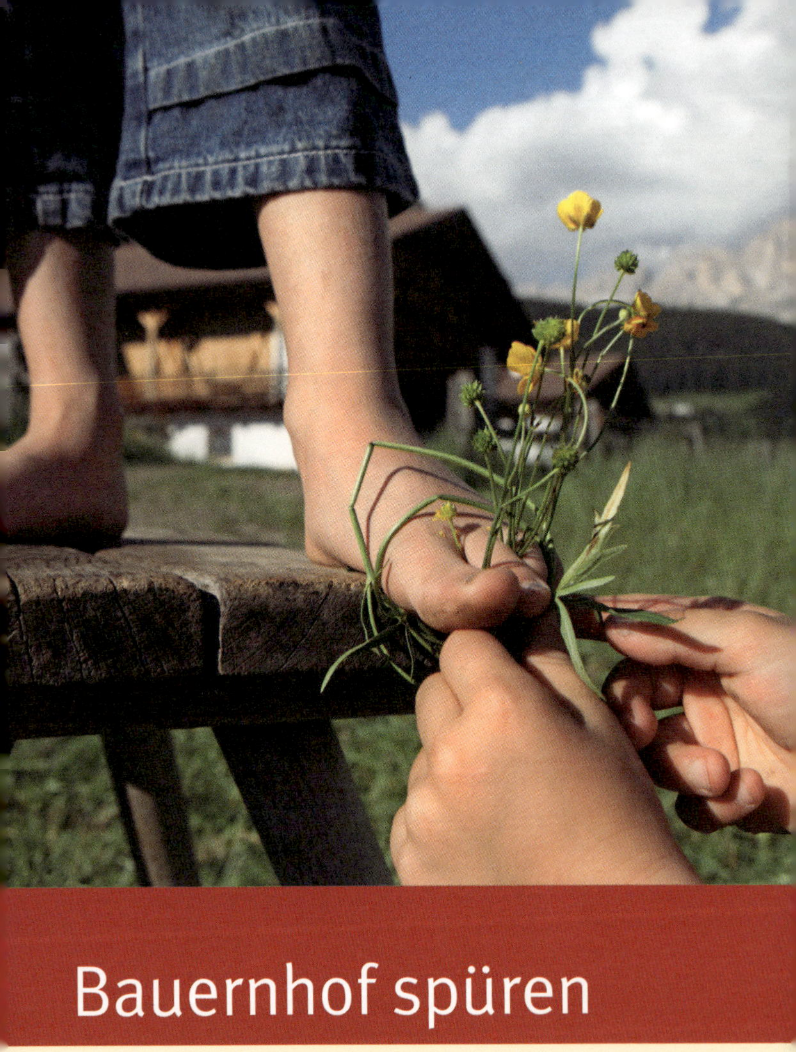